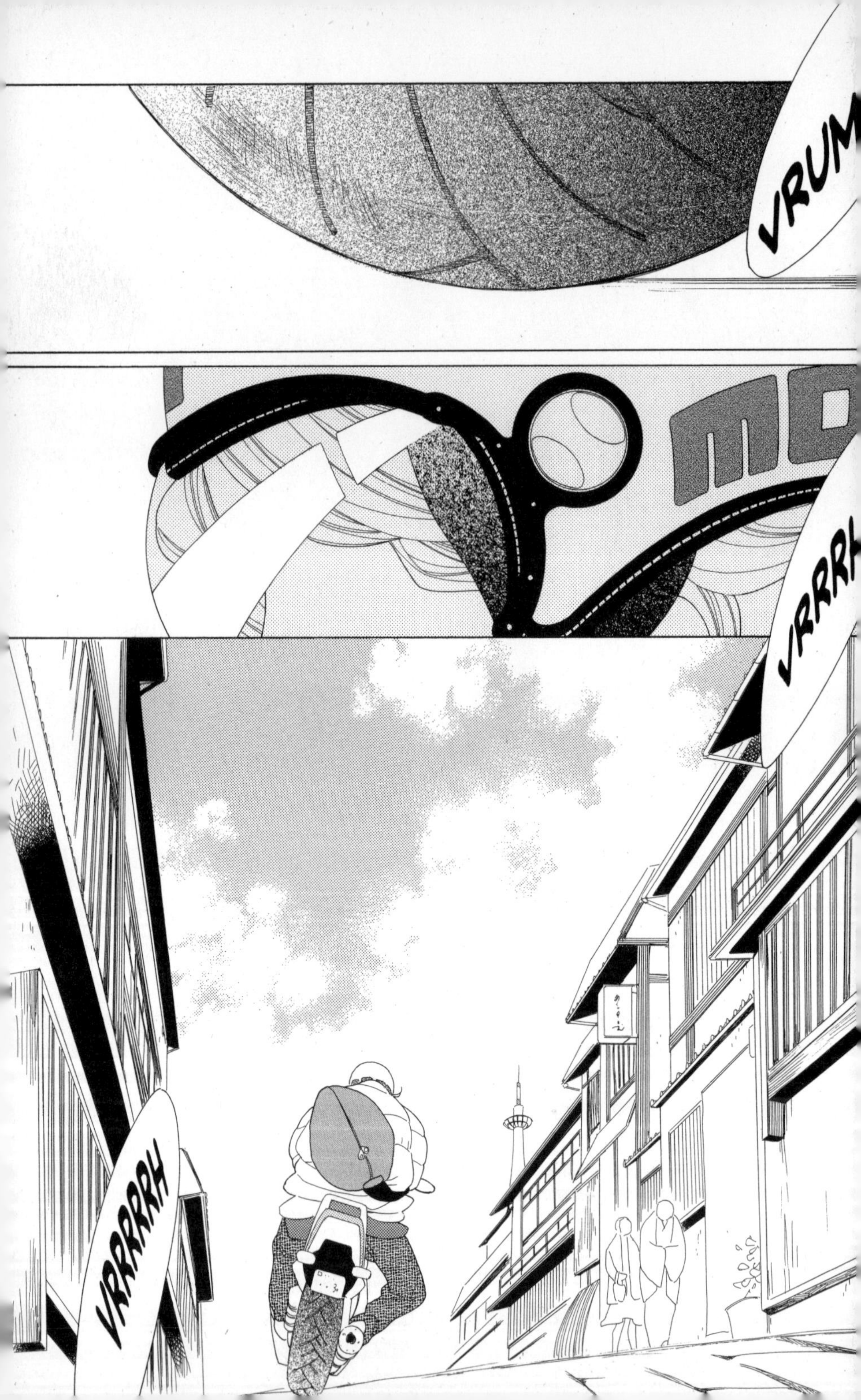
VRUM
VRRRH
VRRRRRH

#1 Kusakabe und Sajo

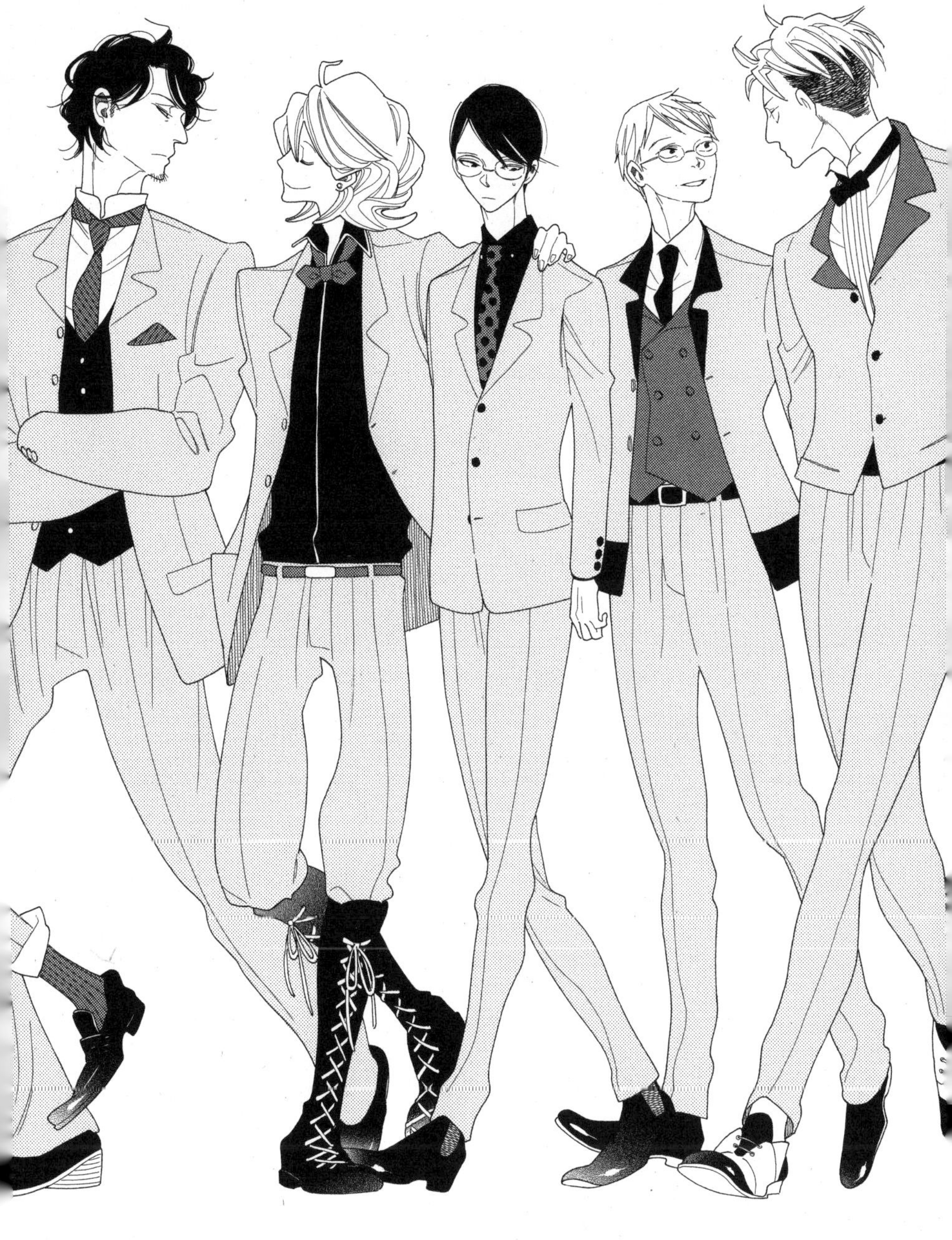

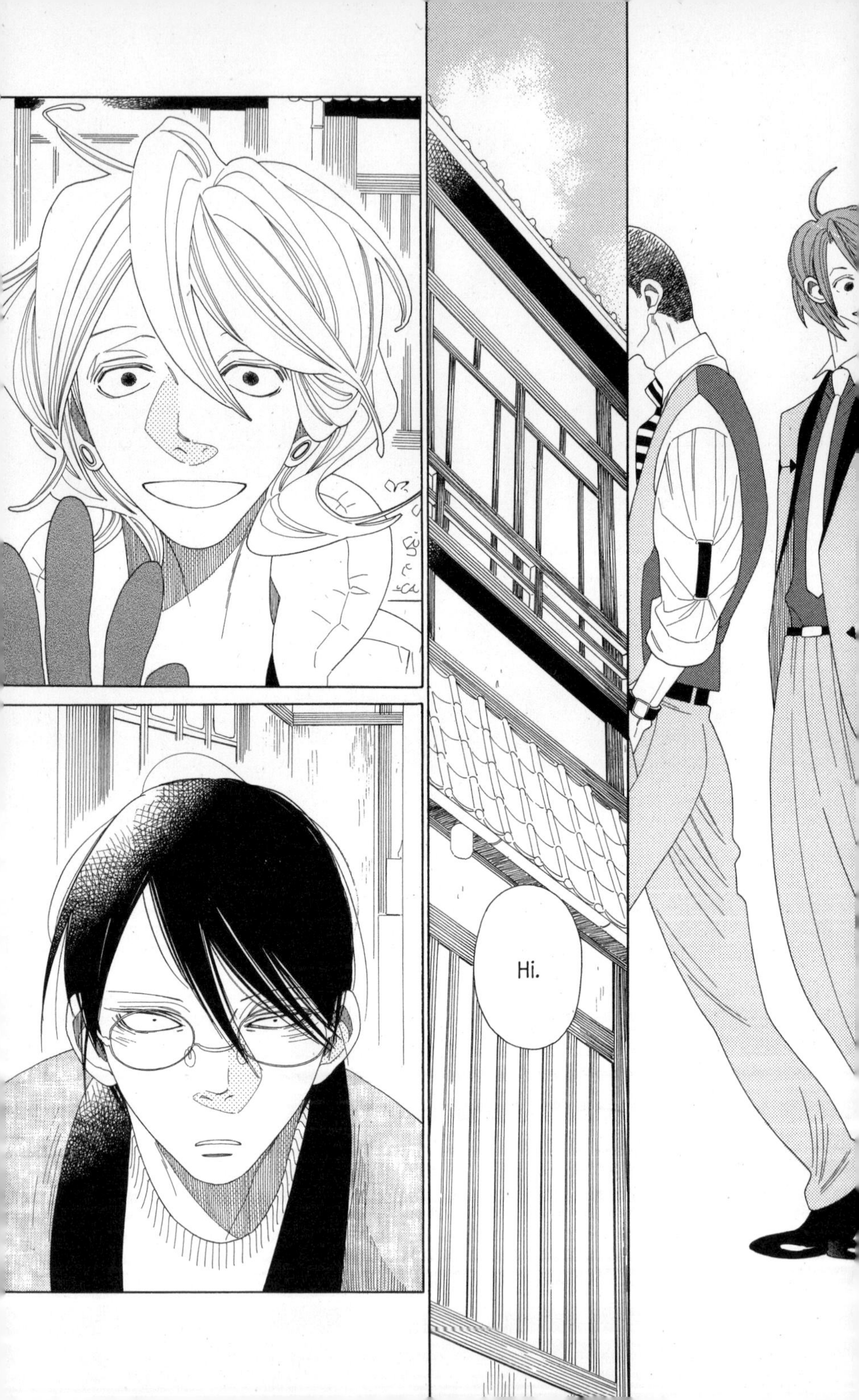
Hi.

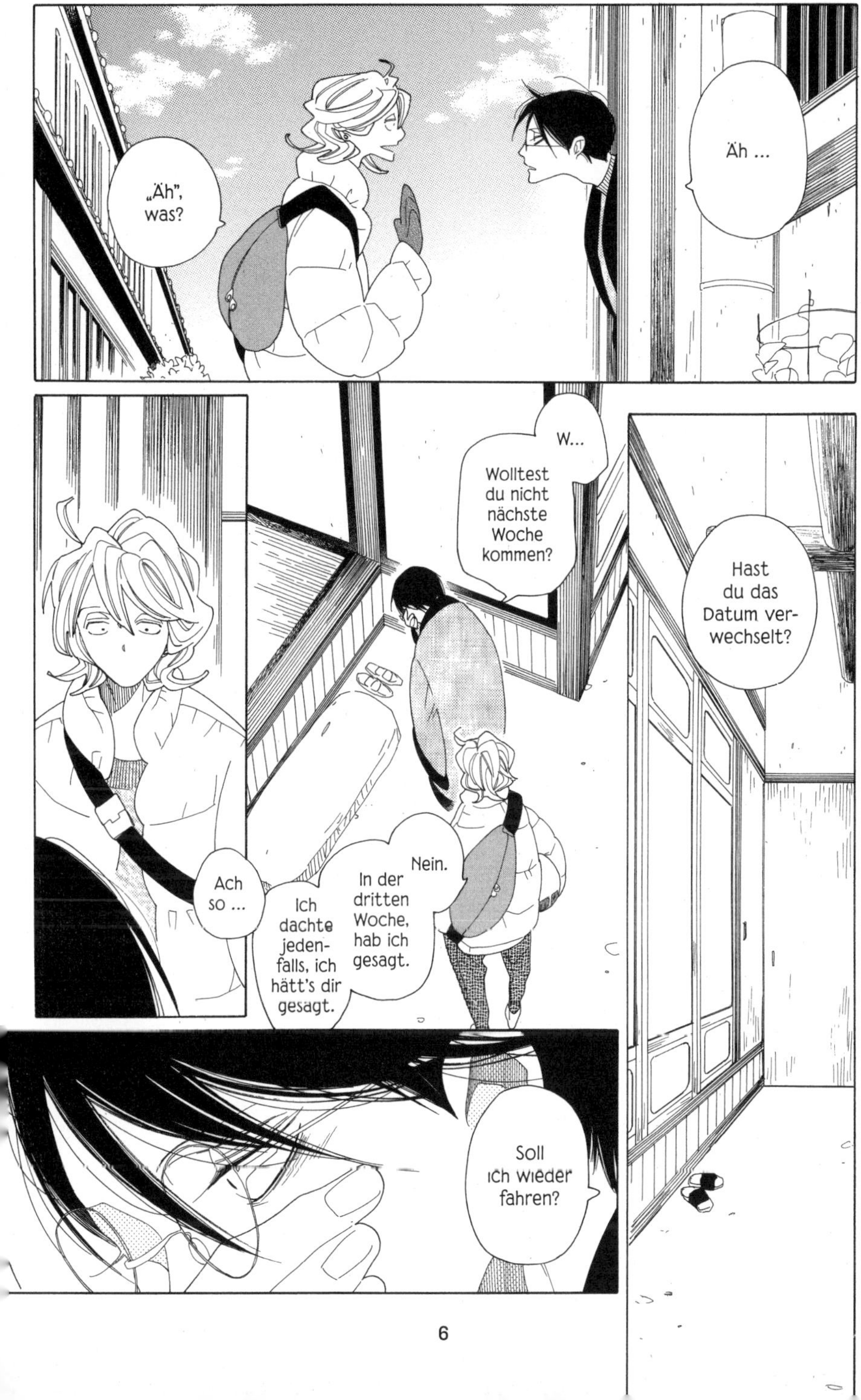
Äh ...
„Äh“, was?
Hast du das Datum verwechselt?
W...
Wolltest du nicht nächste Woche kommen?
Nein.
In der dritten Woche, hab ich gesagt.
Ich dachte jedenfalls, ich hätt's dir gesagt.
Ach so ...
Soll ich wieder fahren?

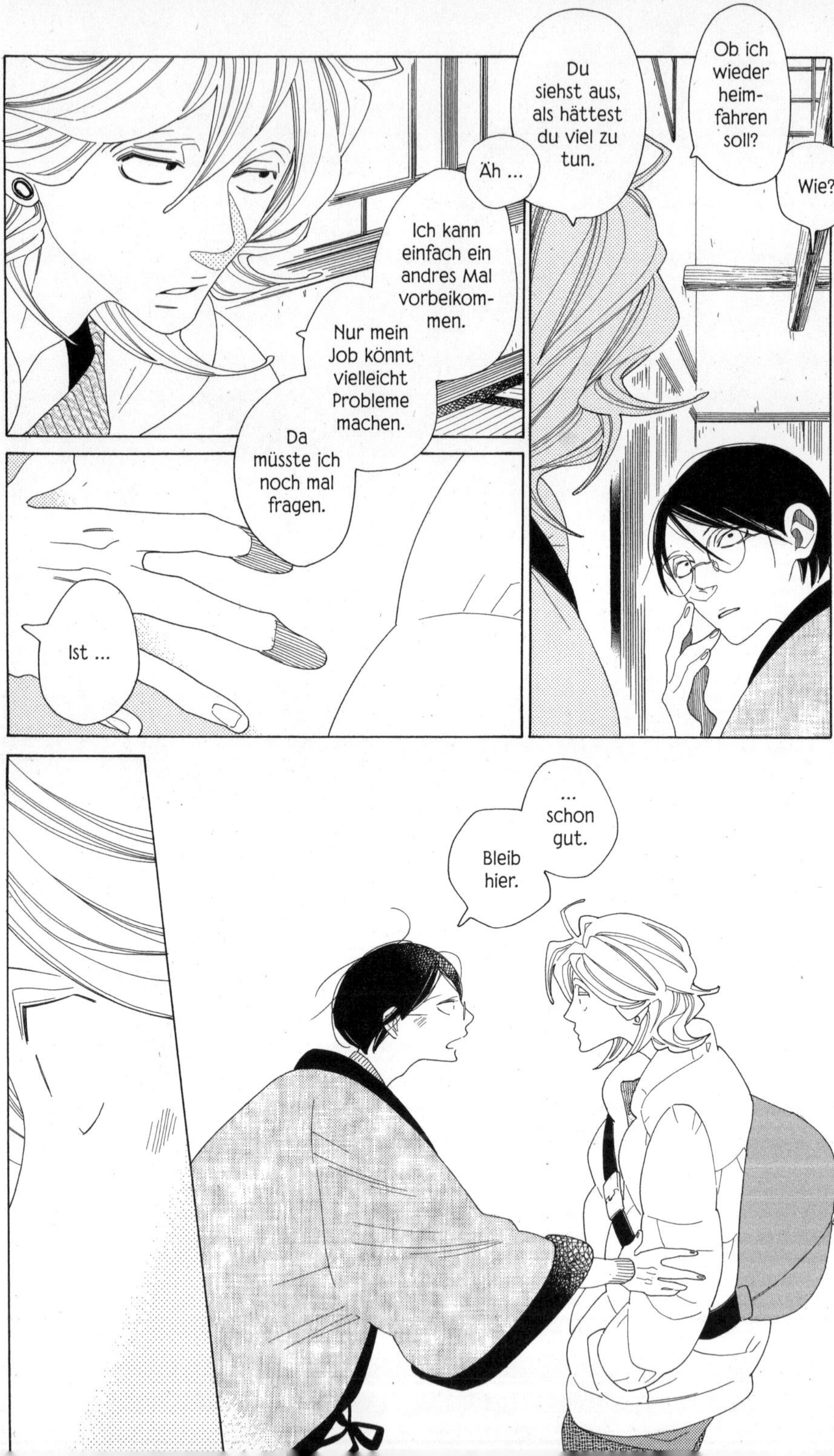
Ob ich wieder heimfahren soll?
Wie?
Du siehst aus, als hättest du viel zu tun.
Äh ...
Ich kann einfach ein andres Mal vorbeikommen.
Nur mein Job könnt vielleicht Probleme machen.
Da müsste ich noch mal fragen.
Ist ...
... schon gut.
Bleib hier.

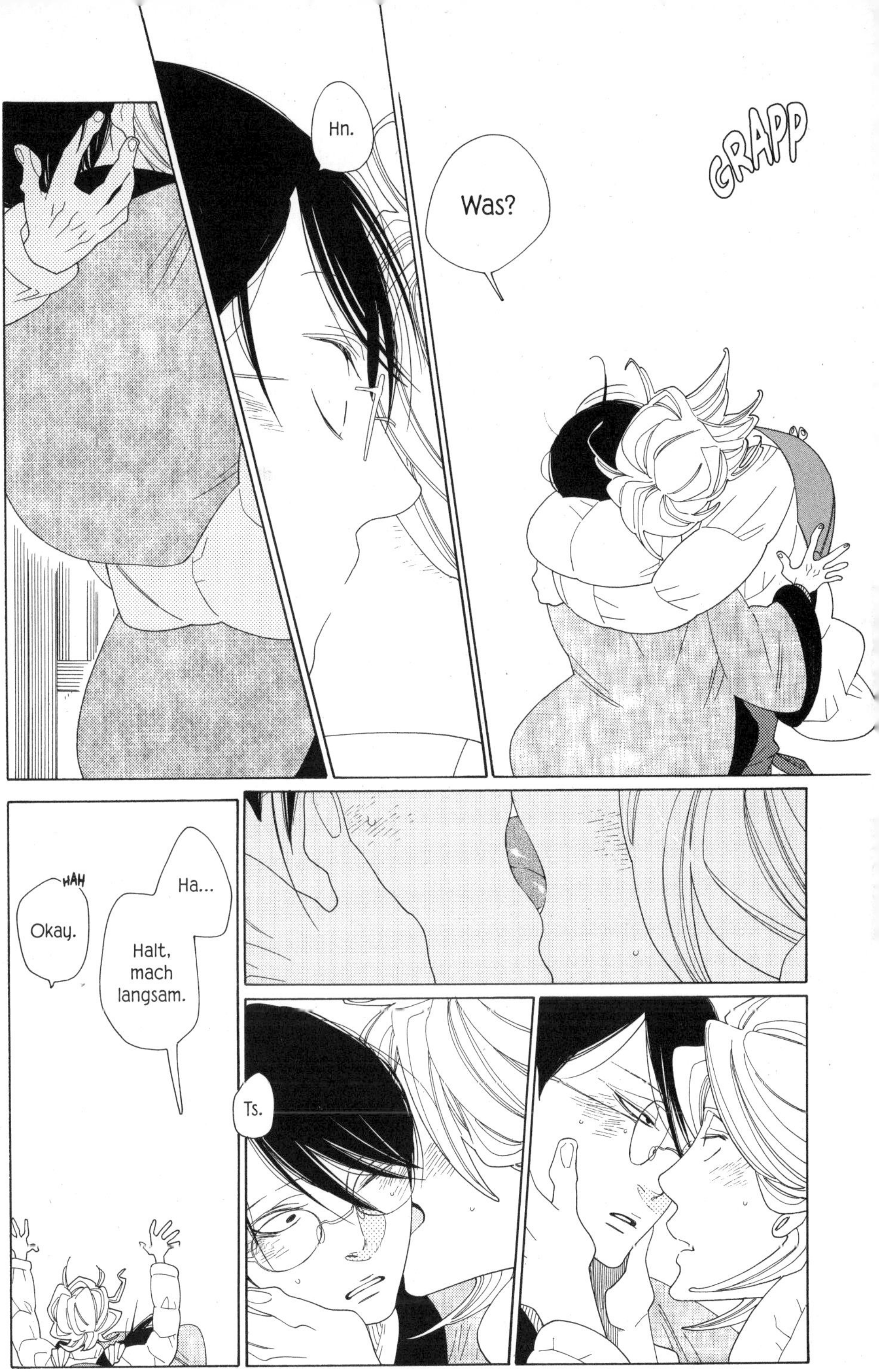
GRAPP
Was?
Hn.
Ts.
Ha...
Halt, mach langsam.
HAH
Okay.

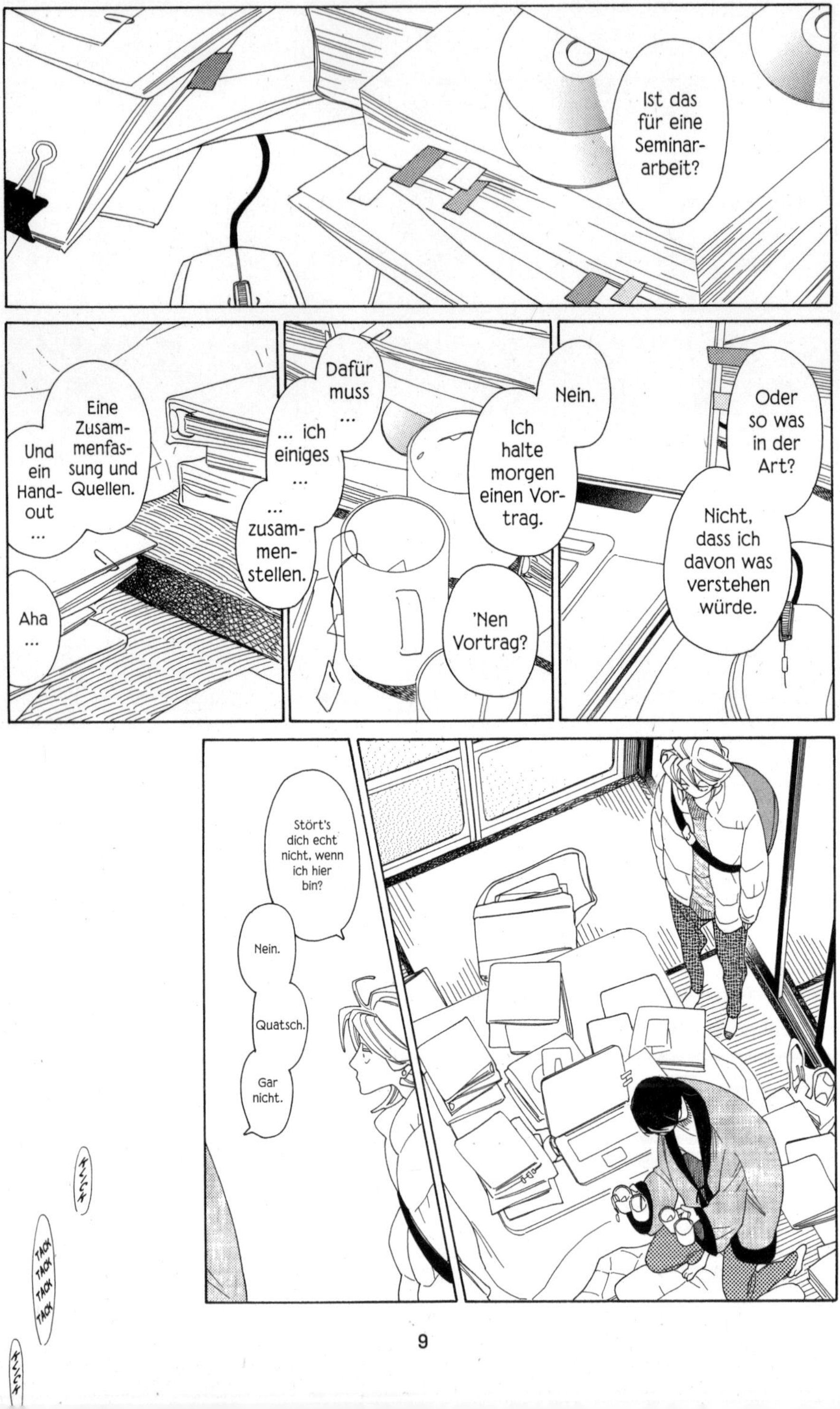
Ist das für eine Seminararbeit?
Oder so was in der Art?
Nicht, dass ich davon was verstehen würde.
Nein.
Ich halte morgen einen Vortrag.
'Nen Vortrag?
Dafür muss ...
... ich einiges ...
... zusammenstellen.
Eine Zusammenfassung und Quellen.
Und ein Handout ...
Aha ...
Stört's dich echt nicht, wenn ich hier bin?
Nein.
Quatsch.
Gar nicht.
KLICK
TACK TACK TACK TACK
KLICK

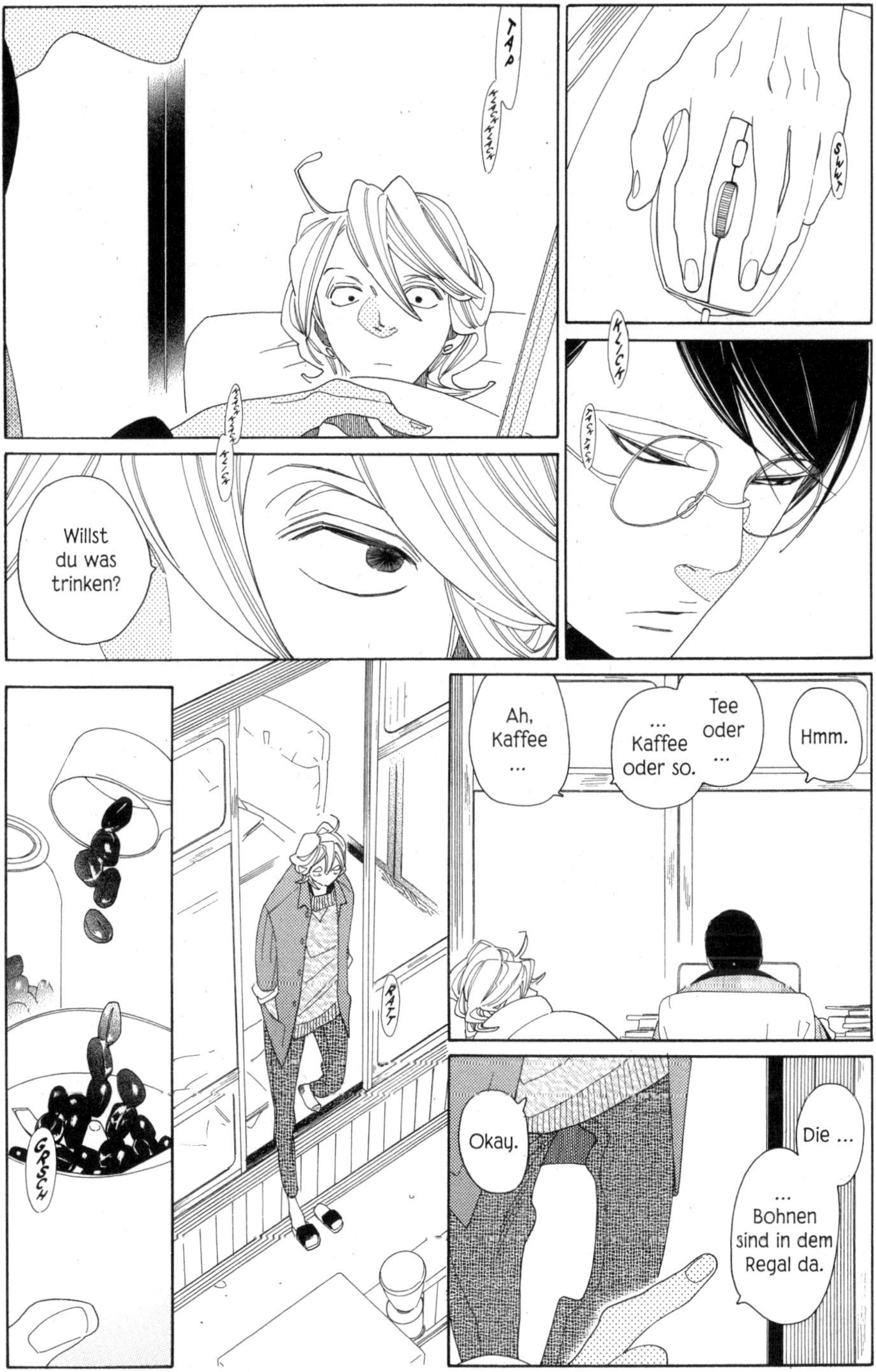
TAP
KLICK
TACK TACK
Willst du was trinken?
Hmm.
Tee oder …
… Kaffee oder so.
Ah, Kaffee …
Die …
… Bohnen sind in dem Regal da.
Okay.
RATT
GRSCH

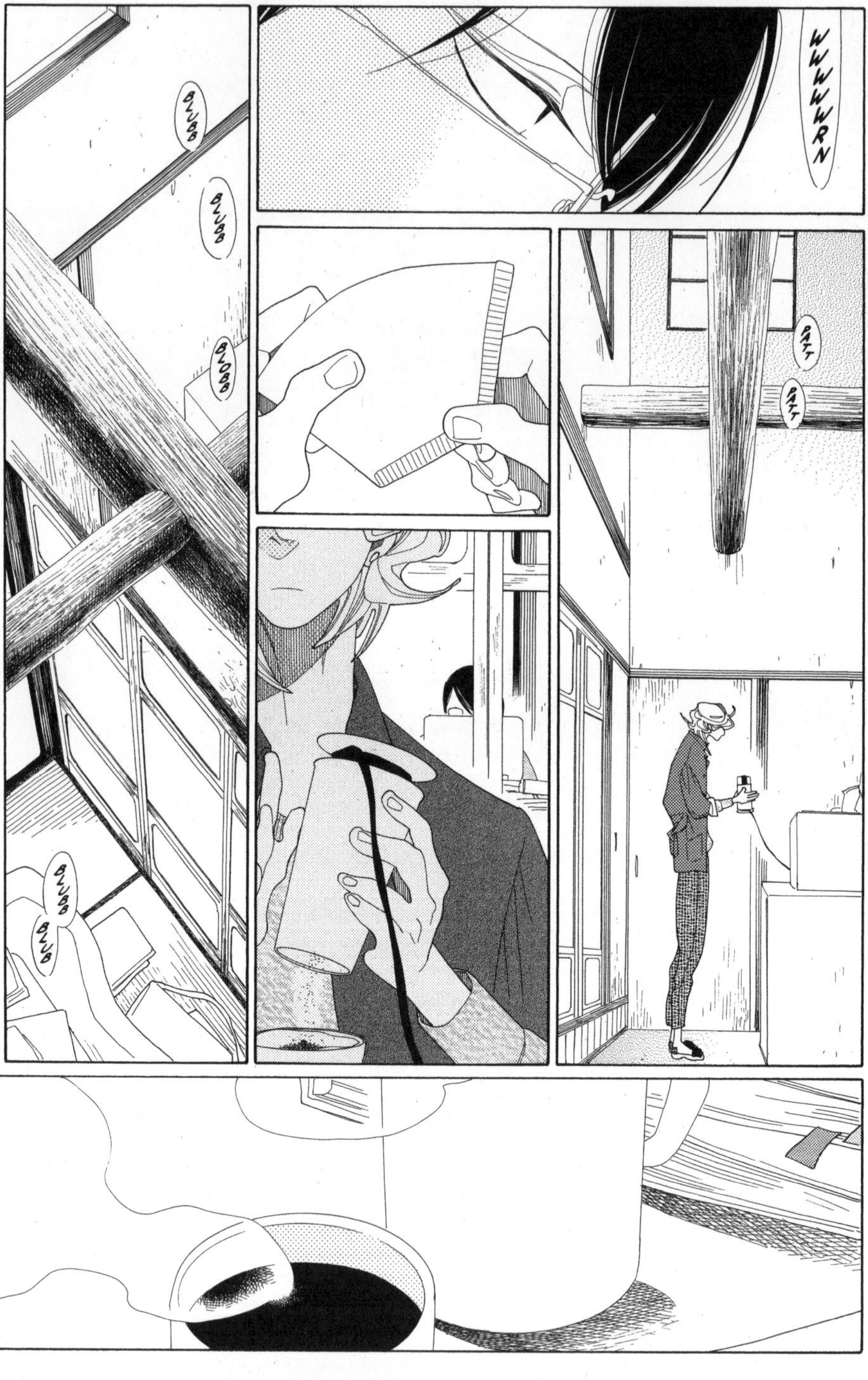
WWWWWRN
PATT
PATT
BLUBB
BLUBB
BLOBB
BLUBB
BLUB

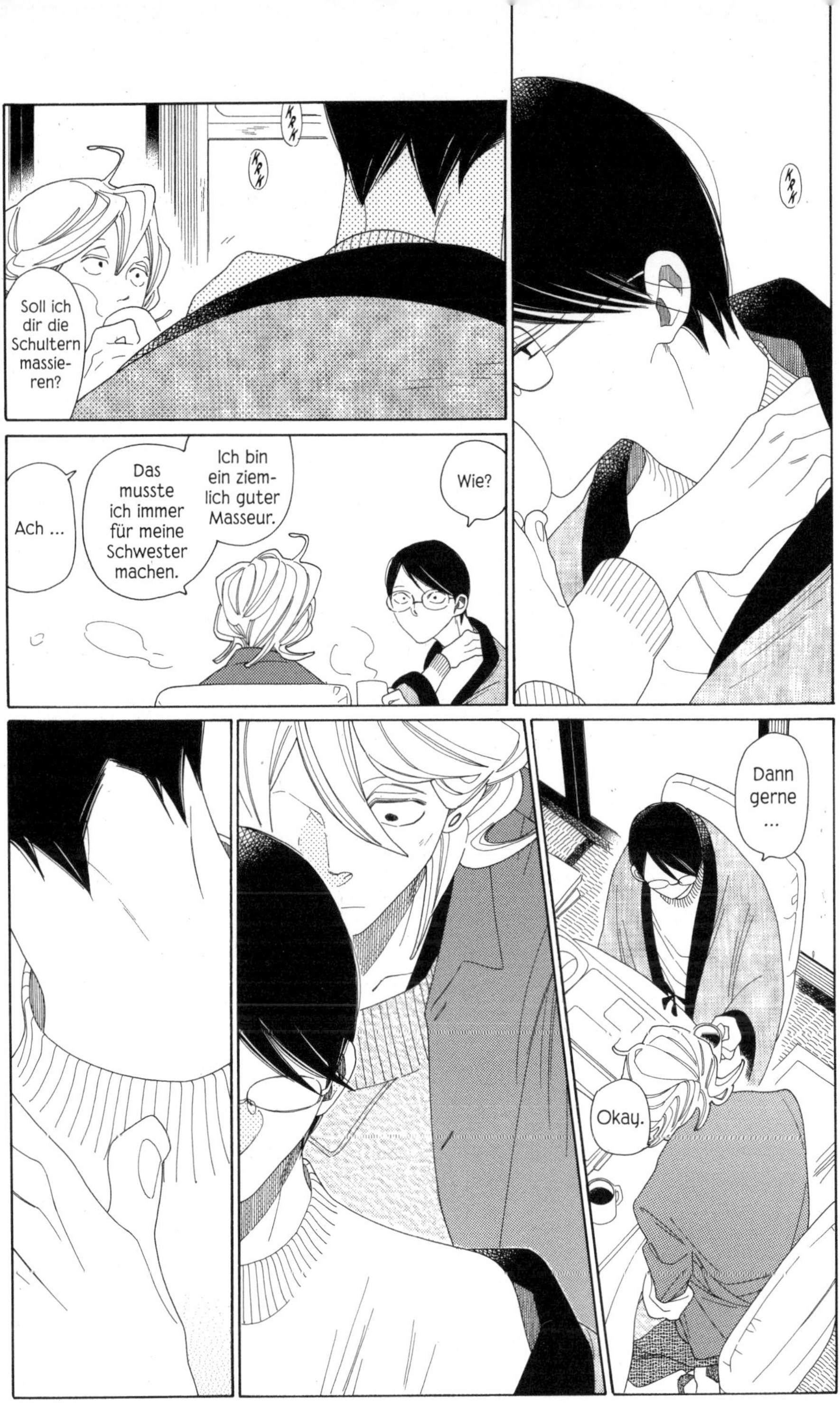
KRK
KRK
KRK
Soll ich dir die Schultern massieren?
Wie?
Ich bin ein ziemlich guter Masseur.
Das musste ich immer für meine Schwester machen.
Ach ...
Dann gerne ...
Okay.

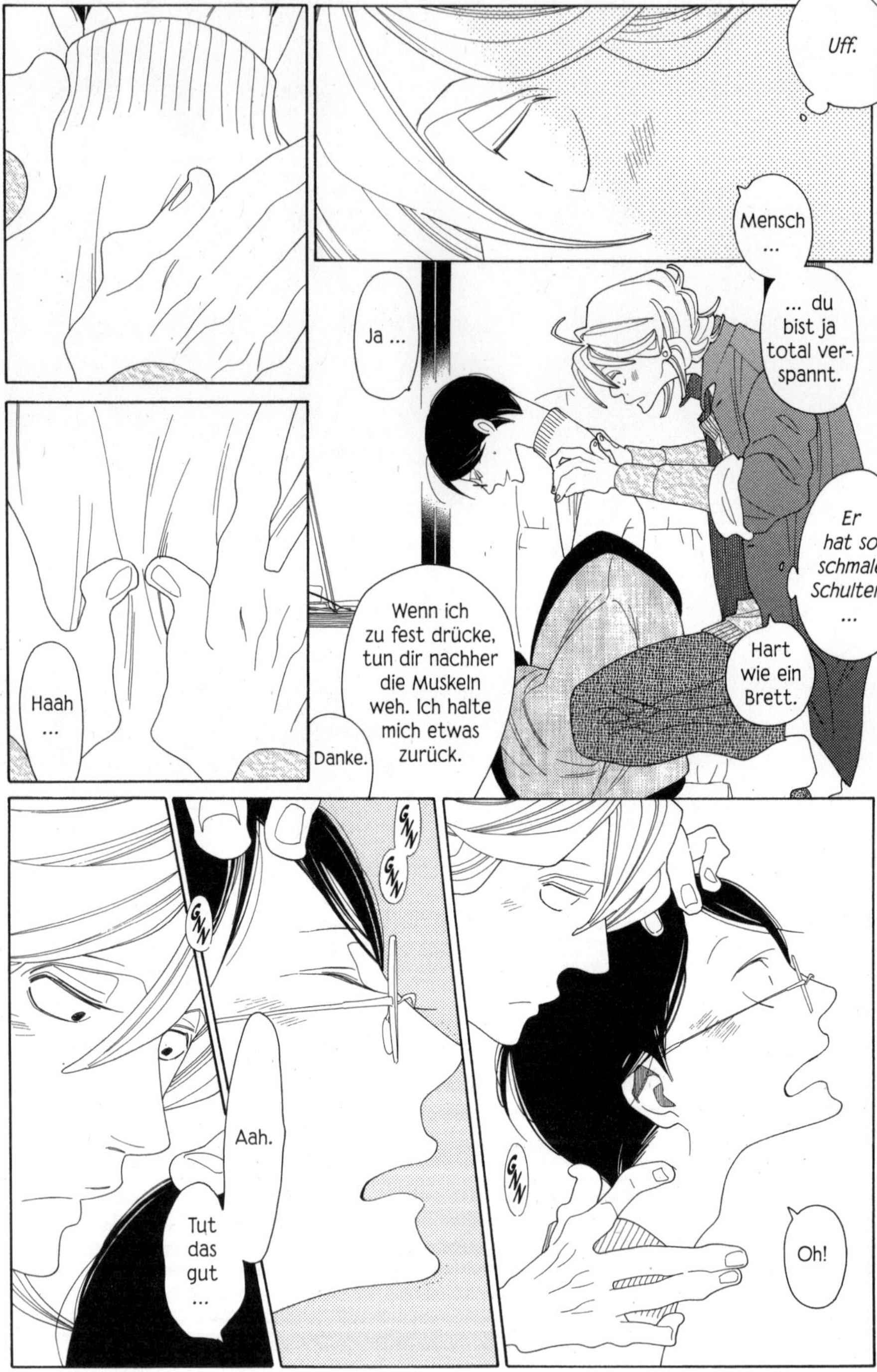
Uff.
Mensch ...
... du bist ja total verspannt.
Ja ...
Er hat so schmale Schultern ...
Hart wie ein Brett.
Wenn ich zu fest drücke, tun dir nachher die Muskeln weh. Ich halte mich etwas zurück.
Danke.
Haah ...
GNN
GNN
GNN
Oh!
GNN
Aah.
Tut das gut ...

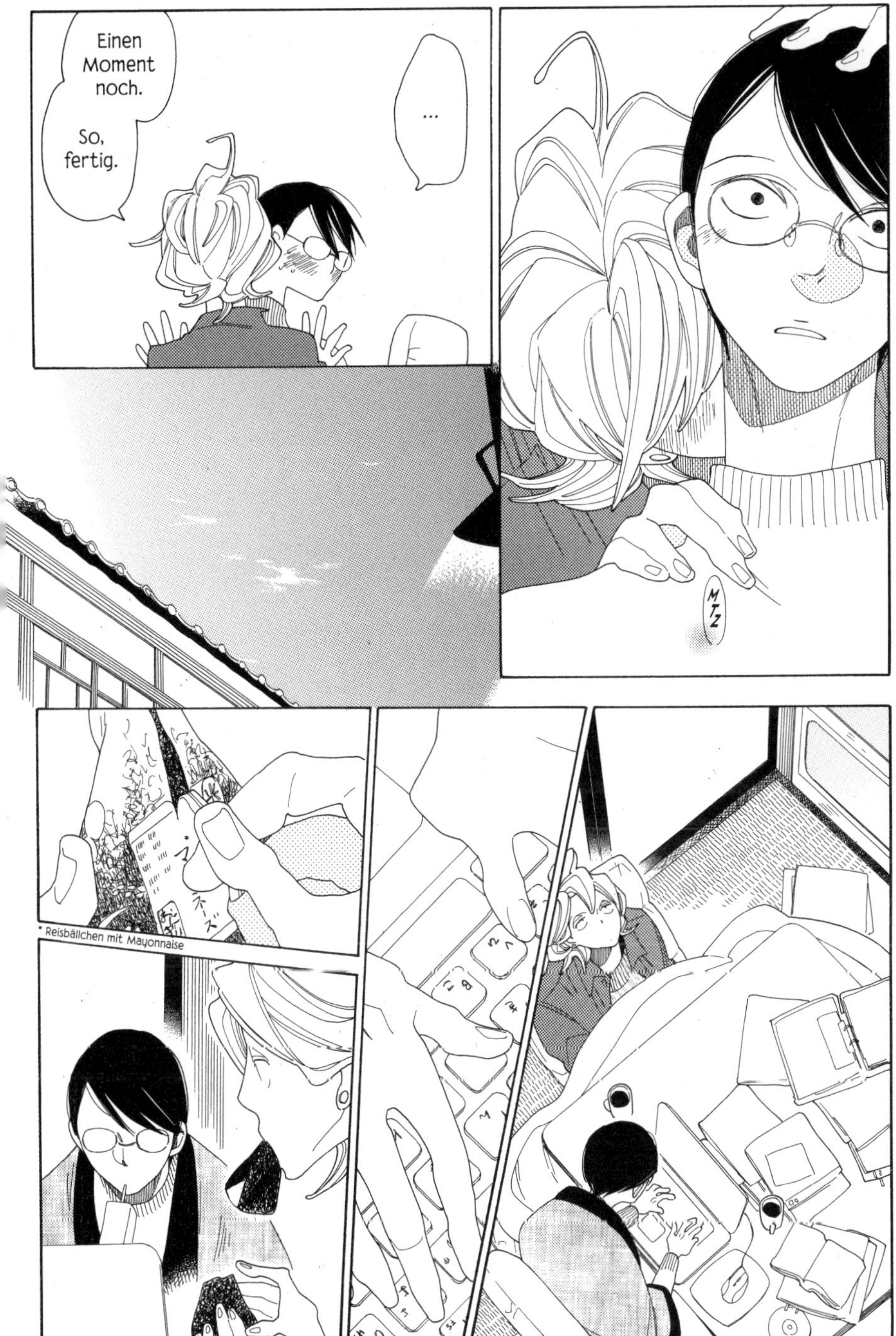
Einen Moment noch.
So, fertig.
...
MTZ
* Reisbällchen mit Mayonnaise

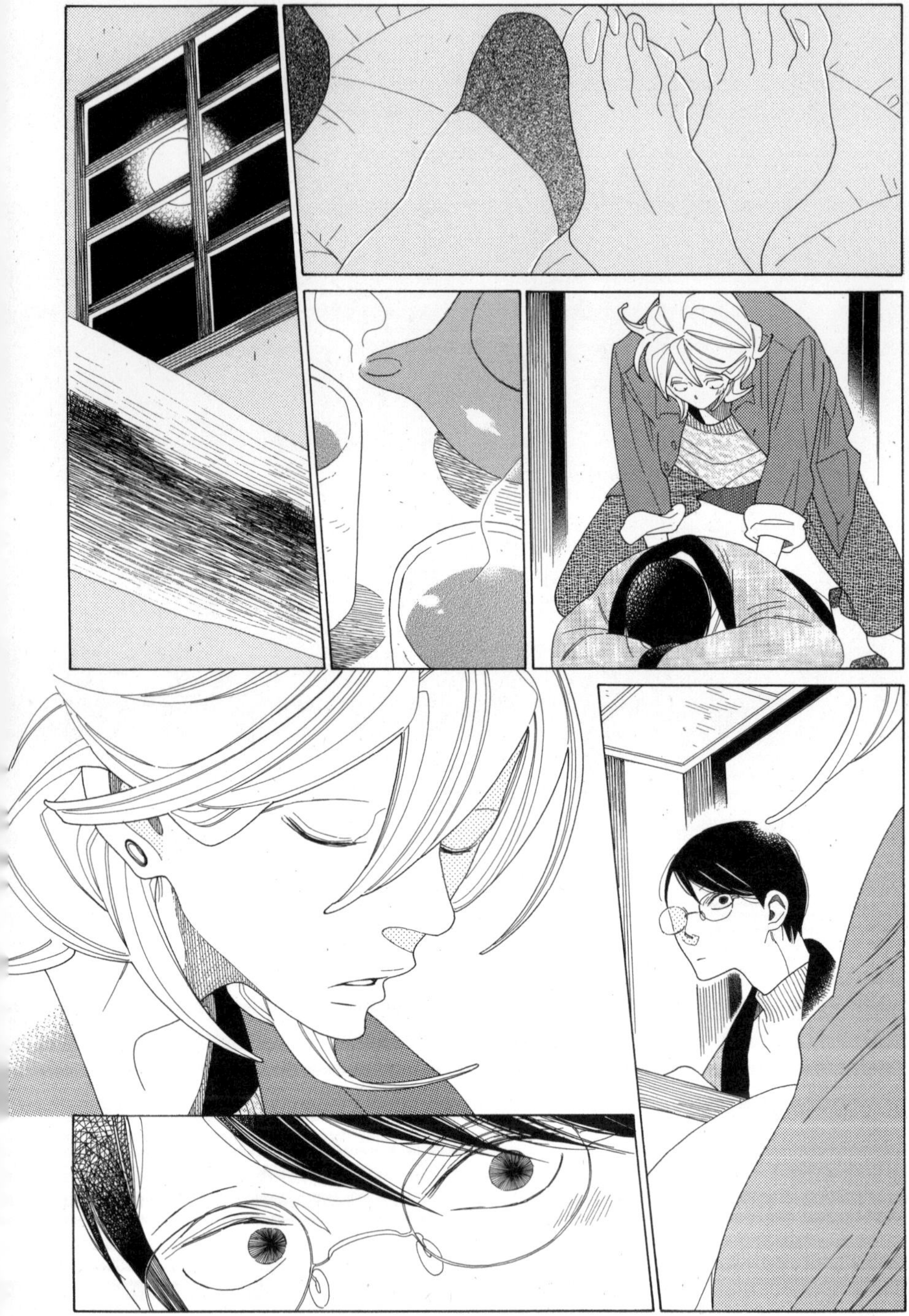

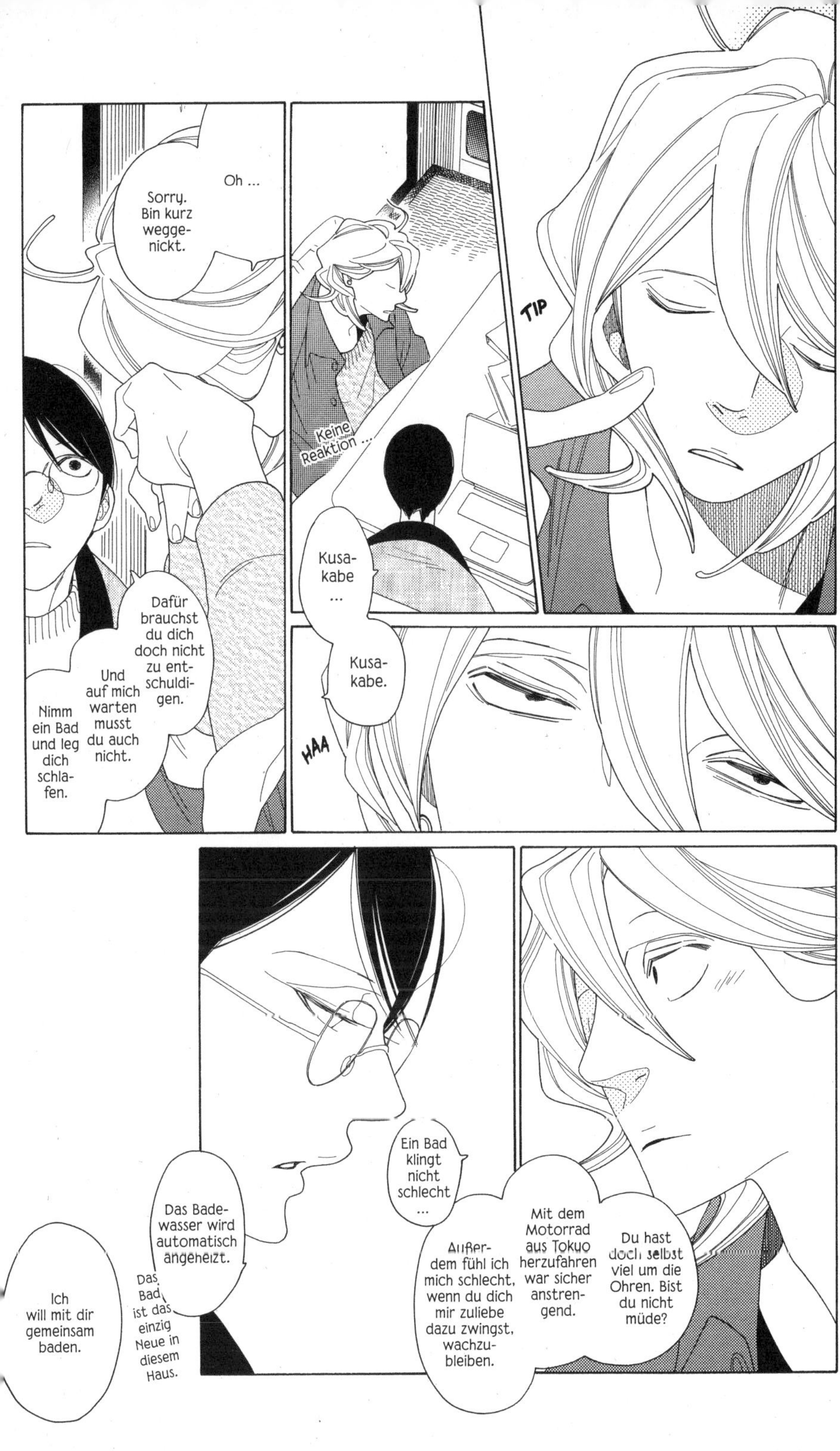
TIP
Keine Reaktion ...
Kusakabe ...
Kusakabe.
HAA
Oh ...
Sorry. Bin kurz weggenickt.
Dafür brauchst du dich doch nicht zu entschuldigen.
Und auf mich warten musst du auch nicht.
Nimm ein Bad und leg dich schlafen.
Du hast doch selbst viel um die Ohren. Bist du nicht müde?
Mit dem Motorrad aus Tokyo herzufahren war sicher anstrengend.
Außerdem fühl ich mich schlecht, wenn du dich mir zuliebe dazu zwingst, wachzubleiben.
Ein Bad klingt nicht schlecht ...
Das Badewasser wird automatisch angeheizt.
Das Bad ist das einzig Neue in diesem Haus.
Ich will mit dir gemeinsam baden.

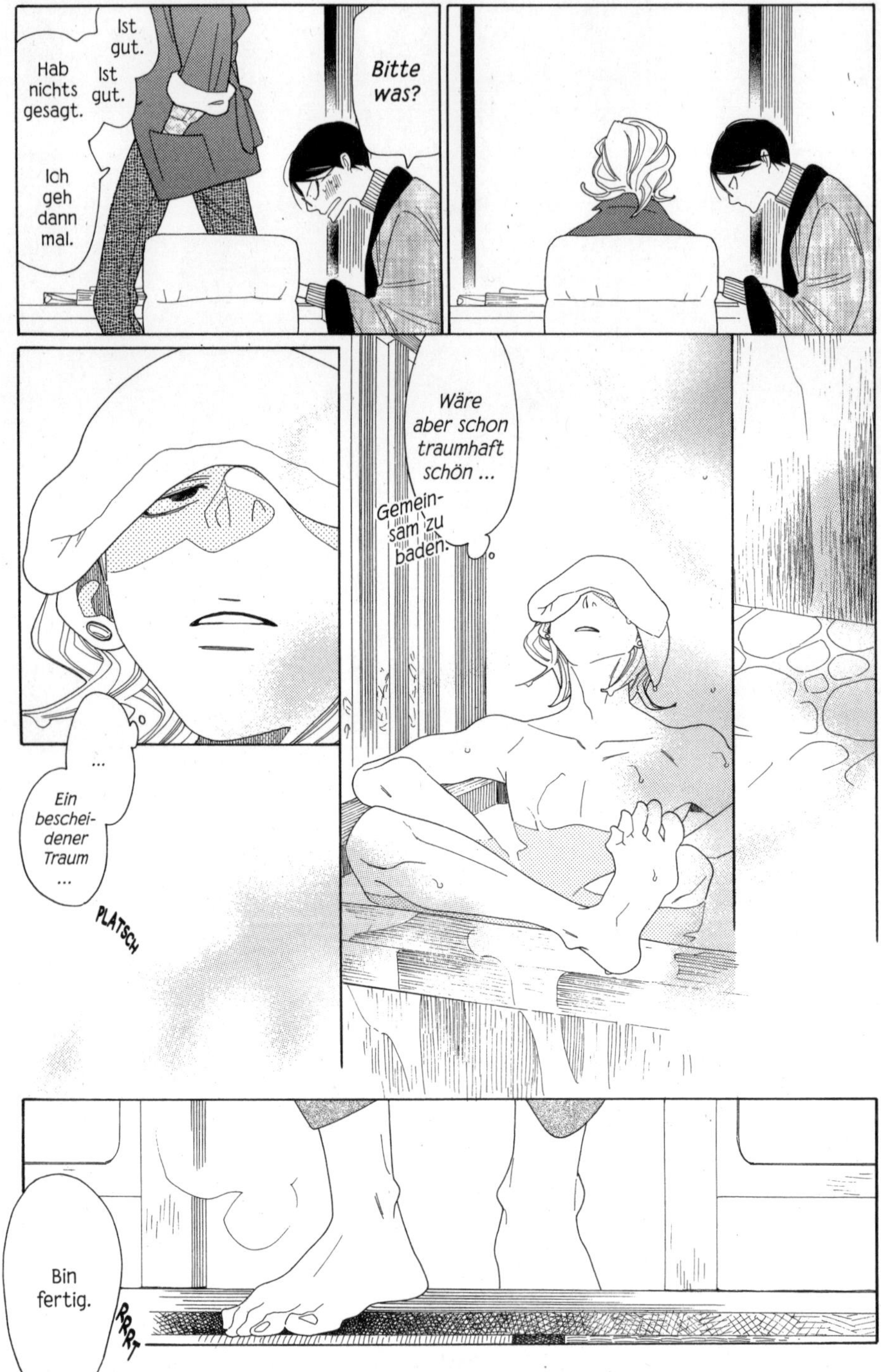
Bitte was?
Ist gut.
Ist gut.
Hab nichts gesagt.
Ich geh dann mal.
Wäre aber schon traumhaft schön ...
Gemein-sam zu baden.
...
Ein beschei-dener Traum ...
PLATSCH
RRRT
Bin fertig.

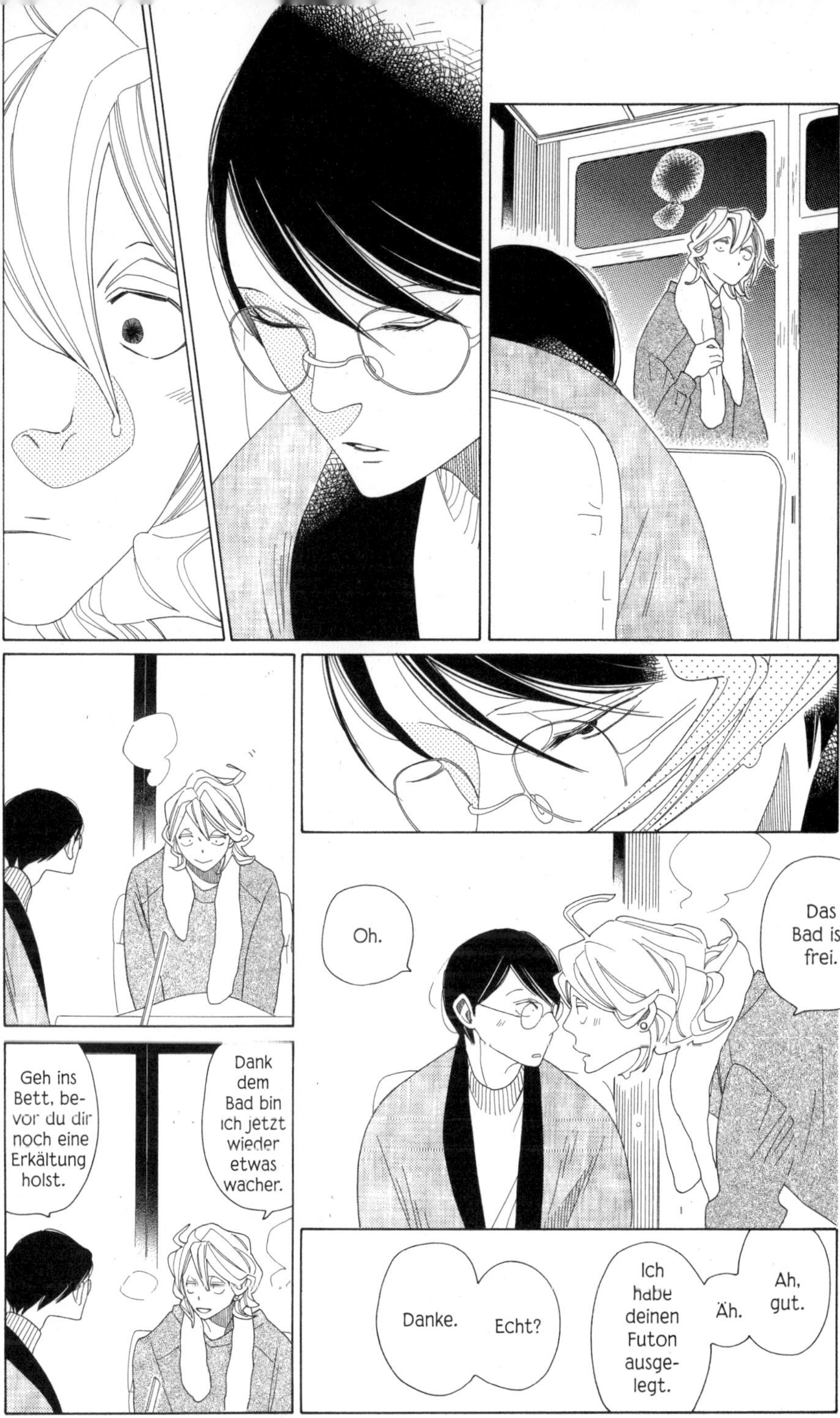
Das Bad ist frei.
Oh.
Ah, gut.
Äh.
Ich habe deinen Futon ausgelegt.
Echt?
Danke.
Dank dem Bad bin ich jetzt wieder etwas wacher.
Geh ins Bett, bevor du dir noch eine Erkältung holst.

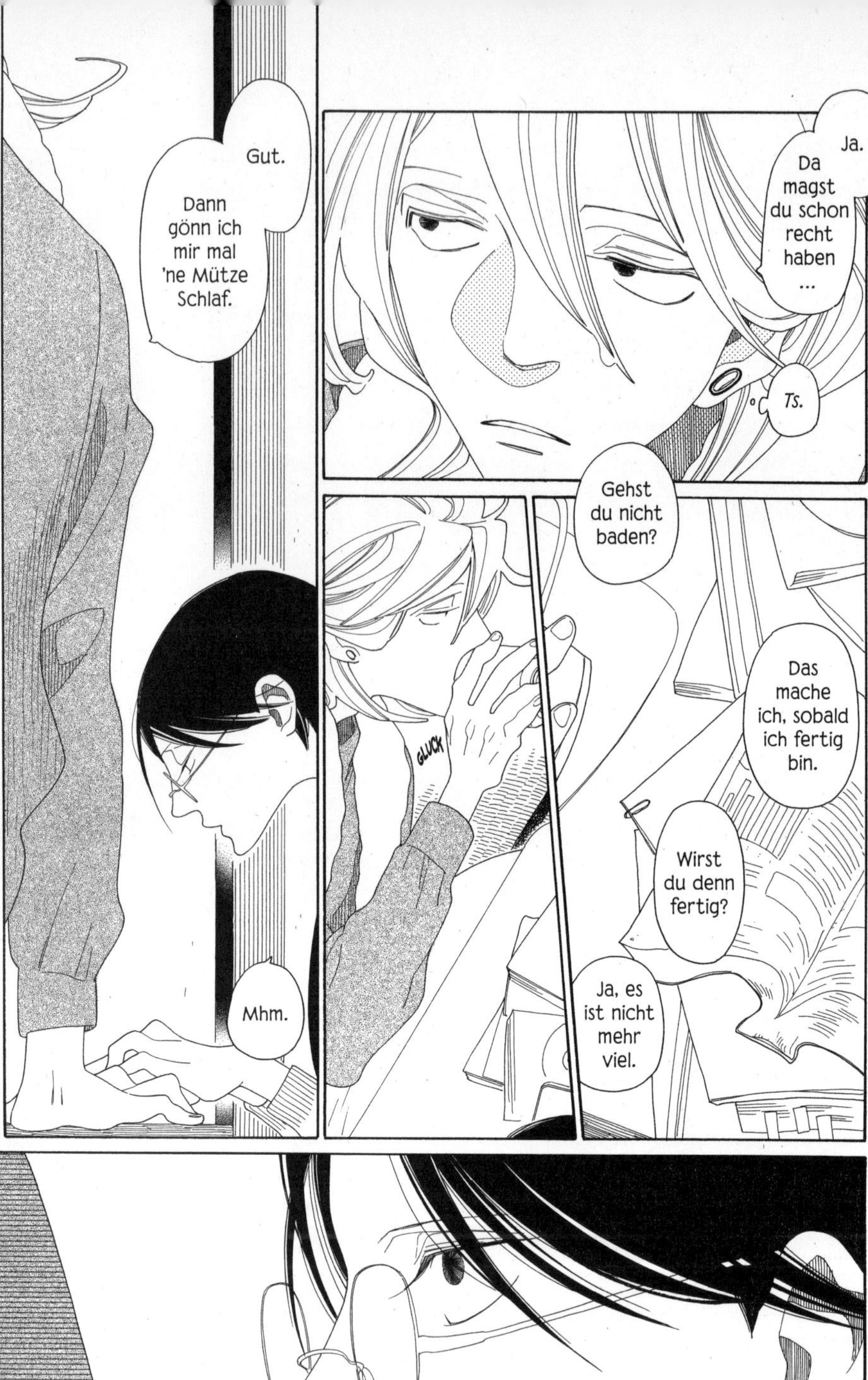
Ja. Da magst du schon recht haben ...
Ts.
Gut.
Dann gönn ich mir mal 'ne Mütze Schlaf.
Gehst du nicht baden?
Das mache ich, sobald ich fertig bin.
Wirst du denn fertig?
Ja, es ist nicht mehr viel.
GLUCK
Mhm.

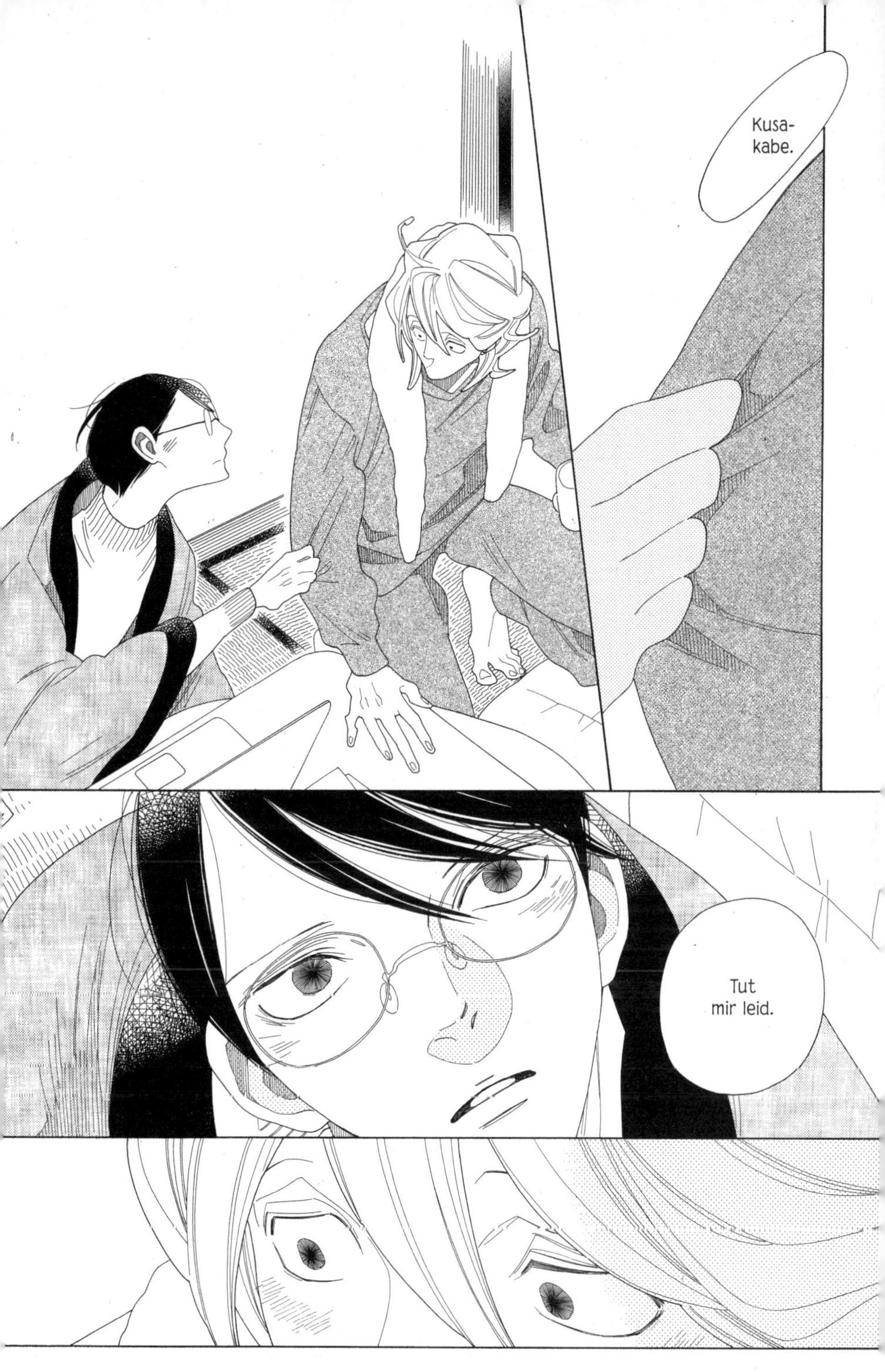
Kusa-
kabe.
Tut
mir leid.

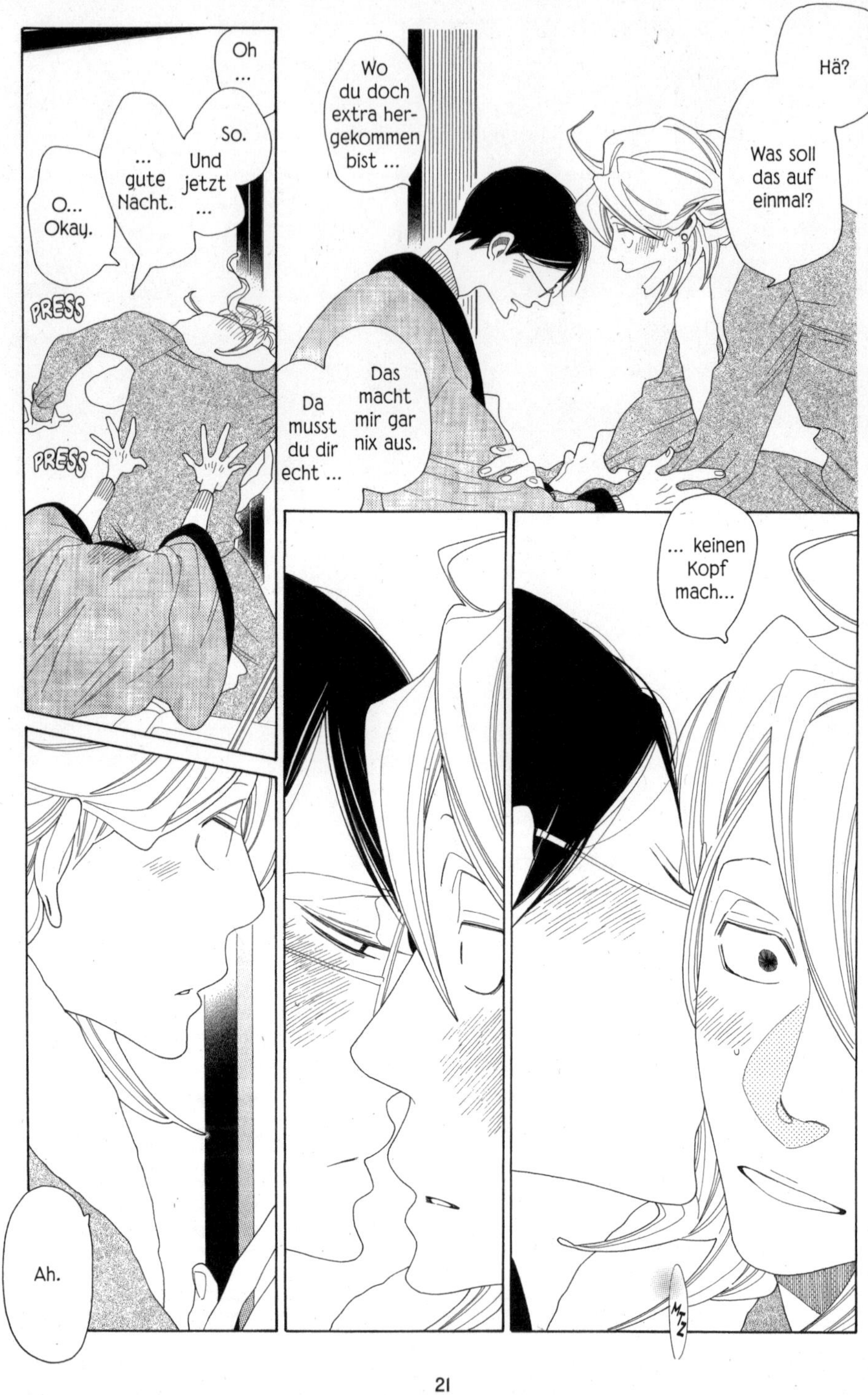

Hä?
Was soll das auf einmal?
Wo du doch extra hergekommen bist ...
Das macht mir gar nix aus.
Da musst du dir echt ...
... keinen Kopf mach...
MTZ
Ah.
Oh ...
So. Und jetzt ...
... gute Nacht.
O... Okay.
PRESS
PRESS

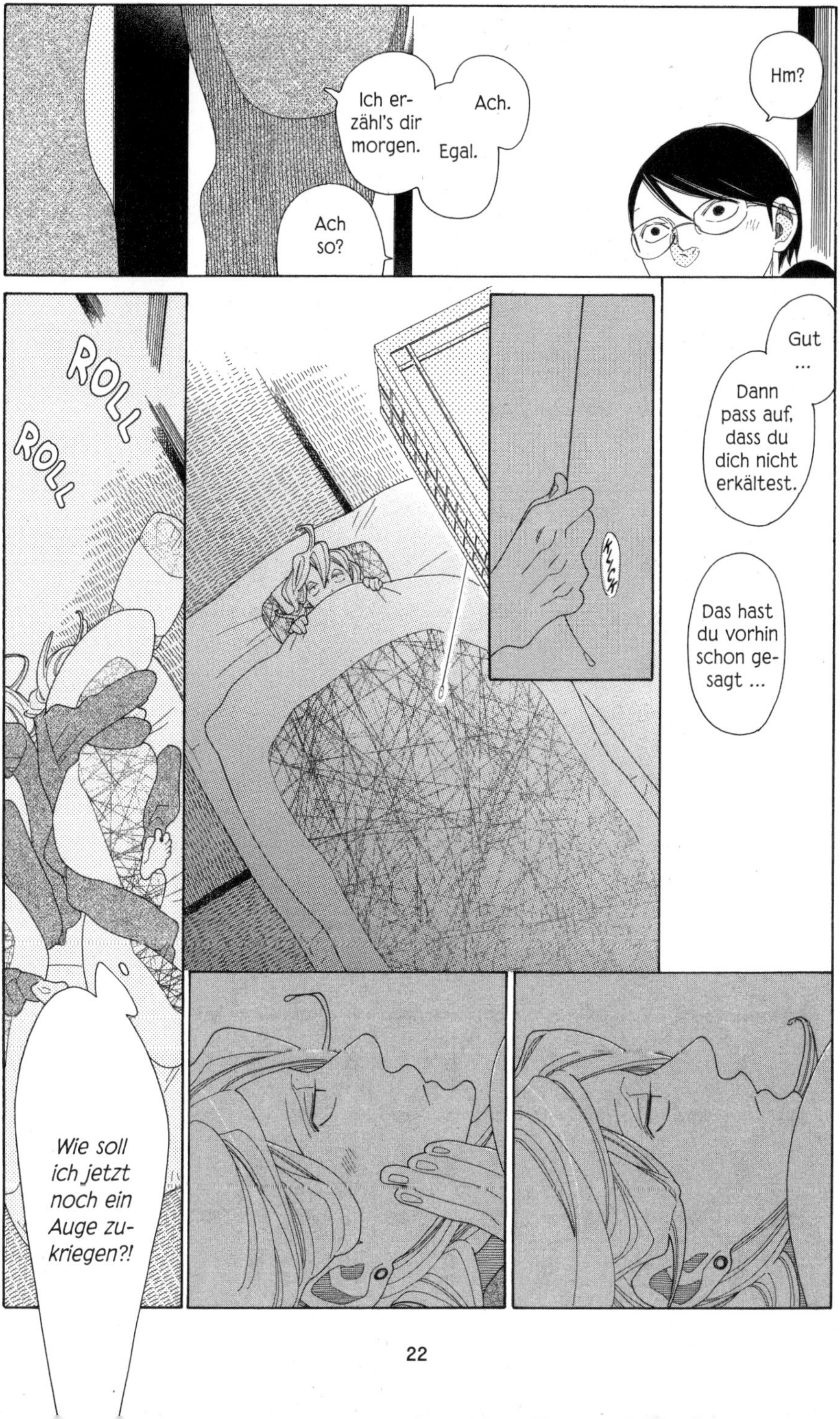
Hm?
Ach. Egal.
Ich erzähl's dir morgen.
Ach so?
Gut ...
Dann pass auf, dass du dich nicht erkältest.
Das hast du vorhin schon gesagt ...
KLICK
ROLL
ROLL
Wie soll ich jetzt noch ein Auge zukriegen?!

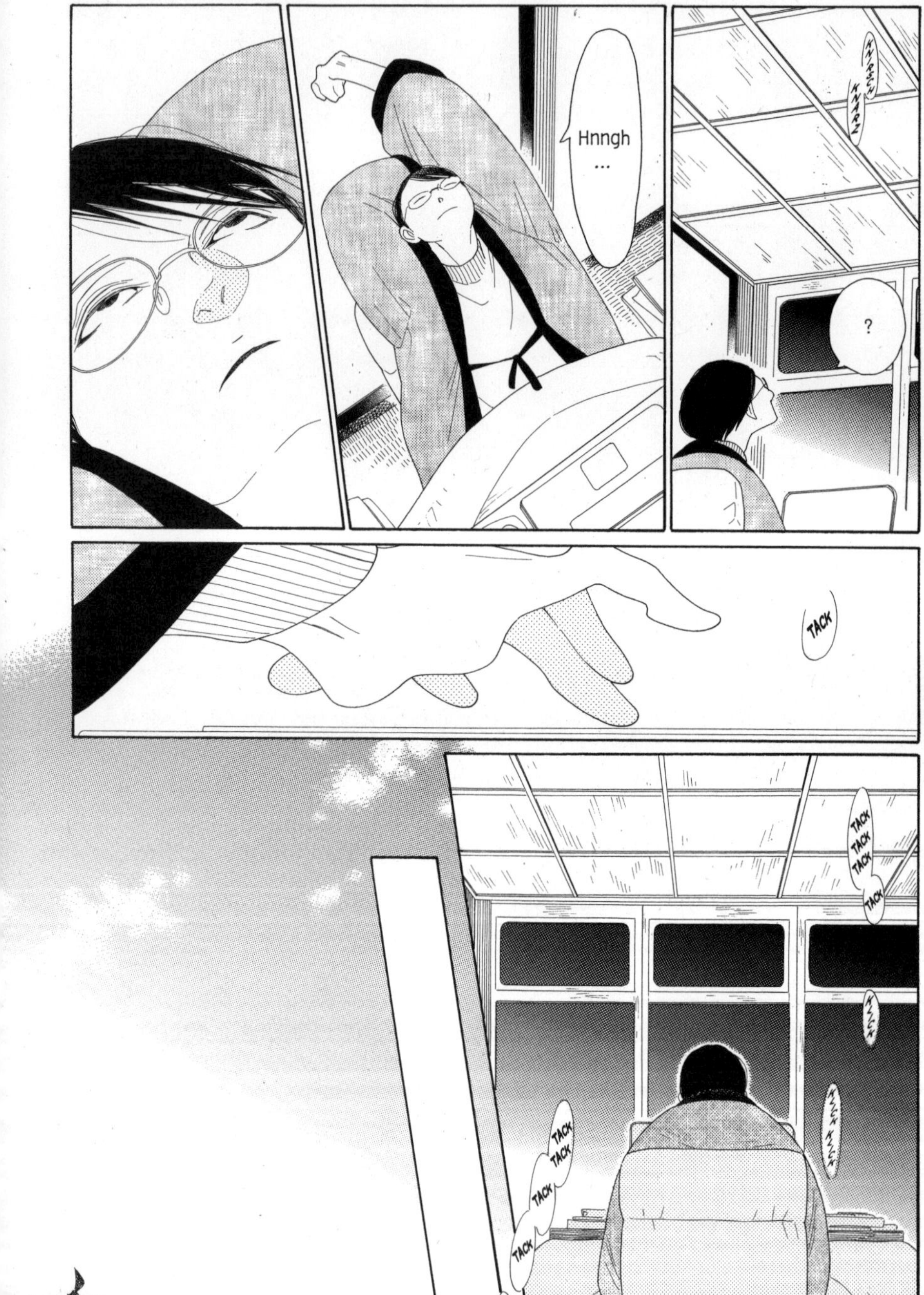
KNIRSCH
KNARZ
?
Hnngh
...
TACK
TACK
TACK
TACK
TACK
KLICK
KLICK KLICK
TACK
TACK
TACK
TACK
...

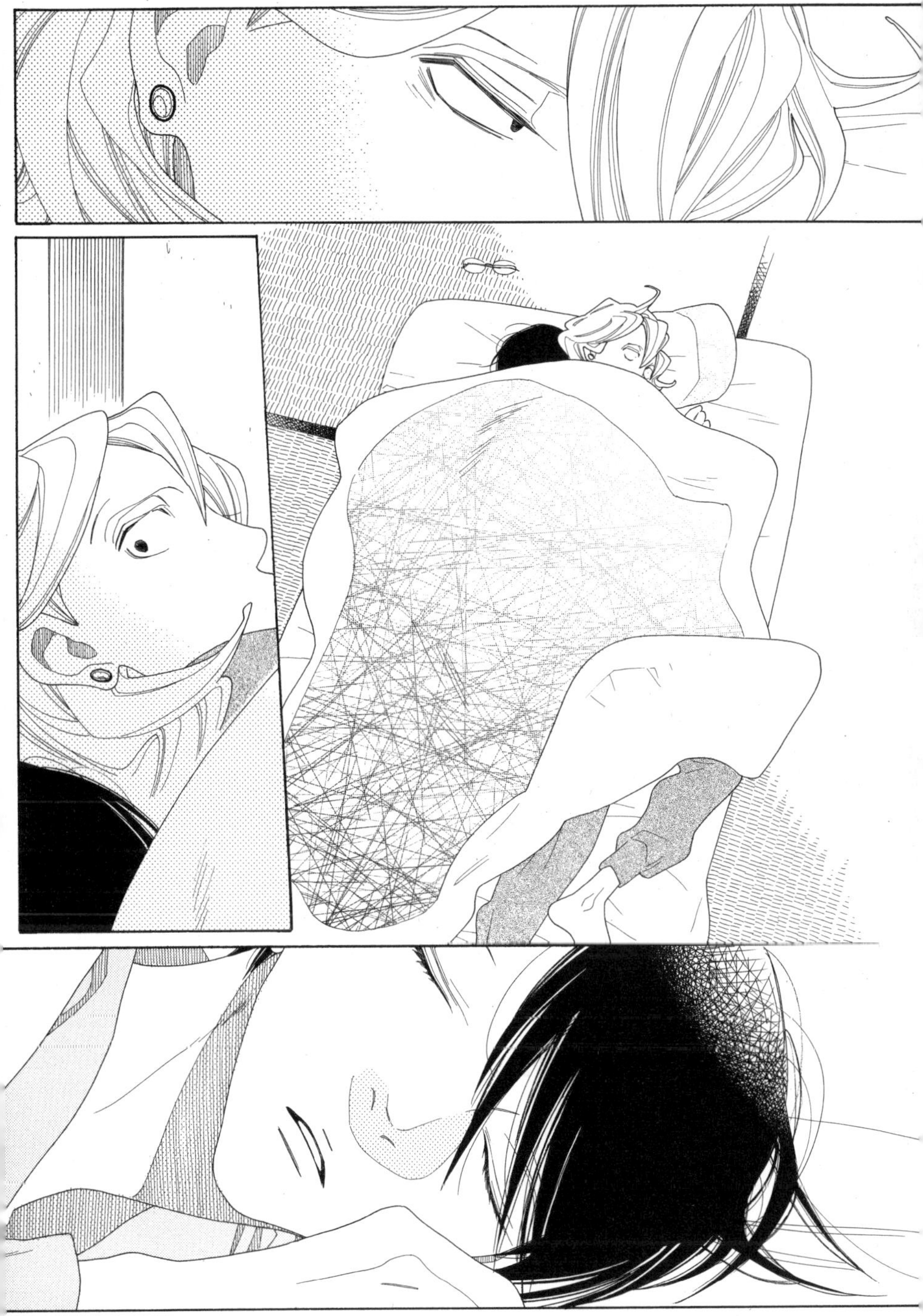

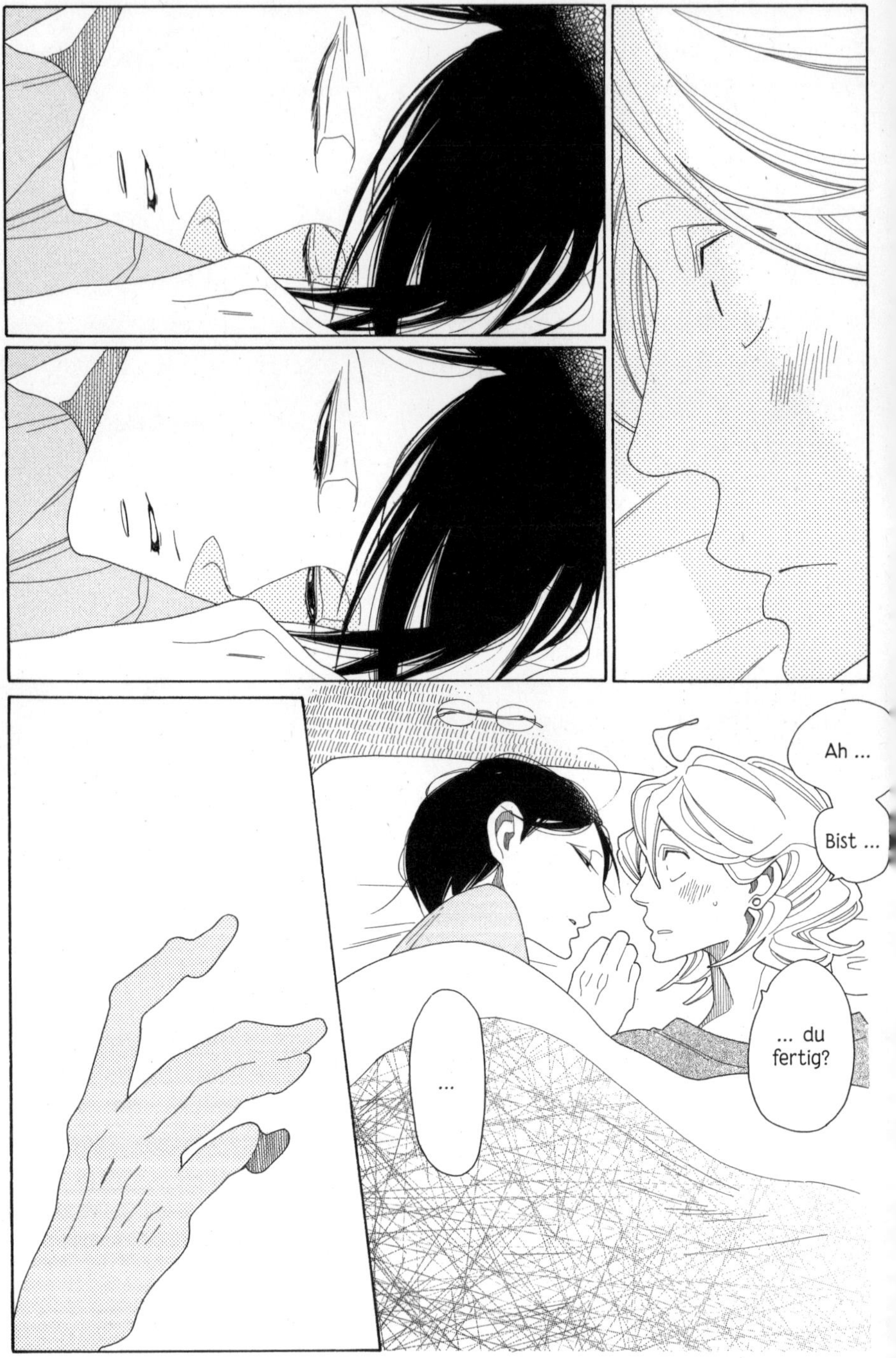

Ah ...
Bist ...
... du fertig?
...

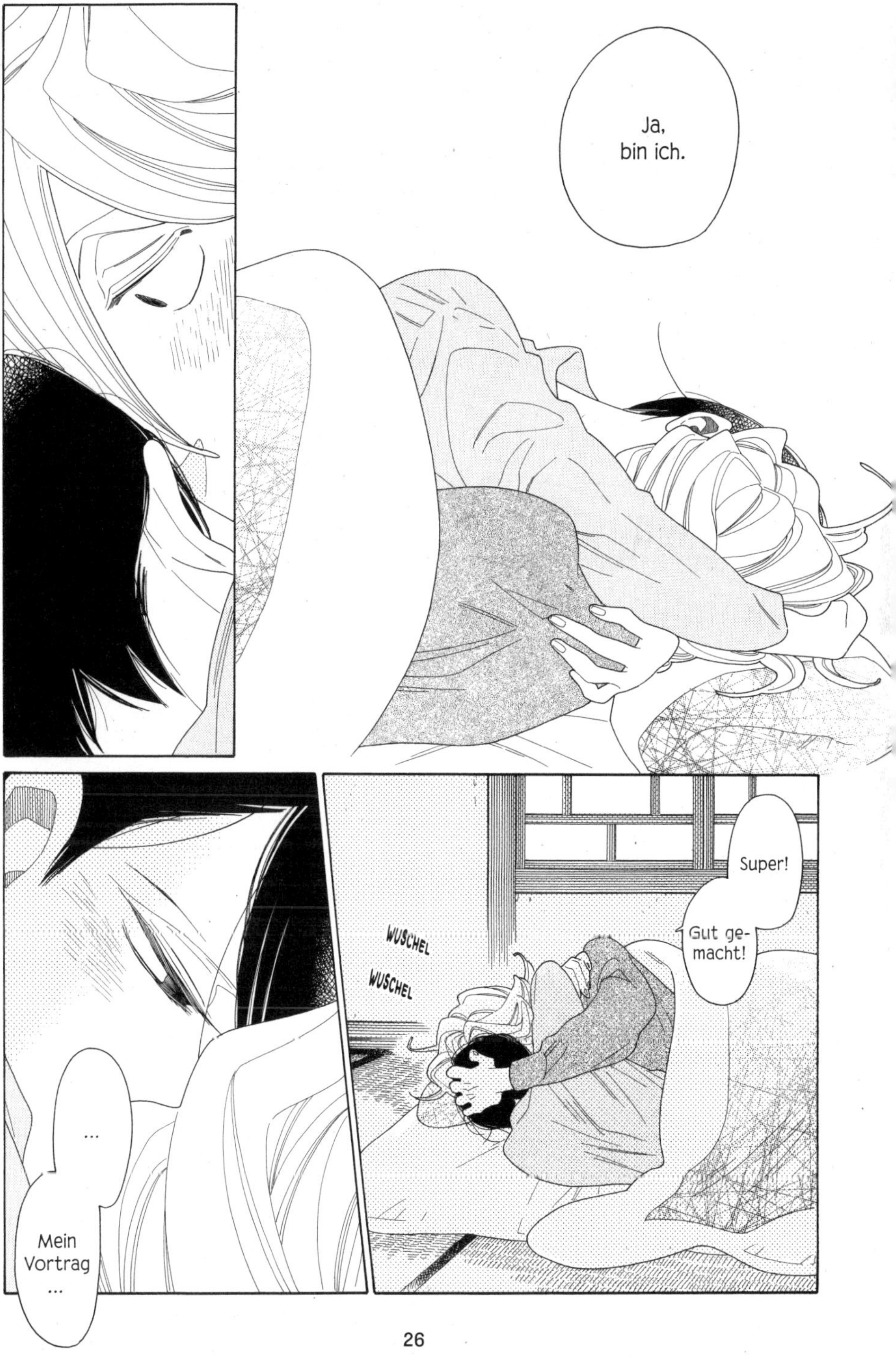
Ja, bin ich.
Super!
Gut ge-
macht!
WUSCHEL
WUSCHEL
...
Mein Vortrag ...

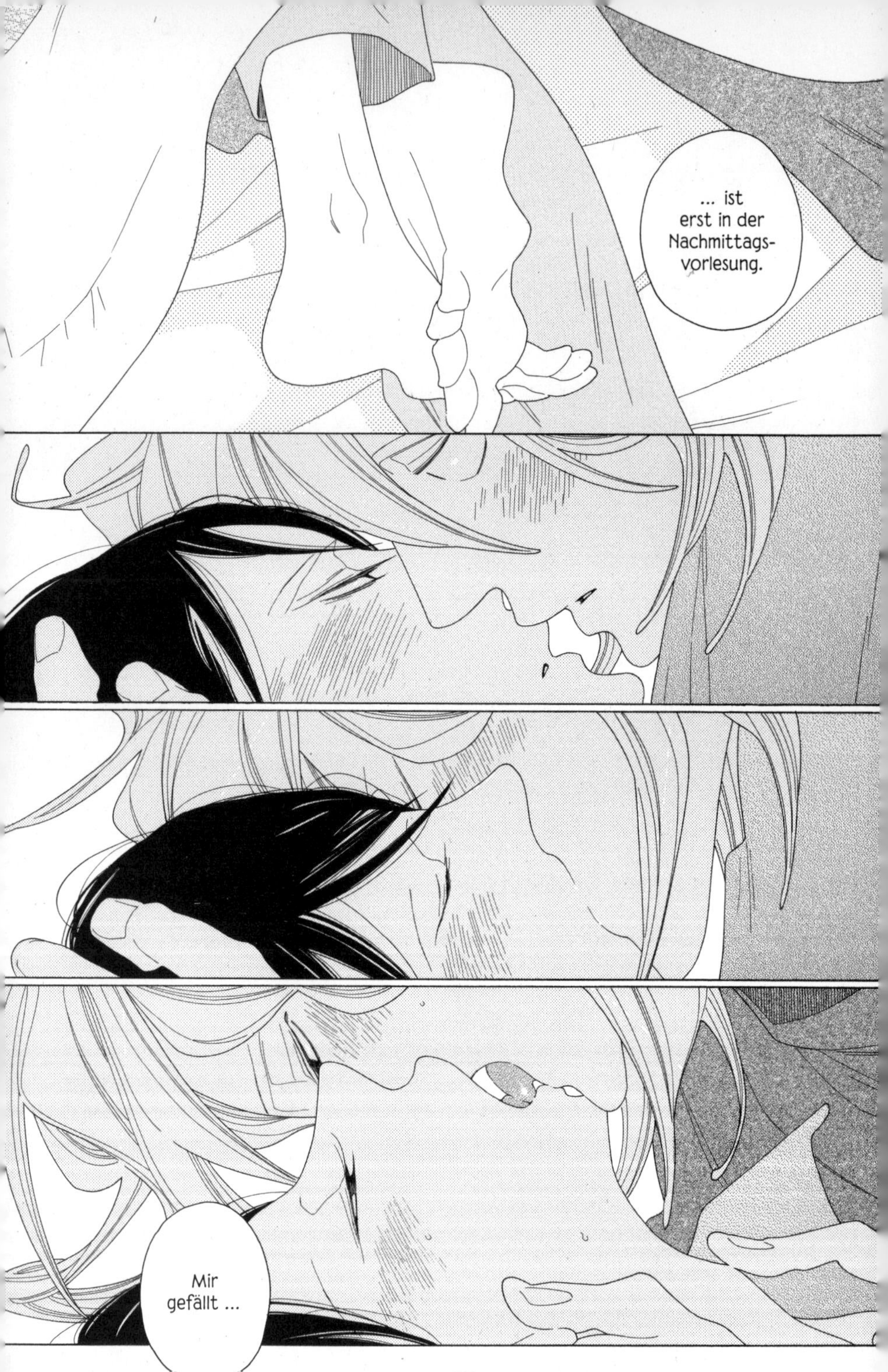
... ist erst in der Nachmittags-vorlesung.
Mir gefällt ...

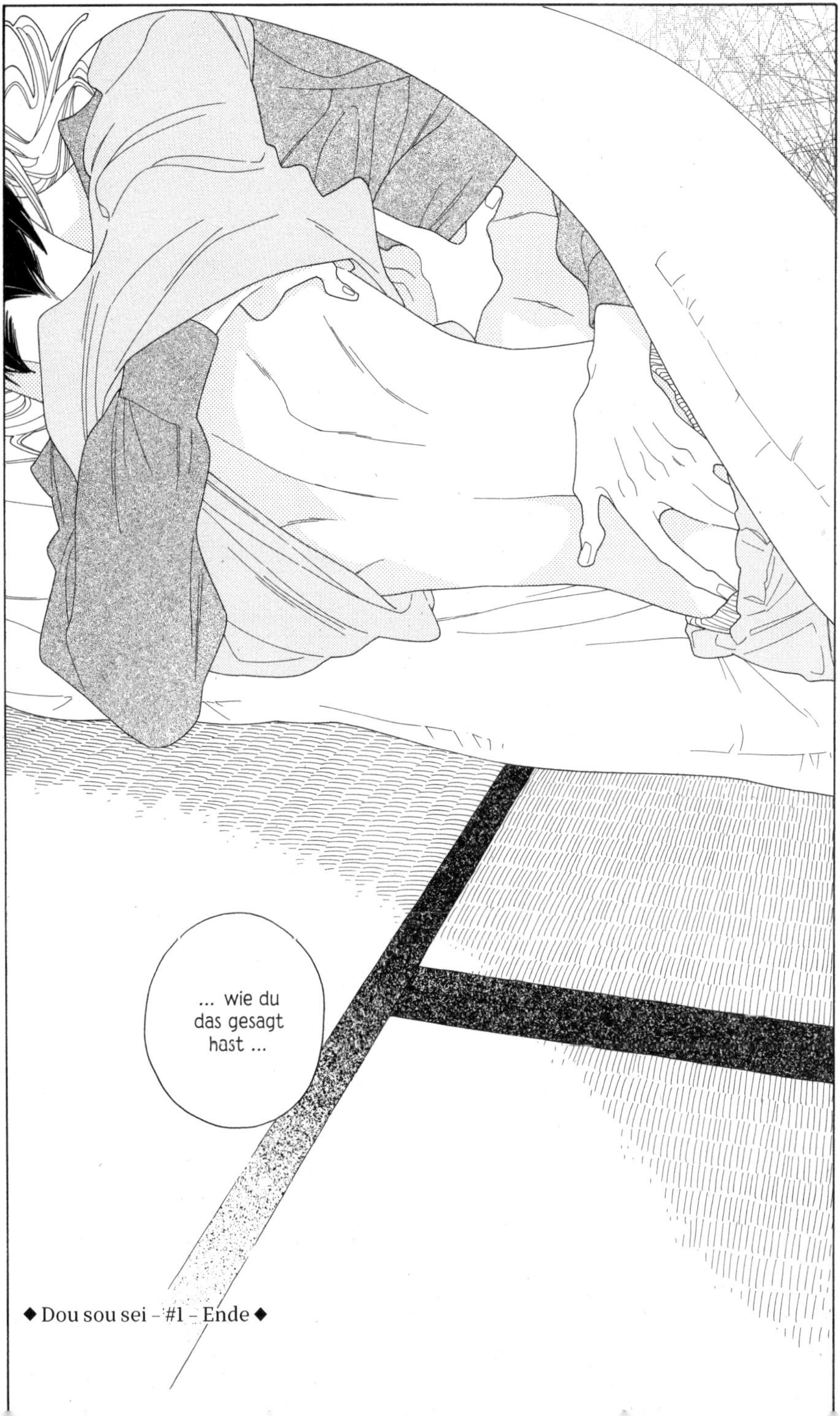
... wie du das gesagt hast ...
◆ Dou sou sei – #1 – Ende ◆

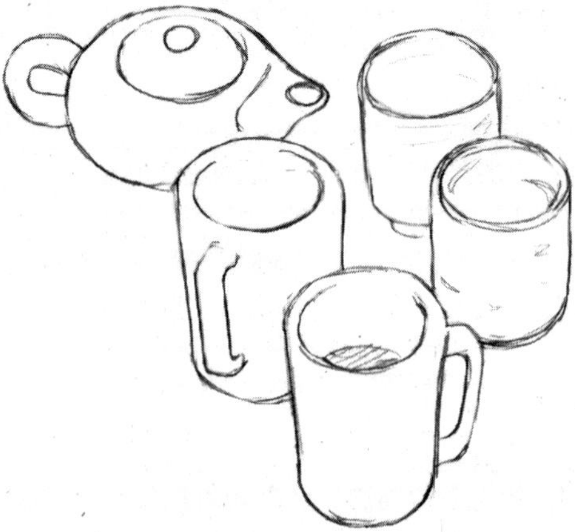

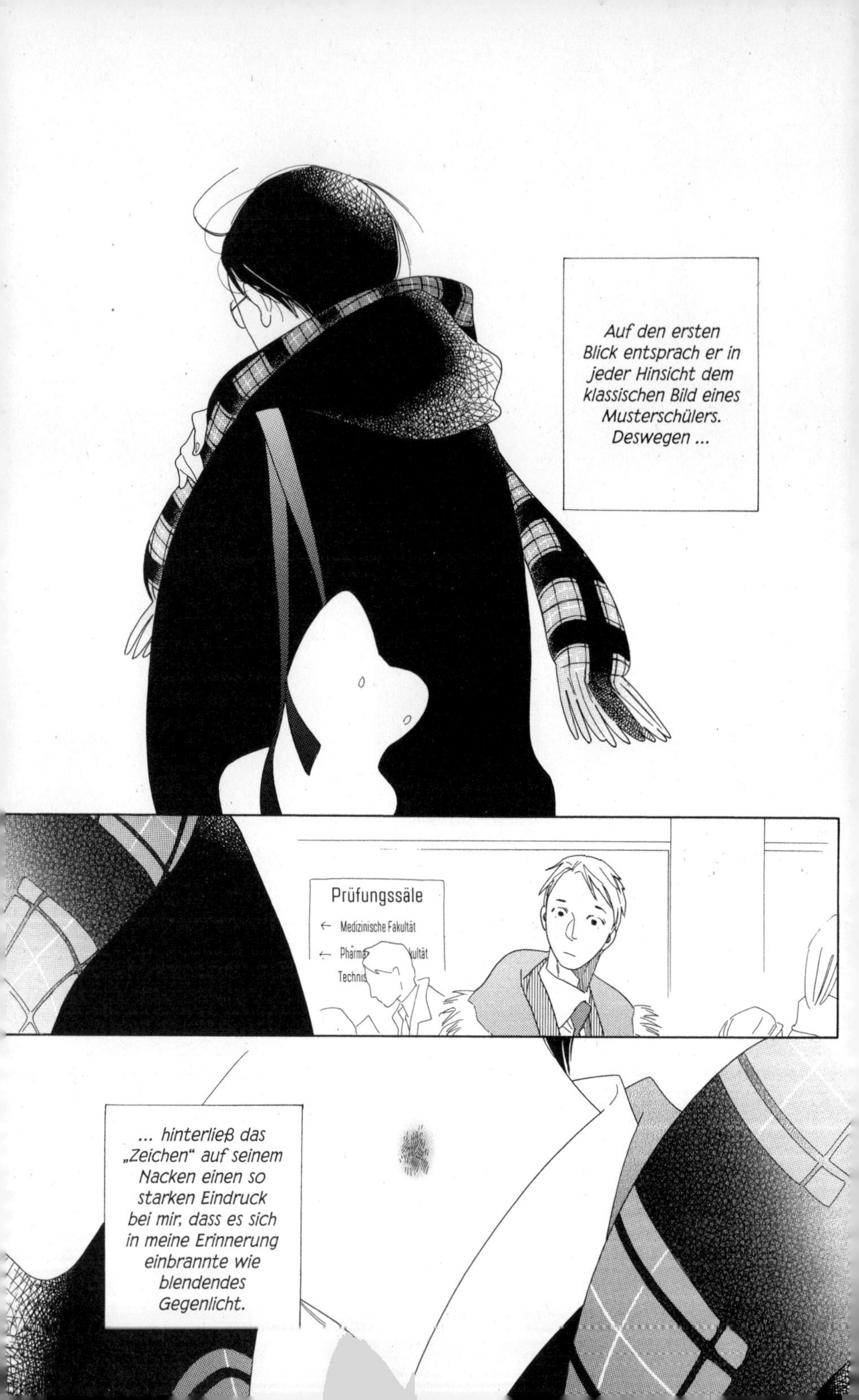
Auf den ersten Blick entsprach er in jeder Hinsicht dem klassischen Bild eines Musterschülers. Deswegen ...
Prüfungssäle
← Medizinische Fakultät
... hinterließ das „Zeichen“ auf seinem Nacken einen so starken Eindruck bei mir, dass es sich in meine Erinnerung einbrannte wie blendendes Gegenlicht.

#2 Sajo und Kinosaki

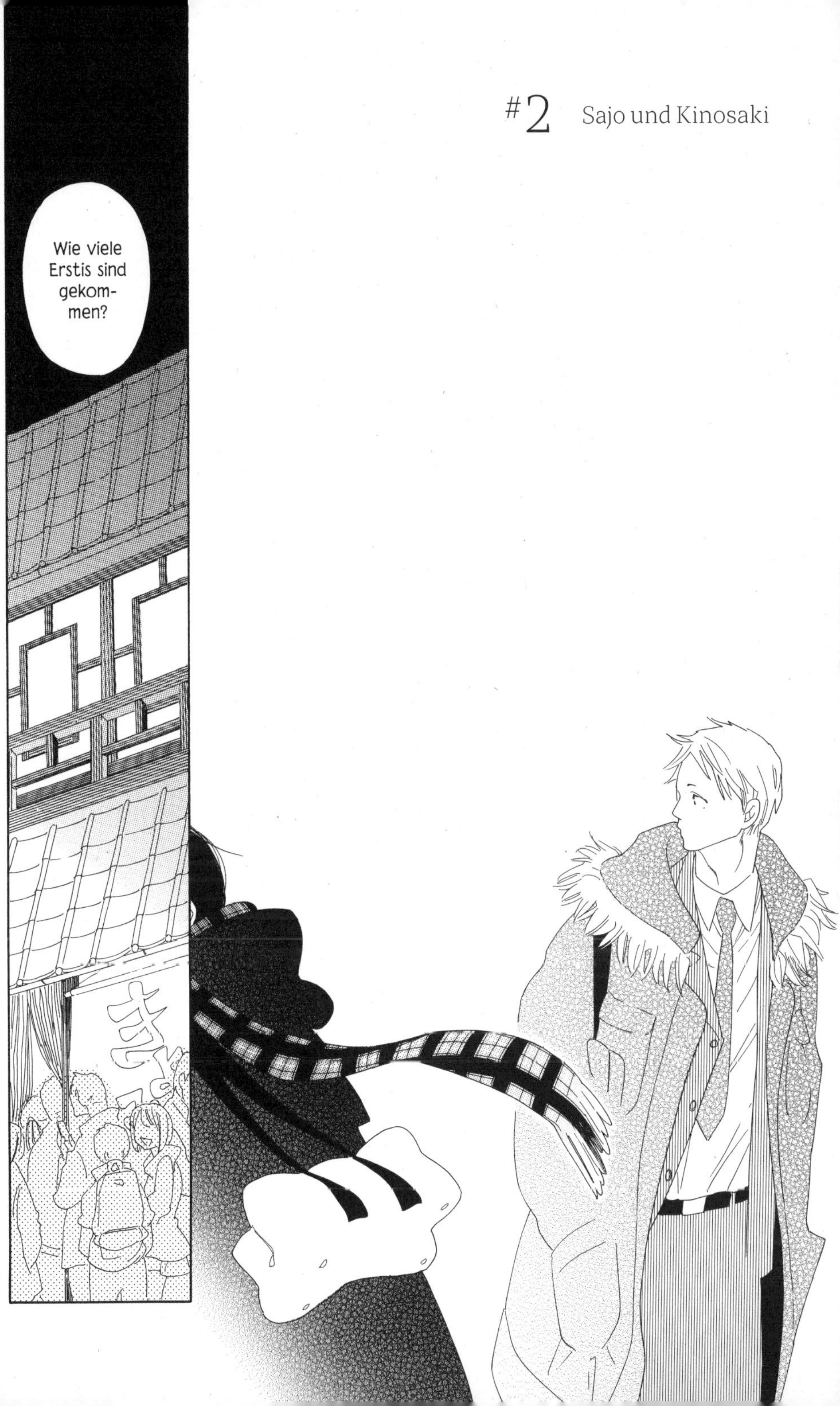

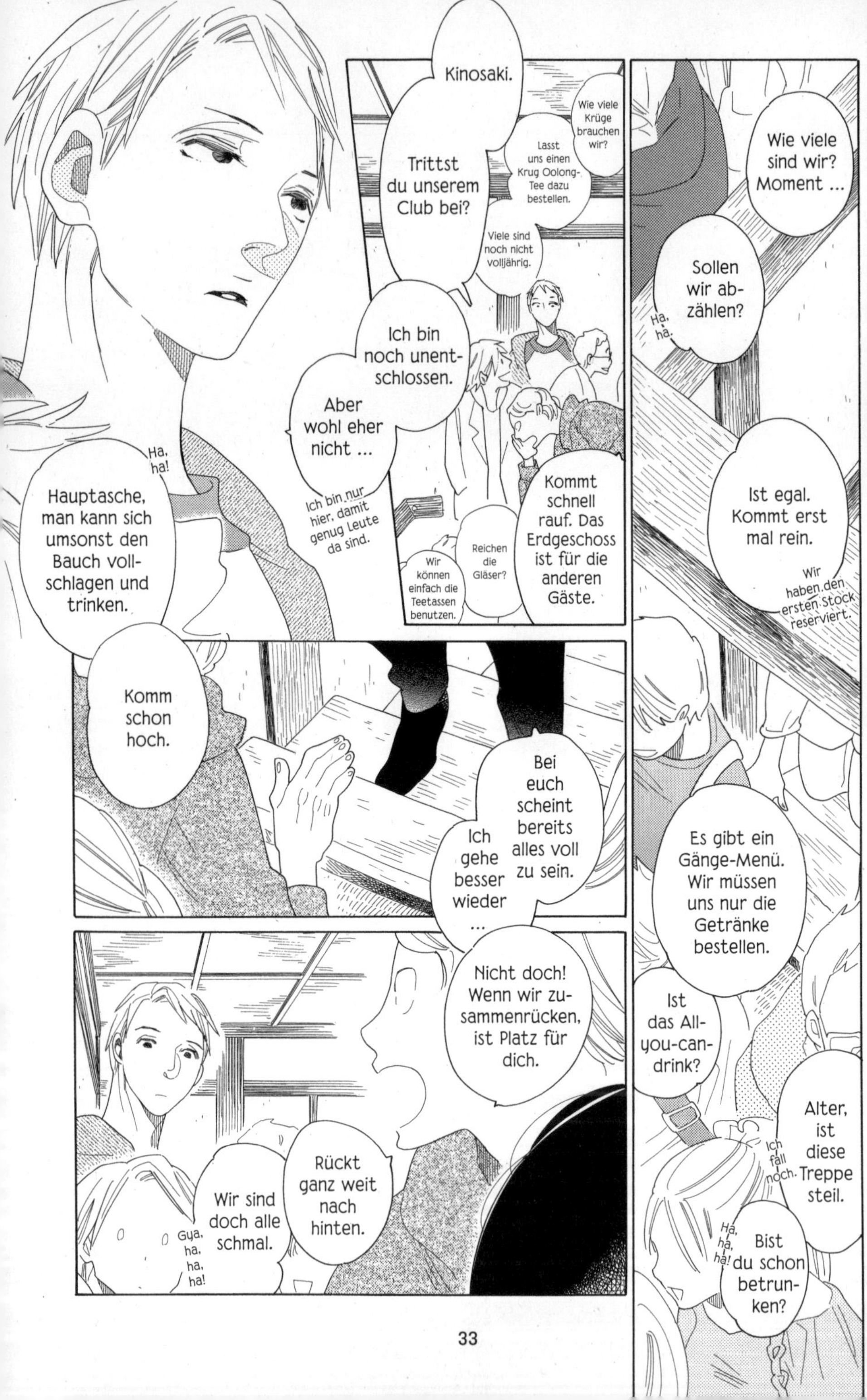
Wie viele sind wir? Moment ...
Sollen wir abzählen?
Ha, ha.
Kinosaki.
Wie viele Krüge brauchen wir?
Lasst uns einen Krug Oolong-Tee dazu bestellen.
Trittst du unserem Club bei?
Viele sind noch nicht volljährig.
Ich bin noch unentschlossen.
Aber wohl eher nicht ...
Ich bin nur hier, damit genug Leute da sind.
Kommt schnell rauf. Das Erdgeschoss ist für die anderen Gäste.
Reichen die Gläser?
Wir können einfach die Teetassen benutzen.
Ha, ha!
Hauptsache, man kann sich umsonst den Bauch vollschlagen und trinken.
Ist egal. Kommt erst mal rein.
Wir haben den ersten Stock reserviert.
Bei euch scheint bereits alles voll zu sein.
Ich gehe besser wieder ...
Komm schon hoch.
Es gibt ein Gänge-Menü. Wir müssen uns nur die Getränke bestellen.
Ist das All-you-can-drink?
Nicht doch! Wenn wir zusammenrücken, ist Platz für dich.
Rückt ganz weit nach hinten.
Wir sind doch alle schmal.
Gya, ha, ha, ha!
Alter, ist diese Treppe steil.
Ich fall noch.
Ha, ha, ha!
Bist du schon betrunken?

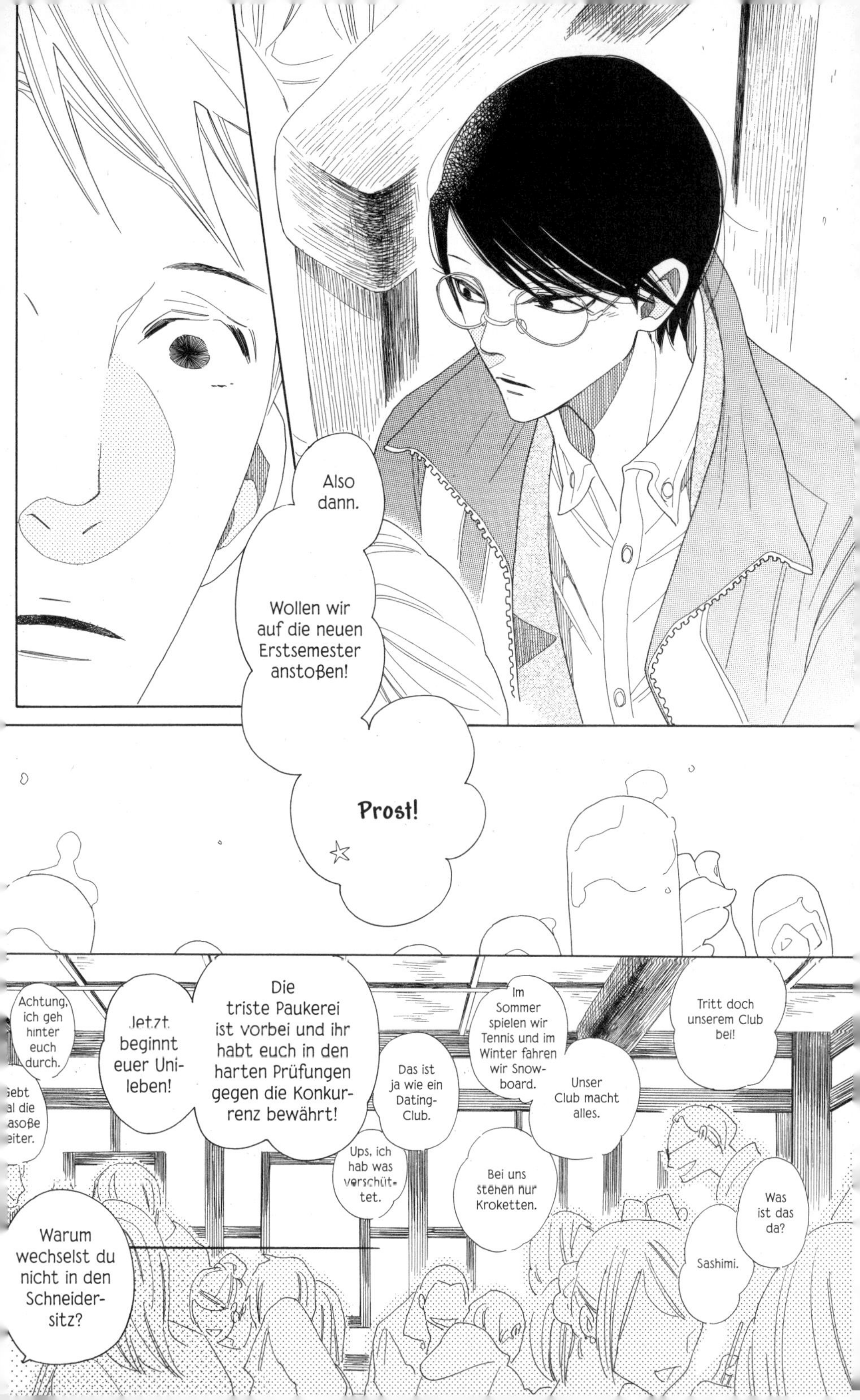

Also dann.
Wollen wir auf die neuen Erstsemester anstoßen!
Prost!
Tritt doch unserem Club bei!
Im Sommer spielen wir Tennis und im Winter fahren wir Snowboard.
Unser Club macht alles.
Das ist ja wie ein Dating-Club.
Die triste Paukerei ist vorbei und ihr habt euch in den harten Prüfungen gegen die Konkurrenz bewährt!
Jetzt beginnt euer Unileben!
Achtung, ich geh hinter euch durch.
Was ist das da?
Sashimi.
Bei uns stehen nur Kroketten.
Ups, ich hab was verschüttet.
Warum wechselst du nicht in den Schneidersitz?

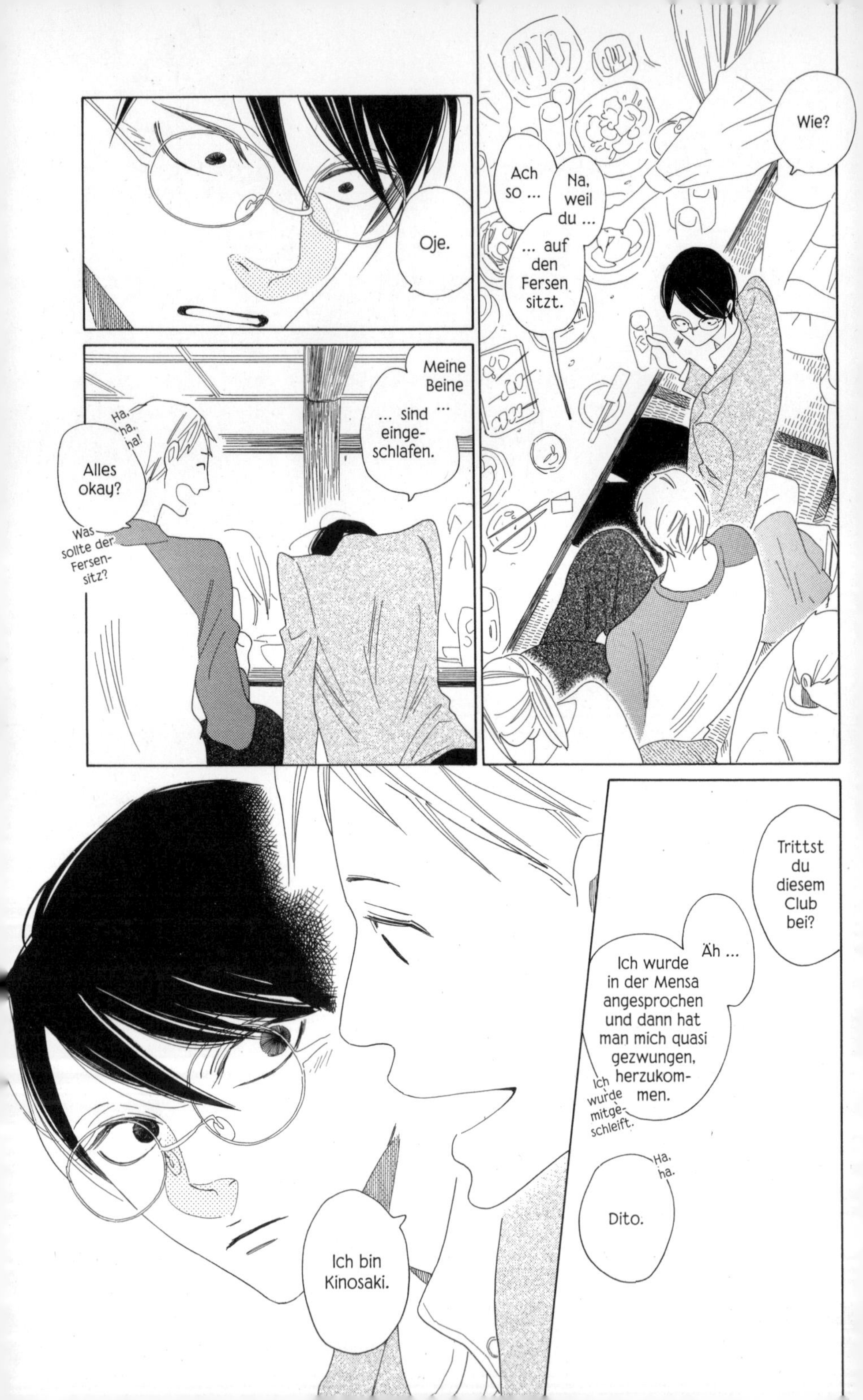
Wie?
Na, weil du ...
... auf den Fersen sitzt.
Ach so ...
Oje.
Meine Beine ...
... sind eingeschlafen.
Ha, ha, ha!
Alles okay?
Was sollte der Fersensitz?
Trittst du diesem Club bei?
Äh ...
Ich wurde in der Mensa angesprochen und dann hat man mich quasi gezwungen, herzukommen.
Ich wurde mitgeschleift.
Ha, ha.
Dito.
Ich bin Kinosaki.

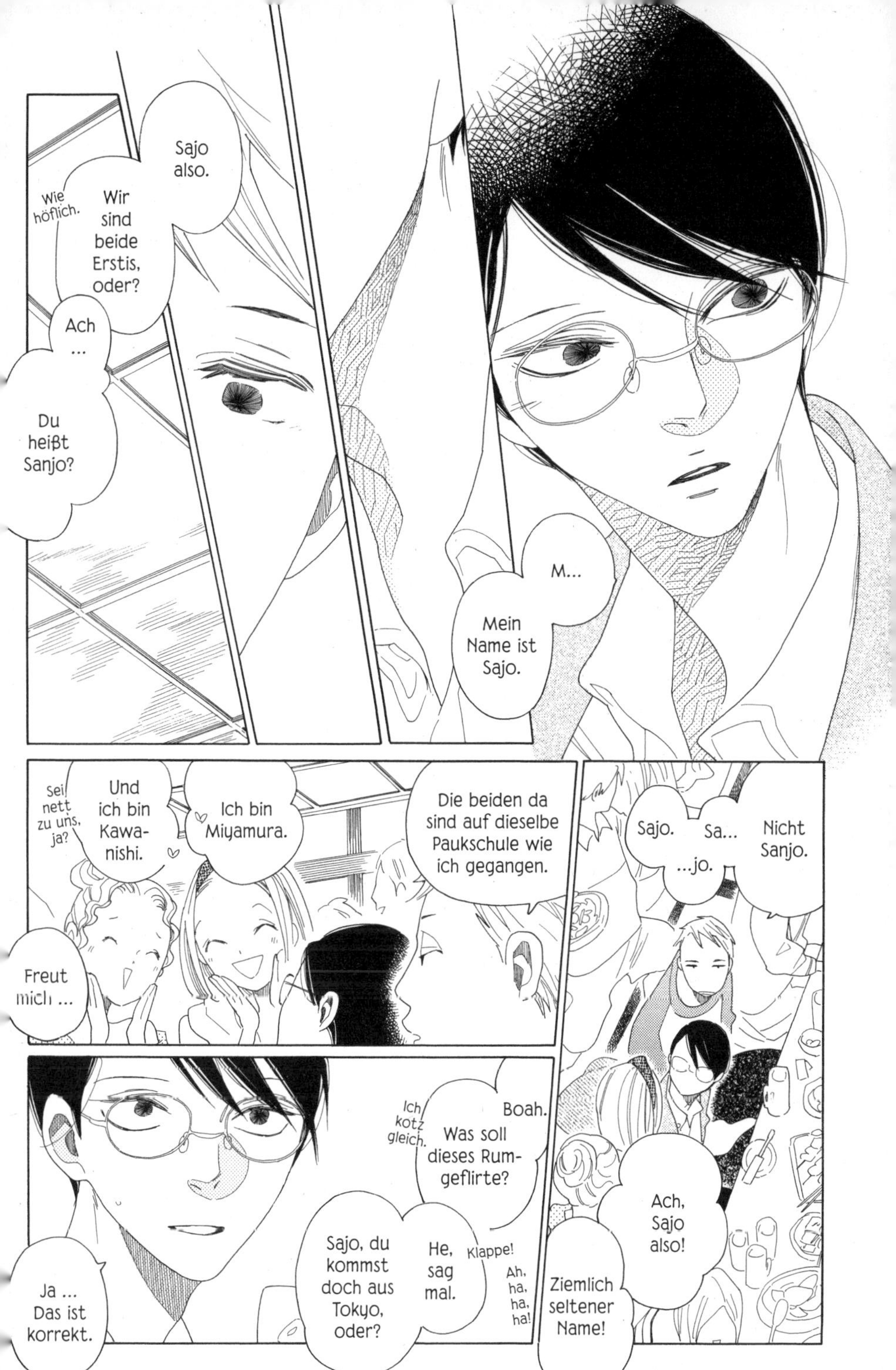
Du heißt Sanjo?
Ach ...
M...
Mein Name ist Sajo.
Sajo also.
Wir sind beide Erstis, oder?
Wie höflich.
Nicht Sanjo.
Sa...
...jo.
Sajo.
Ach, Sajo also!
Ziemlich seltener Name!
Die beiden da sind auf dieselbe Paukschule wie ich gegangen.
Ich bin Miyamura.
Und ich bin Kawanishi.
Sei nett zu uns, ja?
Freut mich ...
Boah.
Was soll dieses Rumgeflirte?
Ich kotz gleich.
He, sag mal.
Klappe!
Ah, ha, ha, ha!
Sajo, du kommst doch aus Tokyo, oder?
Ja ... Das ist korrekt.

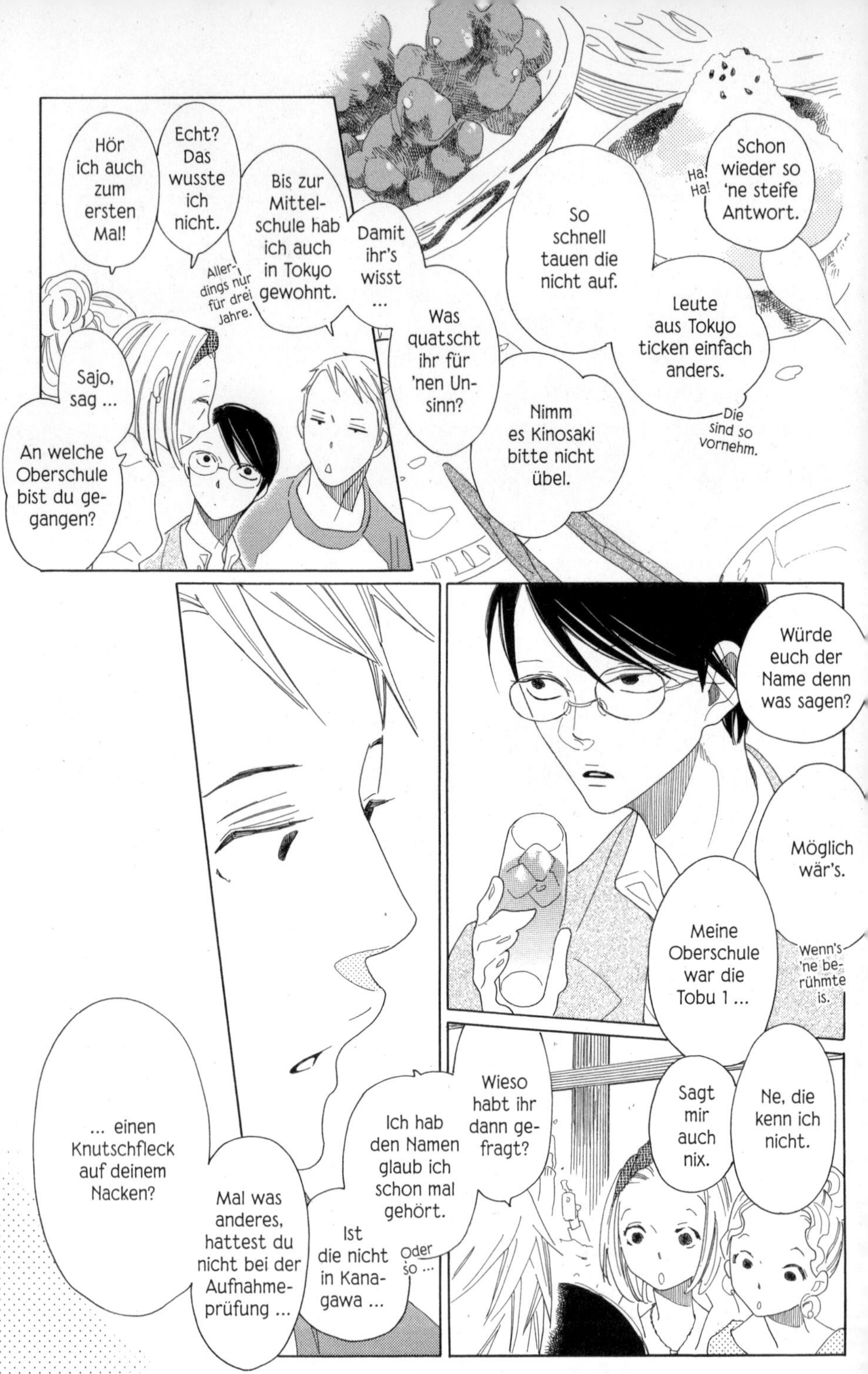
Schon wieder so 'ne steife Antwort.
Ha! Ha!
So schnell tauen die nicht auf.
Leute aus Tokyo ticken einfach anders.
Die sind so vornehm.
Nimm es Kinosaki bitte nicht übel.
Was quatscht ihr für 'nen Unsinn?
Damit ihr's wisst ...
Bis zur Mittelschule hab ich auch in Tokyo gewohnt.
Allerdings nur für drei Jahre.
Echt? Das wusste ich nicht.
Hör ich auch zum ersten Mal!
Sajo, sag ...
An welche Oberschule bist du gegangen?
Würde euch der Name denn was sagen?
Möglich wär's.
Wenn's 'ne berühmte is.
Meine Oberschule war die Tobu 1 ...
Ne, die kenn ich nicht.
Sagt mir auch nix.
Wieso habt ihr dann gefragt?
Ich hab den Namen glaub ich schon mal gehört.
Oder so ...
Ist die nicht in Kanagawa ...
Mal was anderes, hattest du nicht bei der Aufnahmeprüfung ...
... einen Knutschfleck auf deinem Nacken?

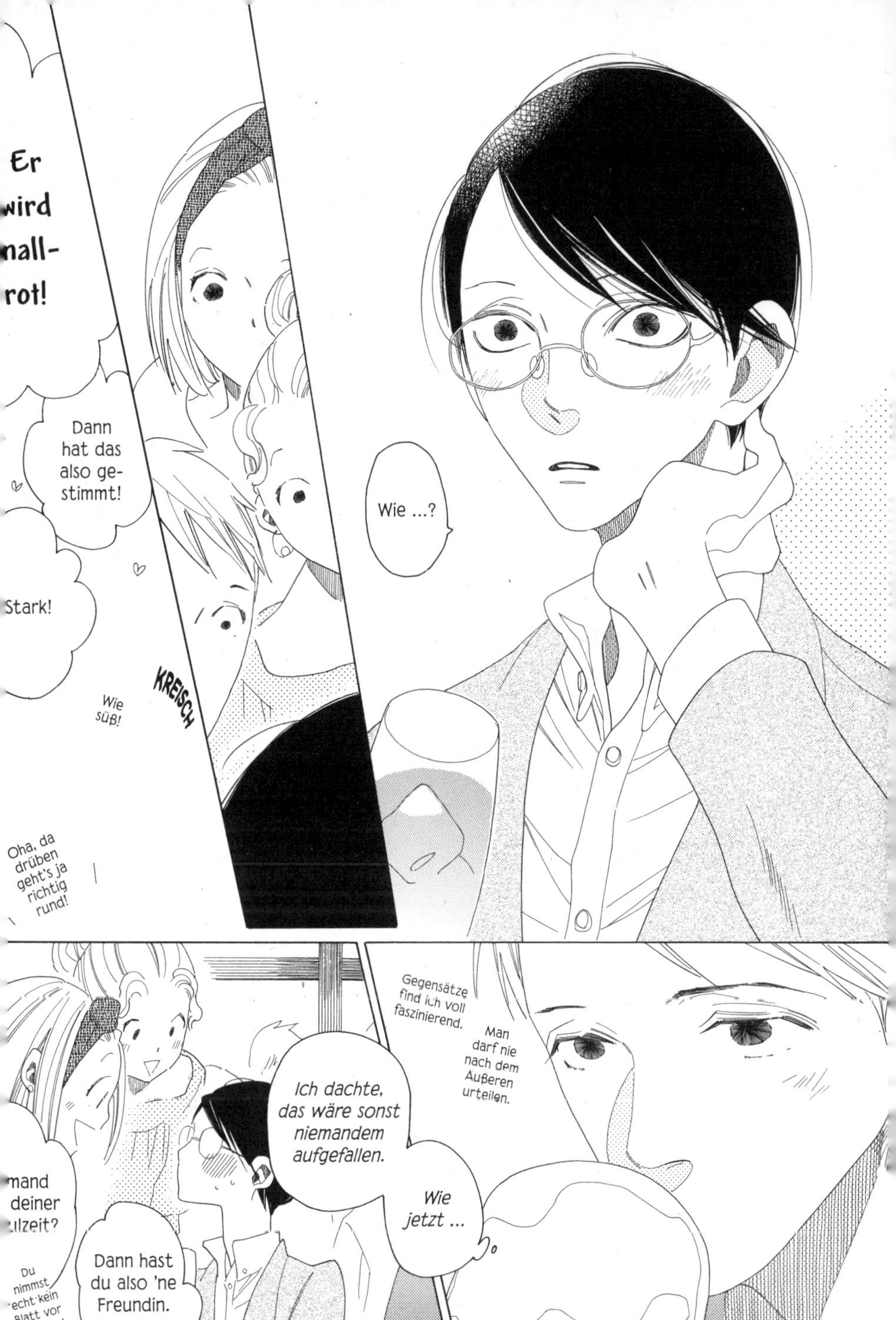
Wie ...?
Er wird nall- rot!
Dann hat das also ge- stimmt!
Stark!
Wie süß!
KREISCH
Oha, da drüben geht's ja richtig rund!
Gegensätze find ich voll faszinierend.
Man darf nie nach dem Außeren urteilen.
Ich dachte, das wäre sonst niemandem aufgefallen.
Wie jetzt ...
mand deiner
Dann hast du also 'ne Freundin.
Du nimmst echt kein Blatt vor den Mund. Hätt ich nicht gedacht.

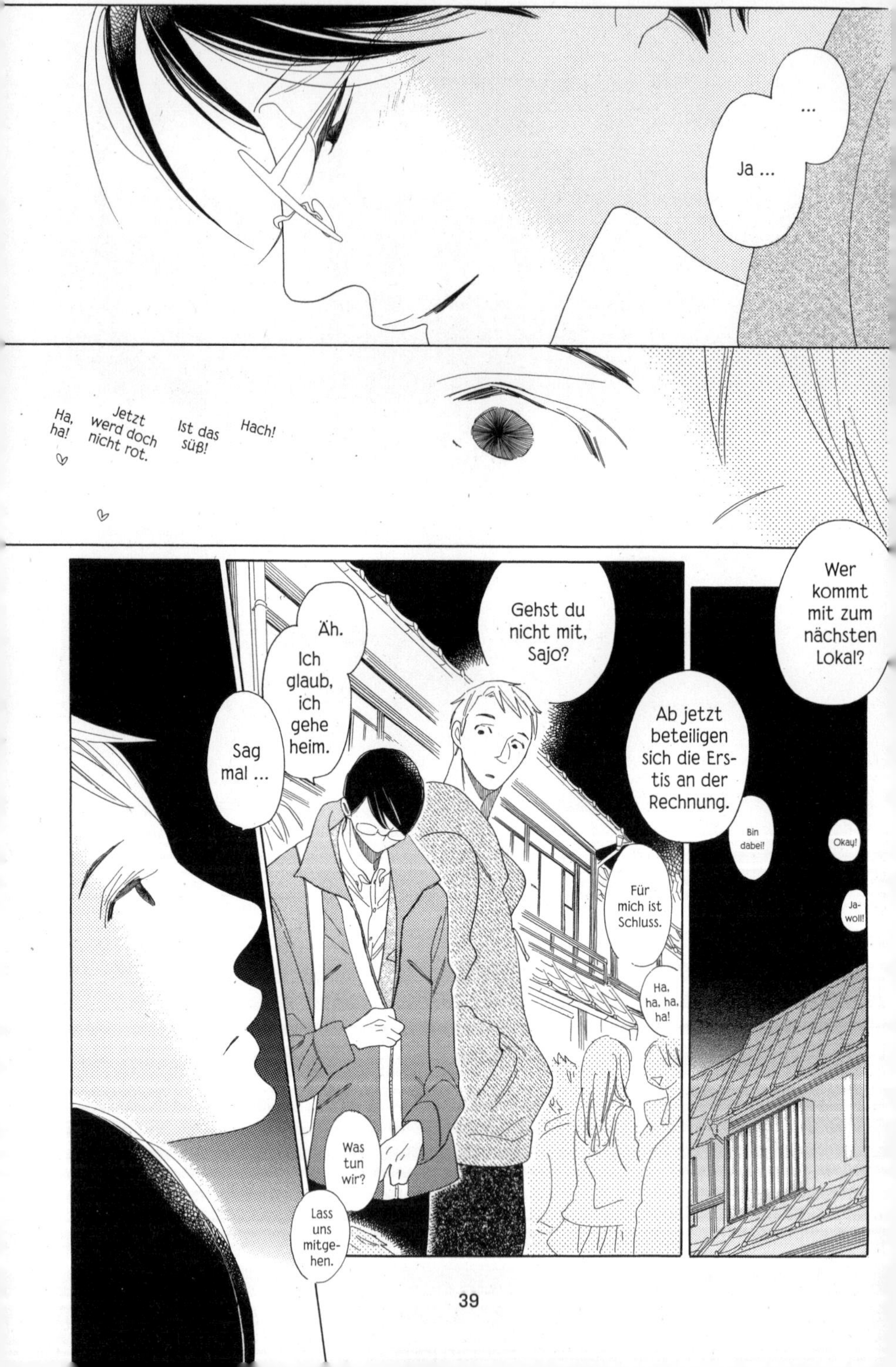
...
Ja ...
Hach!
Ist das süß!
Jetzt werd doch nicht rot.
Ha, ha!
Wer kommt mit zum nächsten Lokal?
Ab jetzt beteiligen sich die Erstis an der Rechnung.
Okay!
Bin dabei!
Ja-woll!
Gehst du nicht mit, Sajo?
Für mich ist Schluss.
Ha, ha, ha, ha!
Äh. Ich glaub, ich gehe heim.
Sag mal ...
Was tun wir?
Lass uns mitgehen.

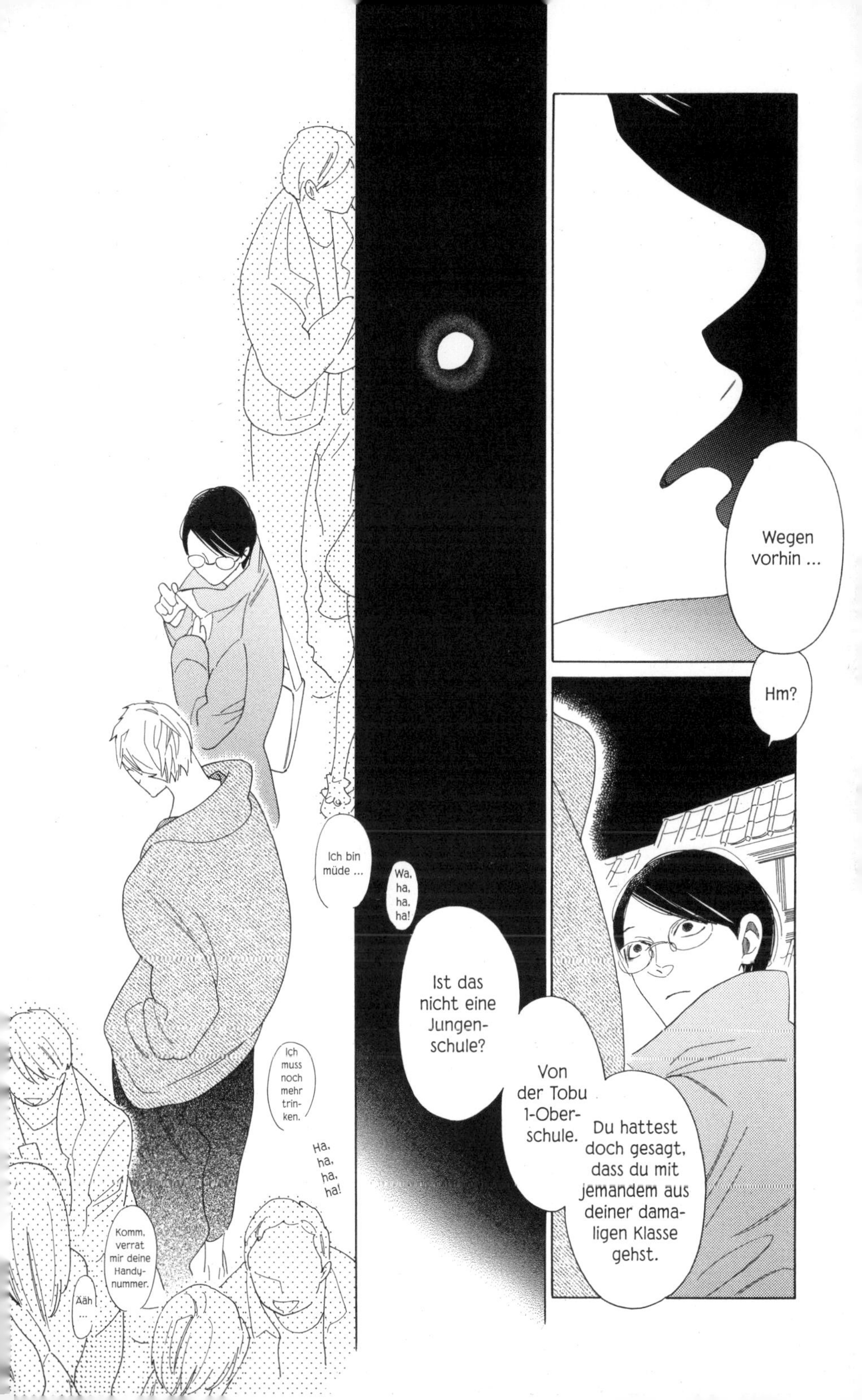

Wegen vorhin ...
Hm?
Du hattest doch gesagt, dass du mit jemandem aus deiner damaligen Klasse gehst.
Von der Tobu 1-Oberschule.
Ist das nicht eine Jungenschule?
Wa, ha, ha, ha!
Ich bin müde ...
Ich muss noch mehr trinken.
Ha, ha, ha, ha!
Komm, verrat mir deine Handynummer.
Ääh ...

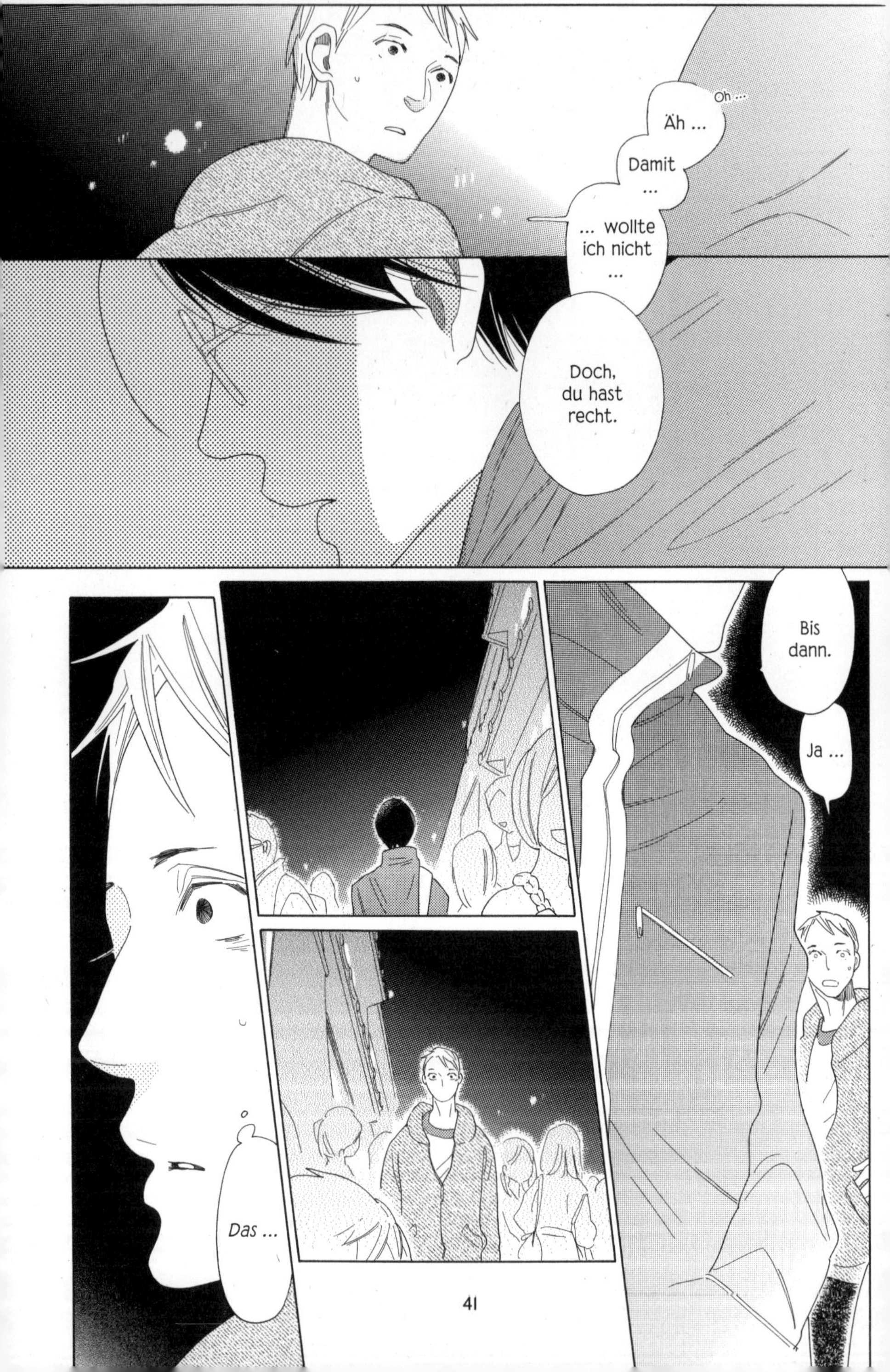
Oh ...
Äh ...
Damit ...
... wollte ich nicht ...
Doch, du hast recht.
Bis dann.
Ja ...
Das ...

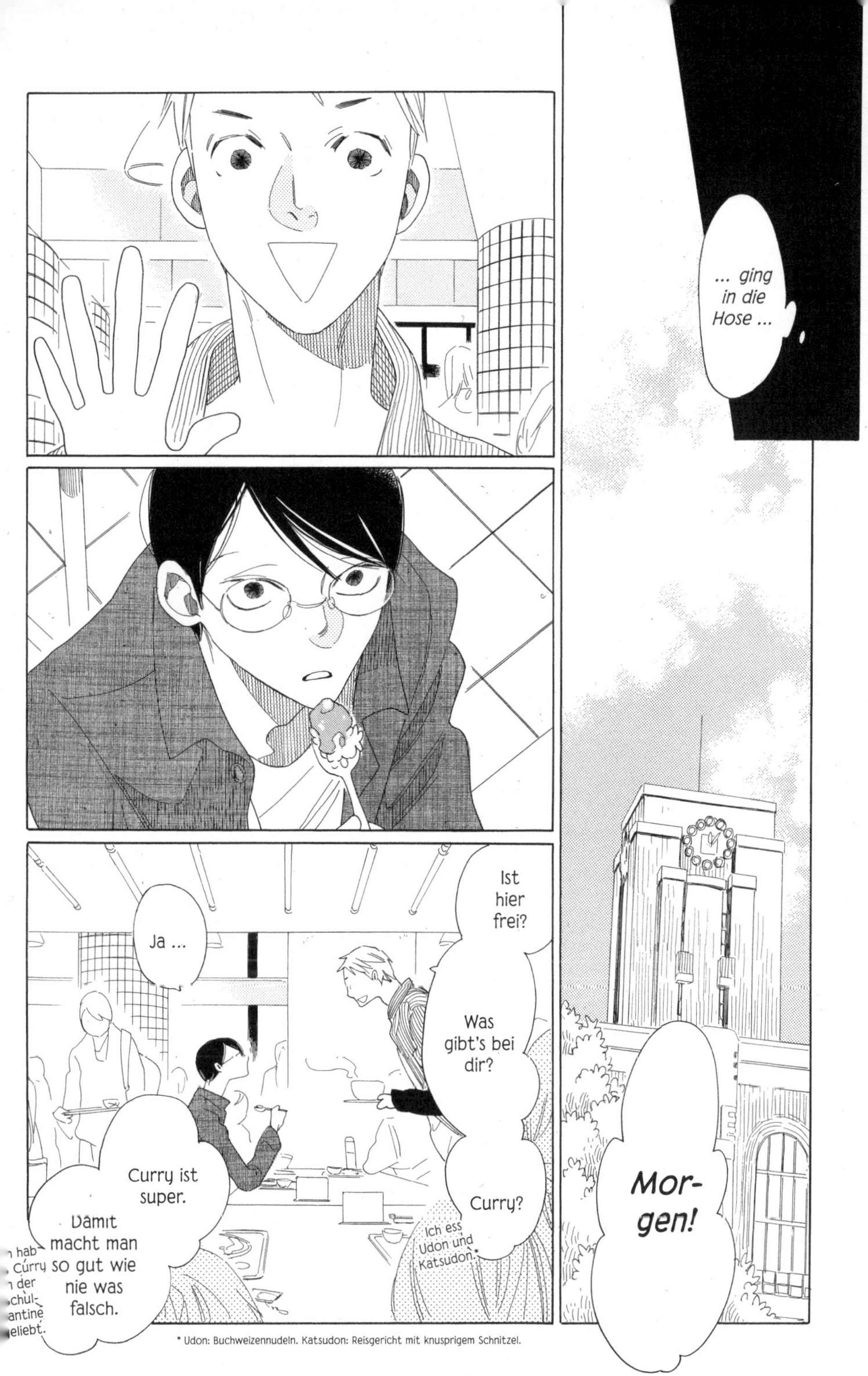

* Udon: Buchweizennudeln. Katsudon: Reisgericht mit knusprigem Schnitzel.

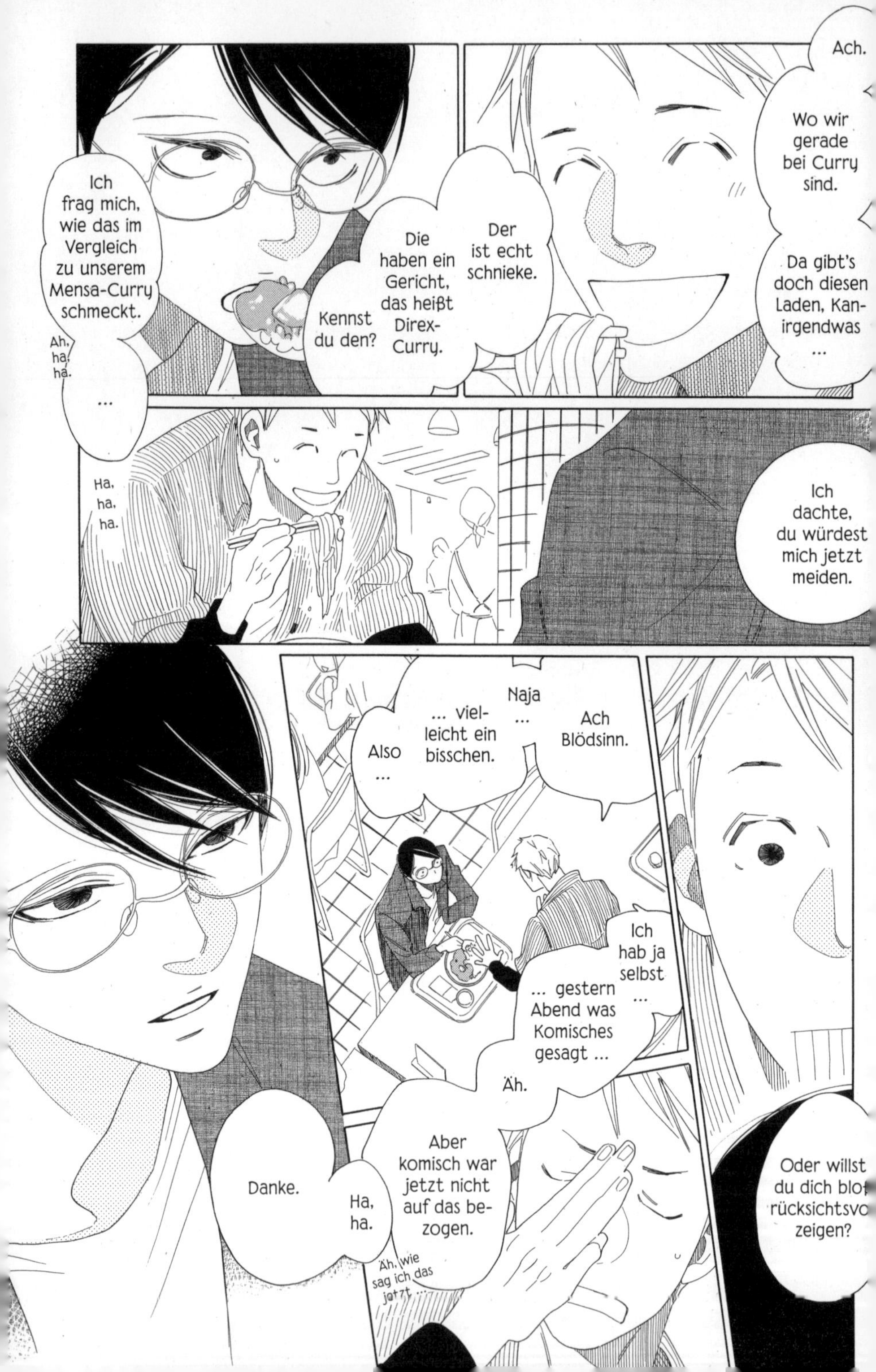

Ach.
Wo wir gerade bei Curry sind.
Da gibt's doch diesen Laden, Kan-irgendwas ...
Der ist echt schnieke.
Die haben ein Gericht, das heißt Direx-Curry.
Kennst du den?
Ich frag mich, wie das im Vergleich zu unserem Mensa-Curry schmeckt.
Ah, ha, ha.
...
Ich dachte, du würdest mich jetzt meiden.
Ha, ha, ha.
Oder willst du dich blo rücksichtsvo zeigen?
Ach Blödsinn.
Naja ...
... vielleicht ein bisschen.
Also ...
Ich hab ja selbst ...
... gestern Abend was Komisches gesagt ...
Äh.
Aber komisch war jetzt nicht auf das bezogen.
Äh, wie sag ich das jetzt ...
Ha, ha.
Danke.

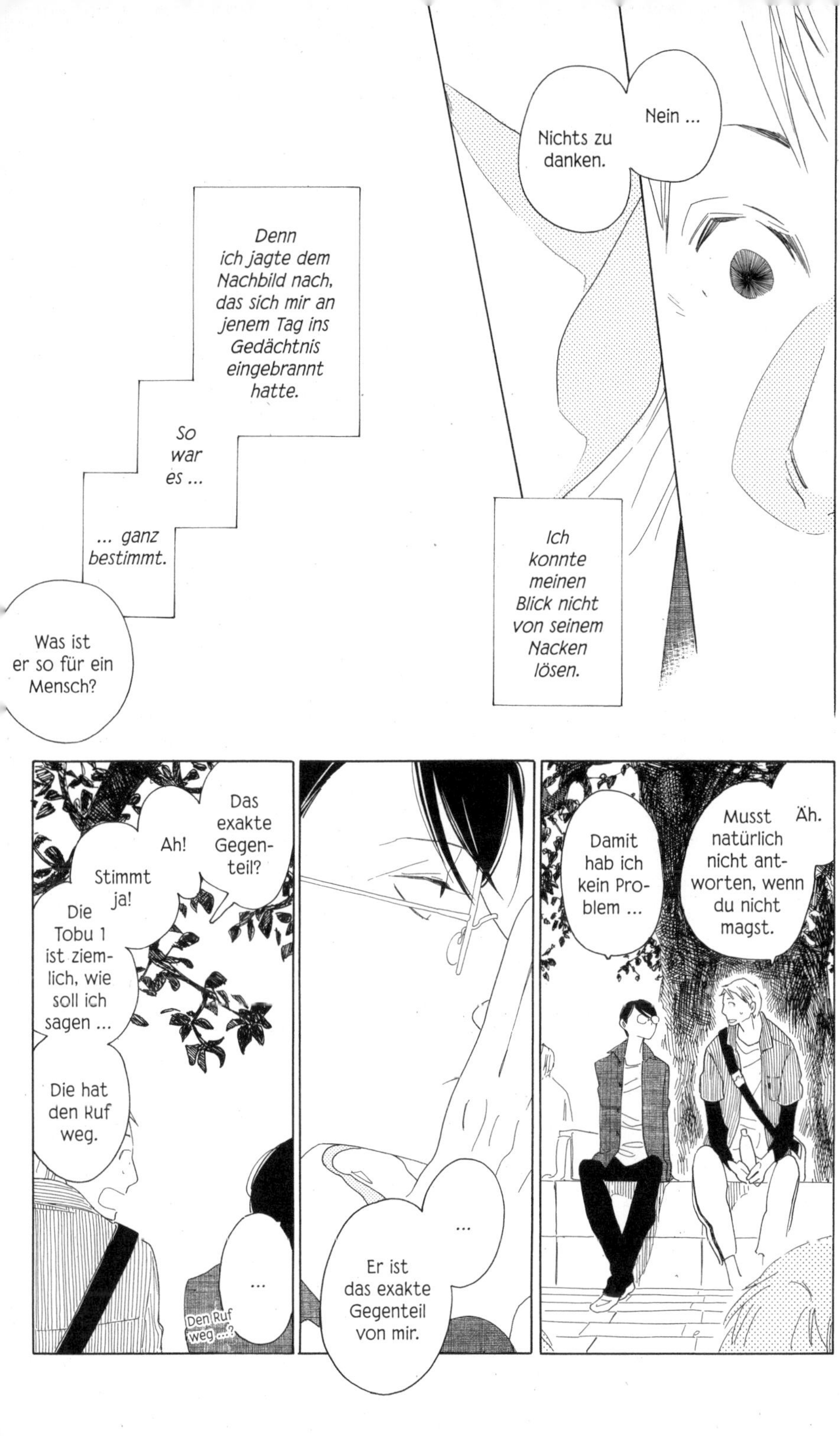
Nein ...
Nichts zu danken.
Ich konnte meinen Blick nicht von seinem Nacken lösen.
Denn ich jagte dem Nachbild nach, das sich mir an jenem Tag ins Gedächtnis eingebrannt hatte.
So war es ...
... ganz bestimmt.
Was ist er so für ein Mensch?
Äh.
Musst natürlich nicht antworten, wenn du nicht magst.
Damit hab ich kein Problem ...
...
Er ist das exakte Gegenteil von mir.
Das exakte Gegenteil?
Ah!
Stimmt ja!
Die Tobu 1 ist ziemlich, wie soll ich sagen ...
Die hat den Ruf weg.
...
Den Ruf weg ...?

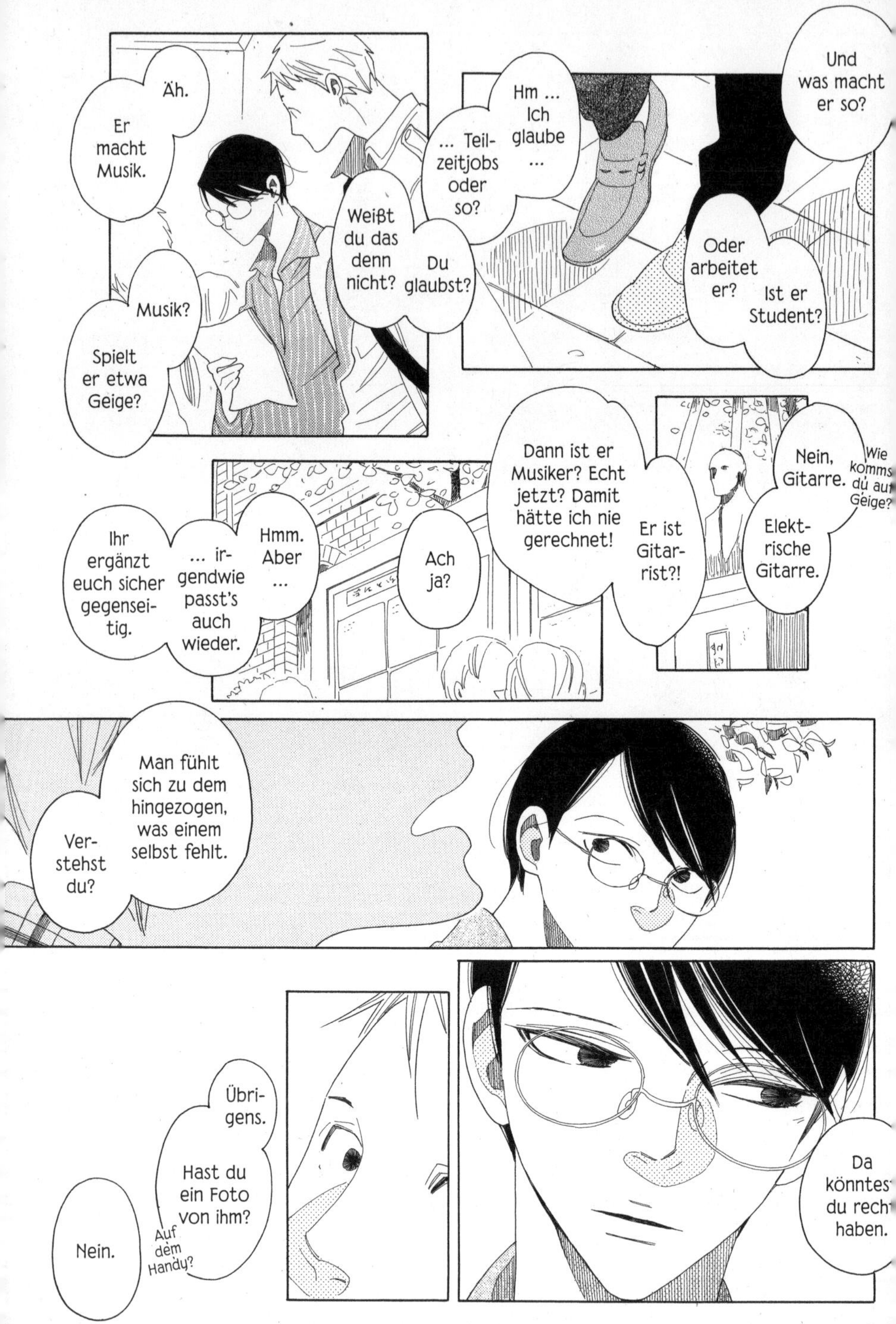
Und was macht er so?
Oder arbeitet er?
Ist er Student?
Hm ... Ich glaube ...
... Teil-zeitjobs oder so?
Du glaubst?
Weißt du das denn nicht?
Äh.
Er macht Musik.
Musik?
Spielt er etwa Geige?
Nein, Gitarre.
Wie komms du au Geige?
Elekt-rische Gitarre.
Er ist Gitar-rist?!
Dann ist er Musiker? Echt jetzt? Damit hätte ich nie gerechnet!
Ach ja?
Hmm. Aber ...
... ir-gendwie passt's auch wieder.
Ihr ergänzt euch sicher gegensei-tig.
Man fühlt sich zu dem hingezogen, was einem selbst fehlt.
Ver-stehst du?
Da könntes du rech haben.
Übri-gens.
Hast du ein Foto von ihm?
Auf dem Handy?
Nein.

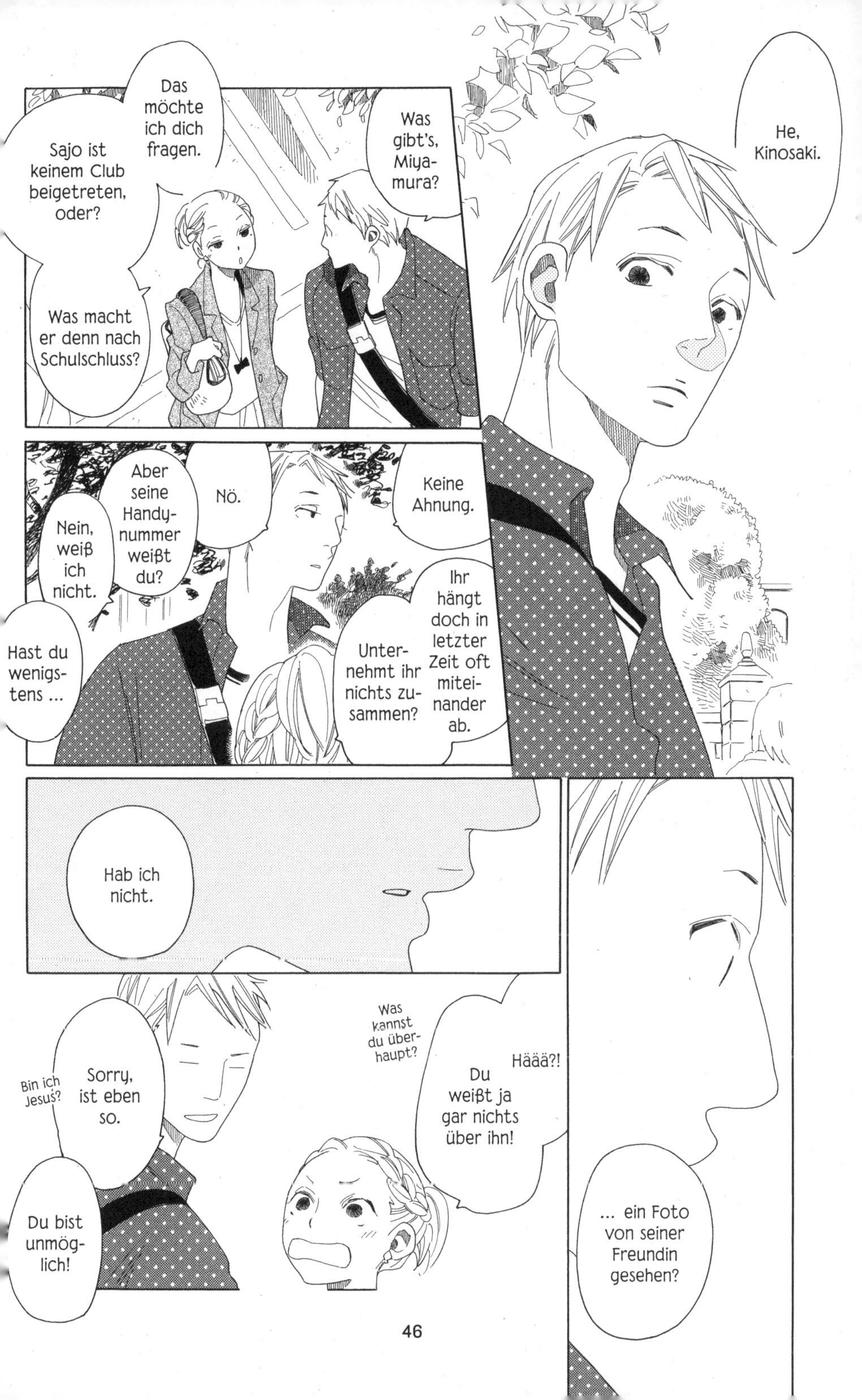
He, Kinosaki.
Was gibt's, Miya-mura?
Das möchte ich dich fragen.
Sajo ist keinem Club beigetreten, oder?
Was macht er denn nach Schulschluss?
Keine Ahnung.
Ihr hängt doch in letzter Zeit oft mitei-nander ab.
Unter-nehmt ihr nichts zu-sammen?
Nö.
Aber seine Handy-nummer weißt du?
Nein, weiß ich nicht.
Hast du wenigs-tens ...
... ein Foto von seiner Freundin gesehen?
Hab ich nicht.
Häää?!
Du weißt ja gar nichts über ihn!
Was kannst du über-haupt?
Sorry, ist eben so.
Bin ich Jesus?
Du bist unmög-lich!

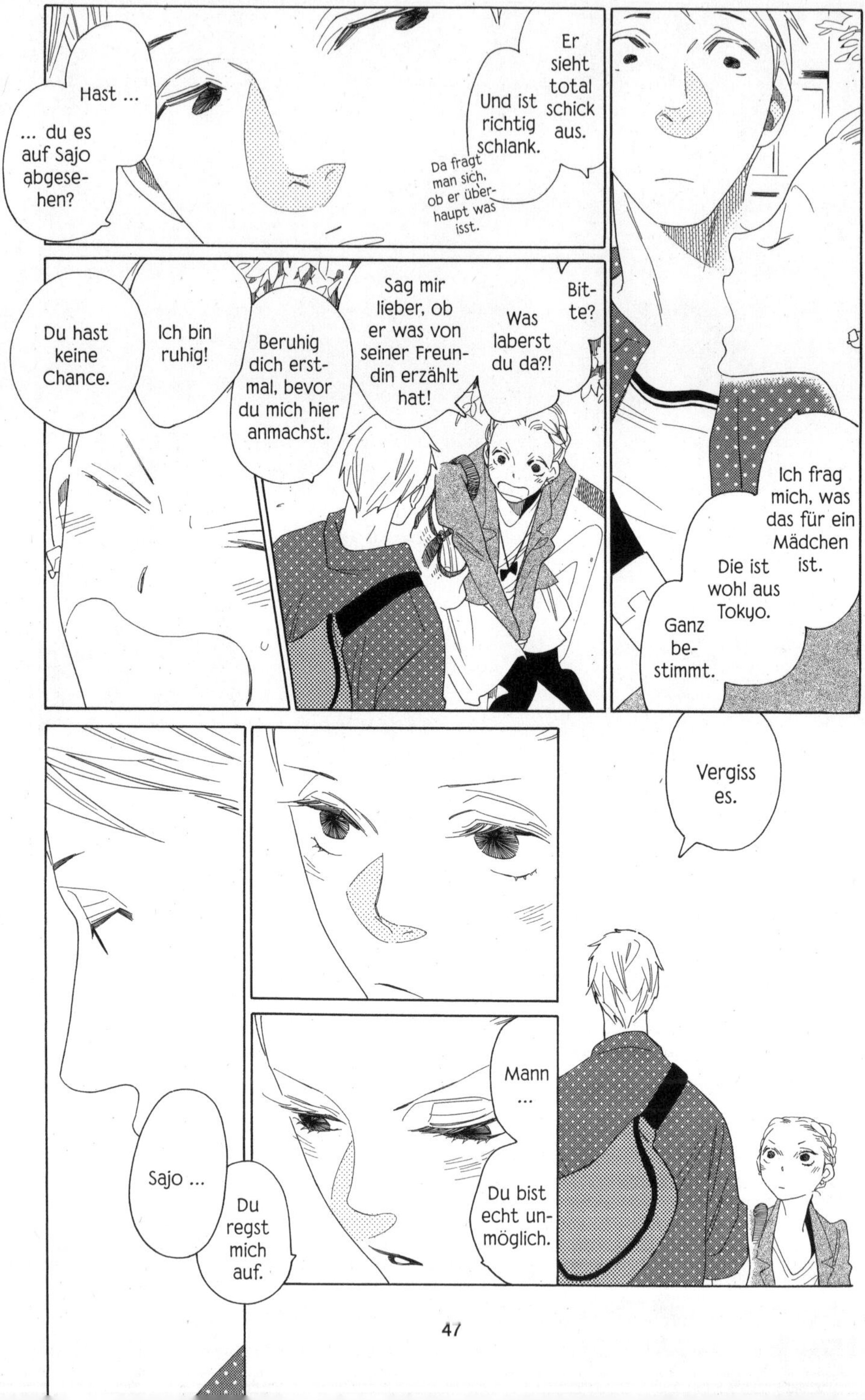
Er sieht total schick aus.
Und ist richtig schlank.
Da fragt man sich, ob er überhaupt was isst.
Hast ...
... du es auf Sajo abgesehen?
Ich frag mich, was das für ein Mädchen ist.
Die ist wohl aus Tokyo.
Ganz bestimmt.
Bitte?
Was laberst du da?!
Sag mir lieber, ob er was von seiner Freundin erzählt hat!
Beruhig dich erstmal, bevor du mich hier anmachst.
Ich bin ruhig!
Du hast keine Chance.
Vergiss es.
Mann ...
Du bist echt unmöglich.
Sajo ...
Du regst mich auf.

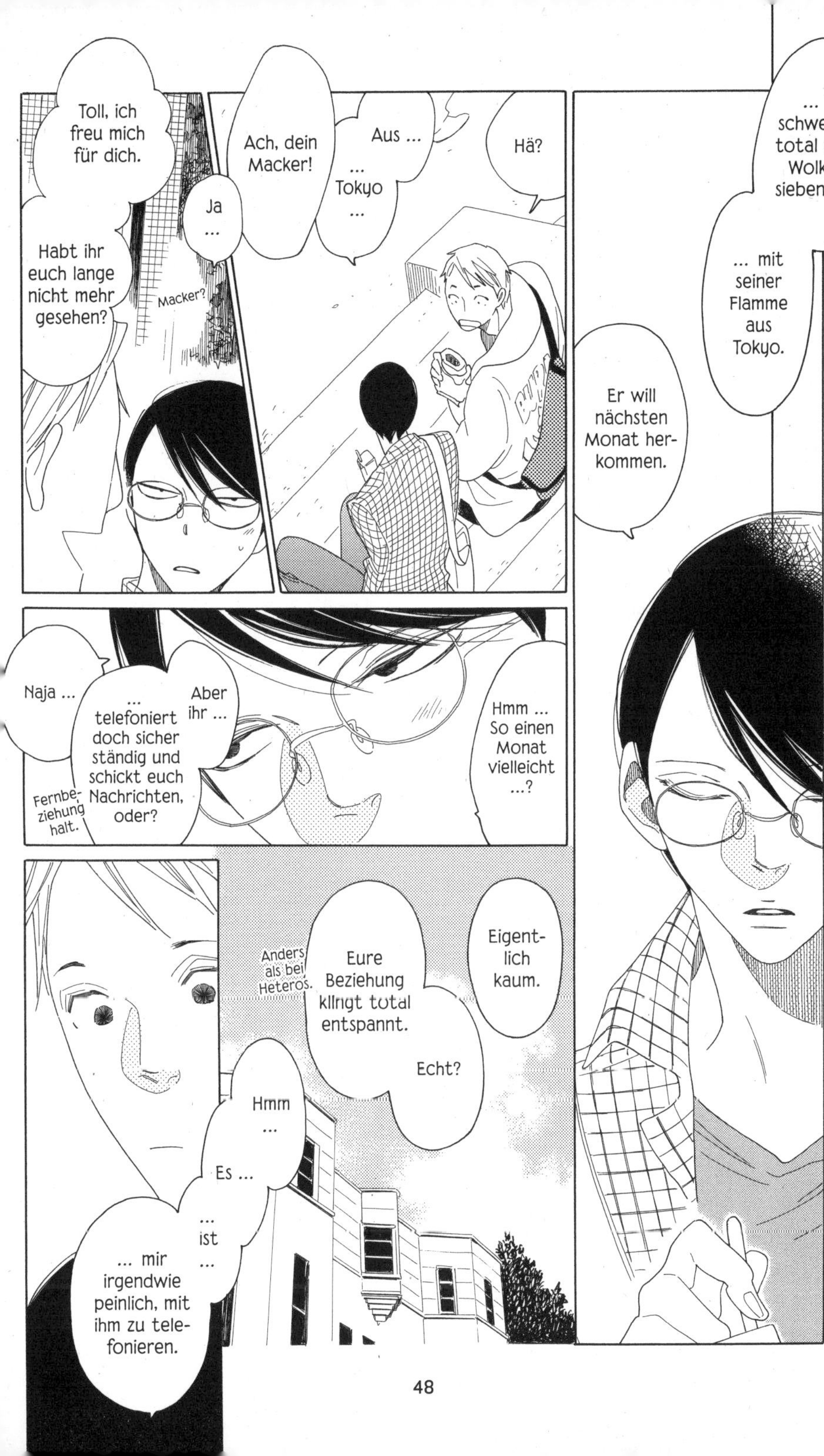
... schwebt total auf Wolke sieben ...
... mit seiner Flamme aus Tokyo.
Er will nächsten Monat her-kommen.
Hä?
Aus ...
... Tokyo ...
Ach, dein Macker!
Ja ...
Macker?
Toll, ich freu mich für dich.
Habt ihr euch lange nicht mehr gesehen?
Hmm ... So einen Monat vielleicht ...?
Aber ihr ...
... telefoniert doch sicher ständig und schickt euch Nachrichten, oder?
Naja ...
Fernbe-ziehung halt.
Eigent-lich kaum.
Eure Beziehung klingt total entspannt.
Anders als bei Heteros.
Echt?
Hmm ...
Es ...
... ist ...
... mir irgendwie peinlich, mit ihm zu tele-fonieren.

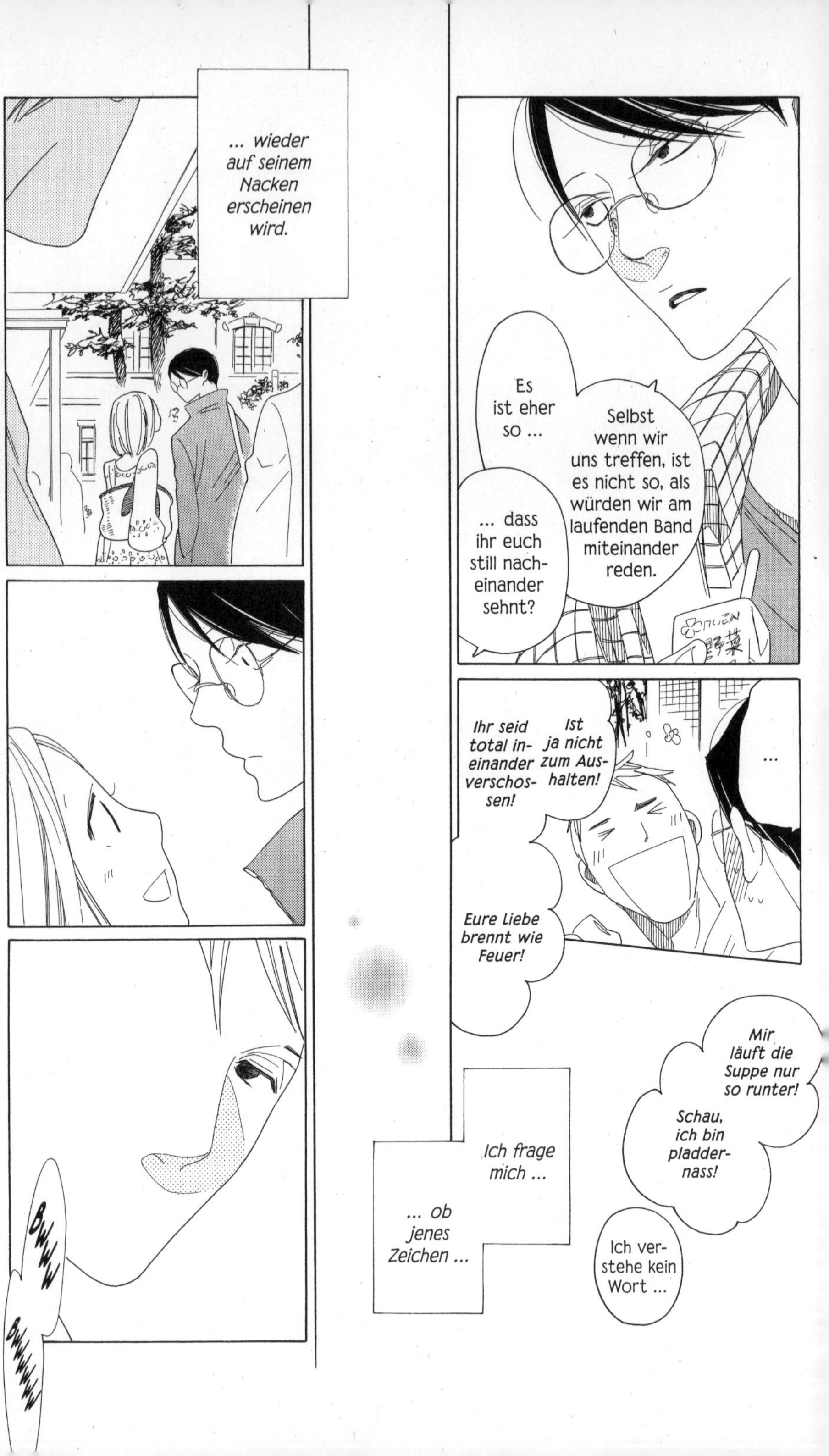
Es ist eher so ...
Selbst wenn wir uns treffen, ist es nicht so, als würden wir am laufenden Band miteinander reden.
... dass ihr euch still nach-einander sehnt?
Ist ja nicht zum Aus-halten!
Ihr seid total in-einander verschos-sen!
...
Eure Liebe brennt wie Feuer!
Mir läuft die Suppe nur so runter!
Schau, ich bin pladder-nass!
Ich ver-stehe kein Wort ...
Ich frage mich ...
... ob jenes Zeichen ...
... wieder auf seinem Nacken erscheinen wird.
BWWW
BWWWWWW

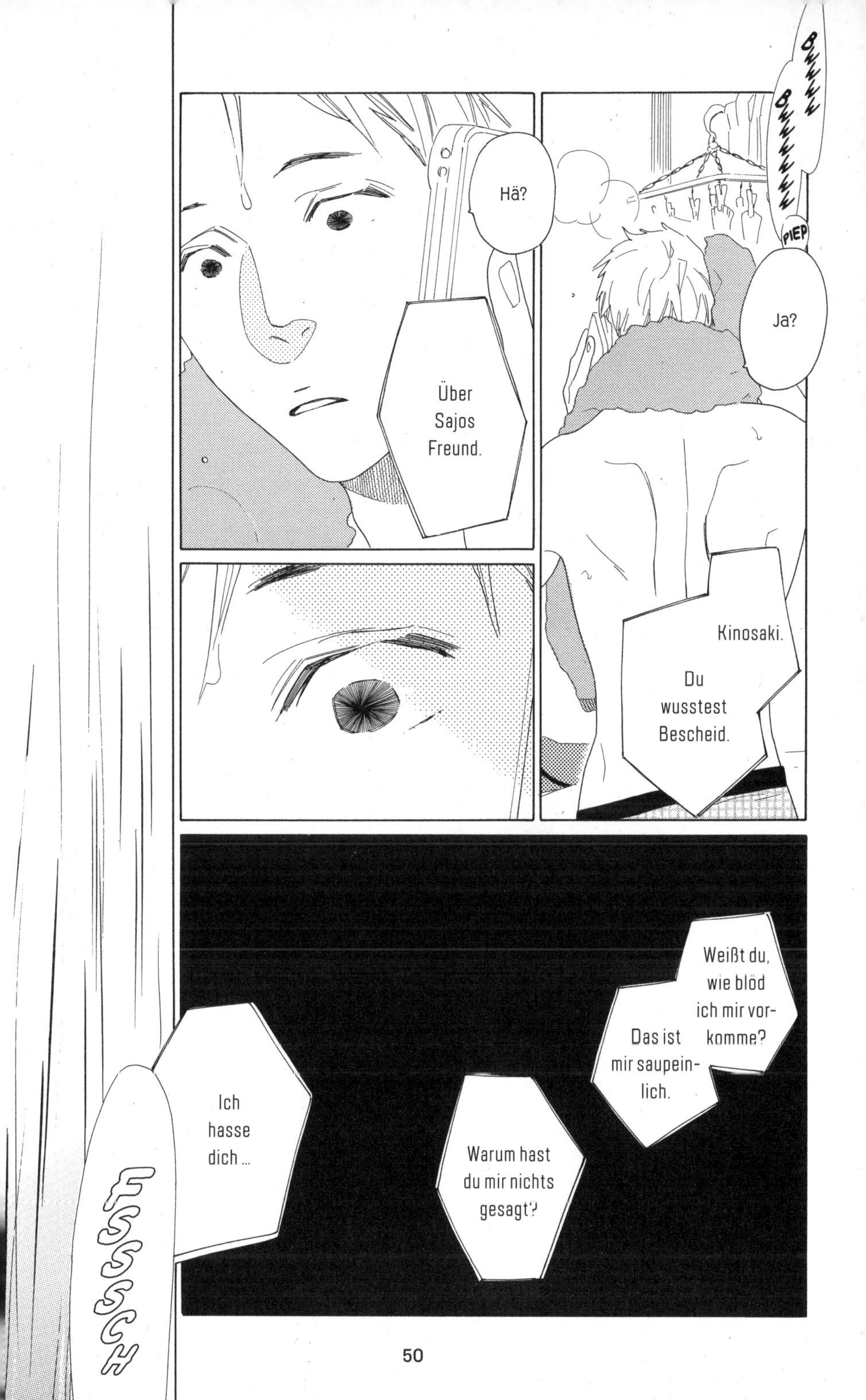
BWWWW
BWWWWWW
PIEP
Ja?
Hä?
Über Sajos Freund.
Kinosaki.
Du wusstest Bescheid.
Weißt du, wie blöd ich mir vorkomme?
Das ist mir saupeinlich.
Warum hast du mir nichts gesagt?
Ich hasse dich …
FSSSCH

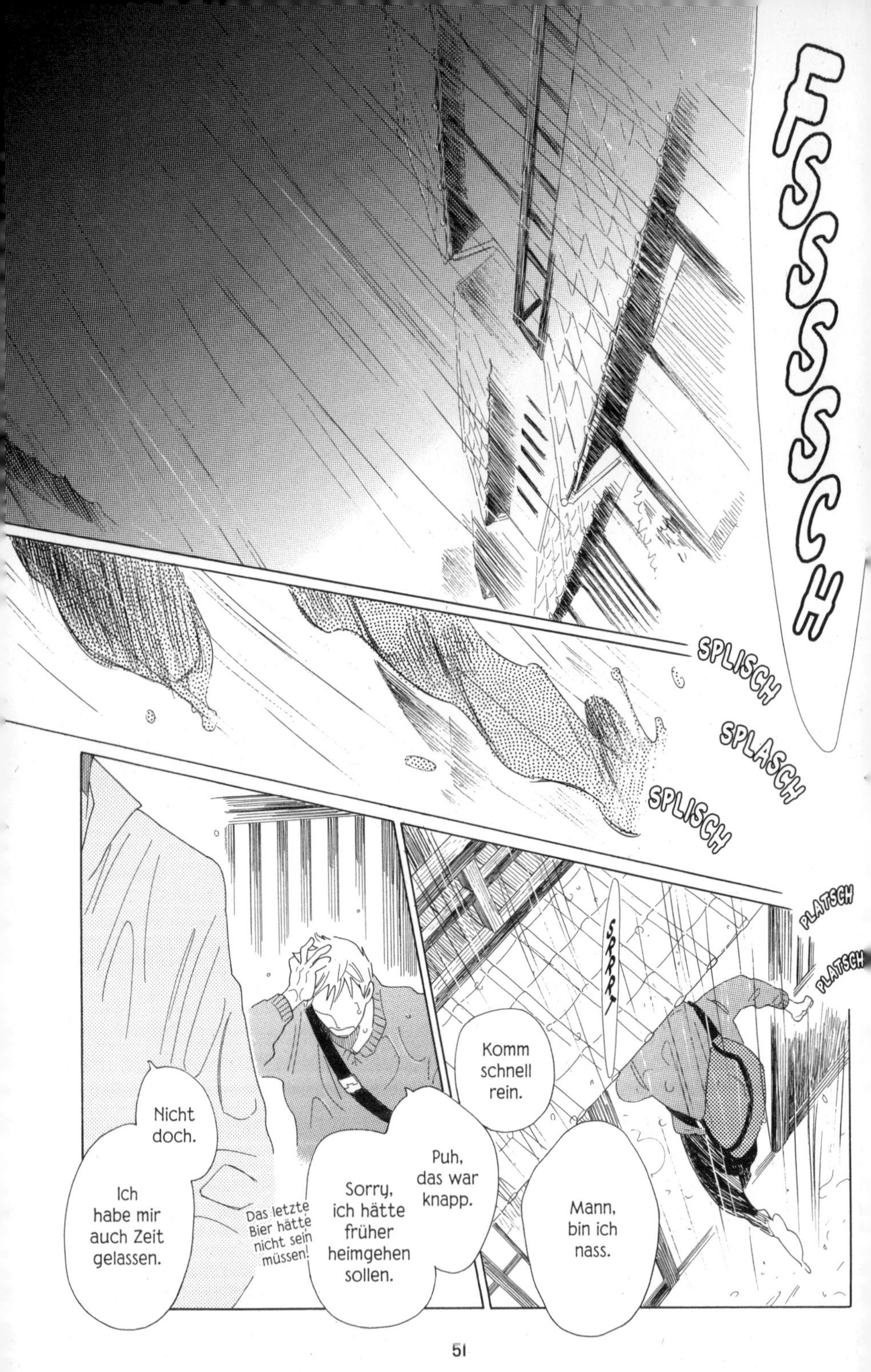
FSSSSSCH
SPLISCH
SPLASCH
SPLISCH
PLATSCH
PLATSCH
SRRRT
Komm schnell rein.
Mann, bin ich nass.
Puh, das war knapp.
Sorry, ich hätte früher heimgehen sollen.
Das letzte Bier hätte nicht sein müssen!
Nicht doch.
Ich habe mir auch Zeit gelassen.

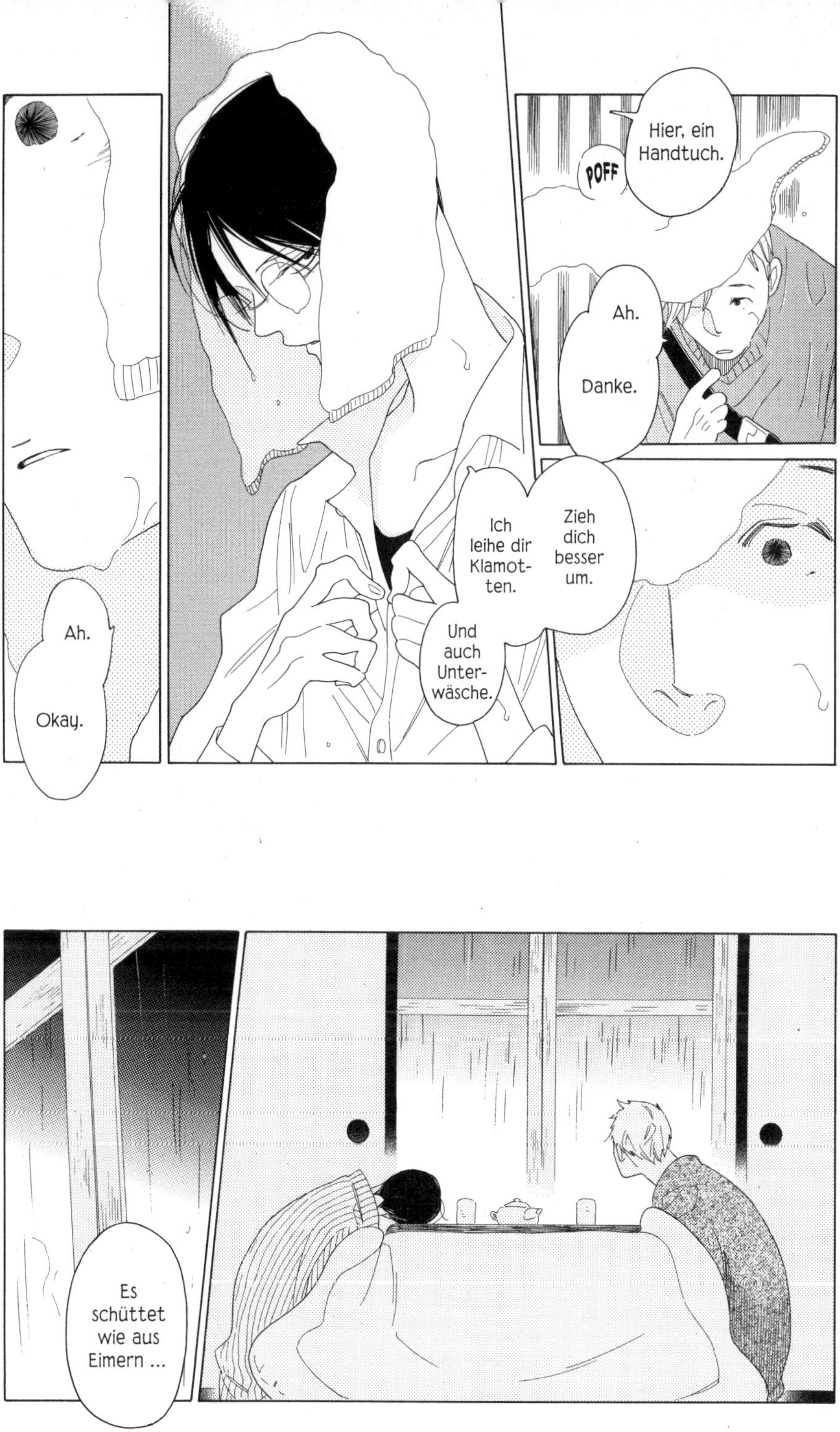
Hier, ein Handtuch.
POFF
Ah.
Danke.
Zieh dich besser um.
Ich leihe dir Klamotten.
Und auch Unterwäsche.
Ah.
Okay.
Es schüttet wie aus Eimern ...

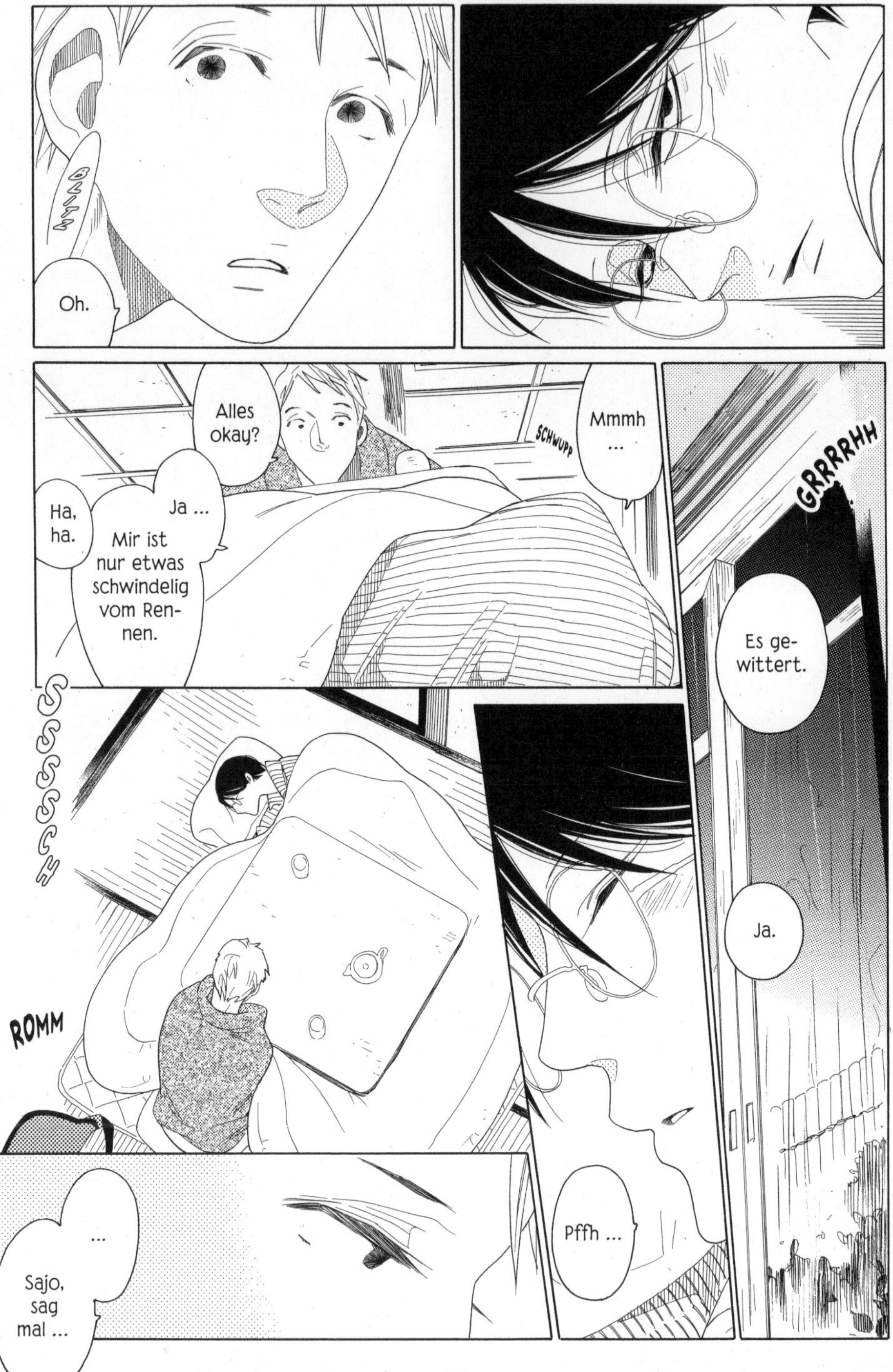
BLITZ
Oh.
GRRRRHH
Es gewittert.
Mmmh …
SCHWUPP
Alles okay?
Ja …
Mir ist nur etwas schwindelig vom Rennen.
Ha, ha.
Ja.
SSSSSSCH
ROMM
Pffh …
…
Sajo, sag mal …

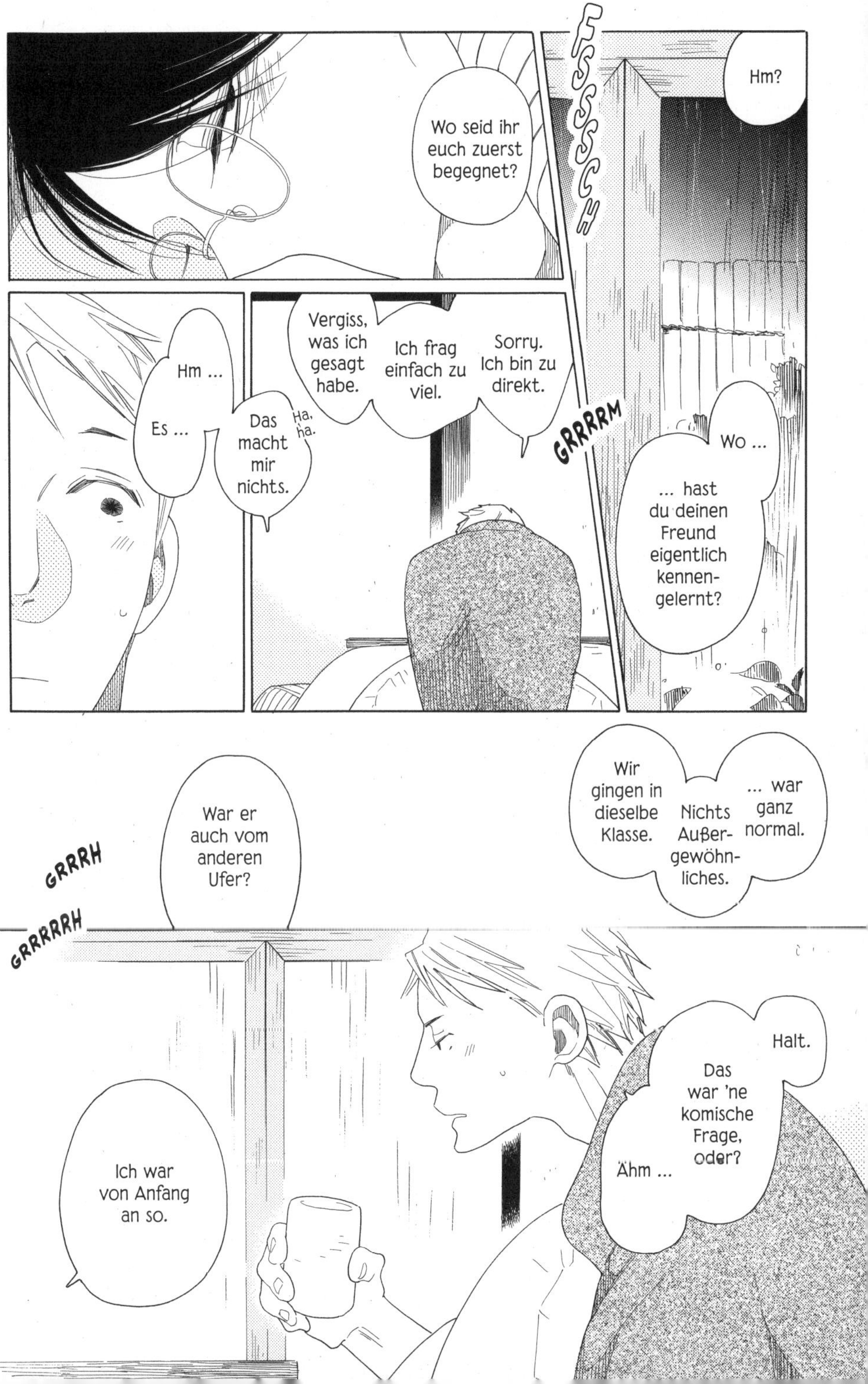
Hm?
FSSSCH
Wo ...
... hast du deinen Freund eigentlich kennengelernt?
GRRRRM
Wo seid ihr euch zuerst begegnet?
Sorry. Ich bin zu direkt.
Ich frag einfach zu viel.
Vergiss, was ich gesagt habe.
Hm ...
Es ...
Das macht mir nichts.
Ha, ha.
Wir gingen in dieselbe Klasse.
Nichts Außergewöhnliches.
... war ganz normal.
War er auch vom anderen Ufer?
GRRRH
GRRRRRH
Halt.
Das war 'ne komische Frage, oder?
Ähm ...
Ich war von Anfang an so.

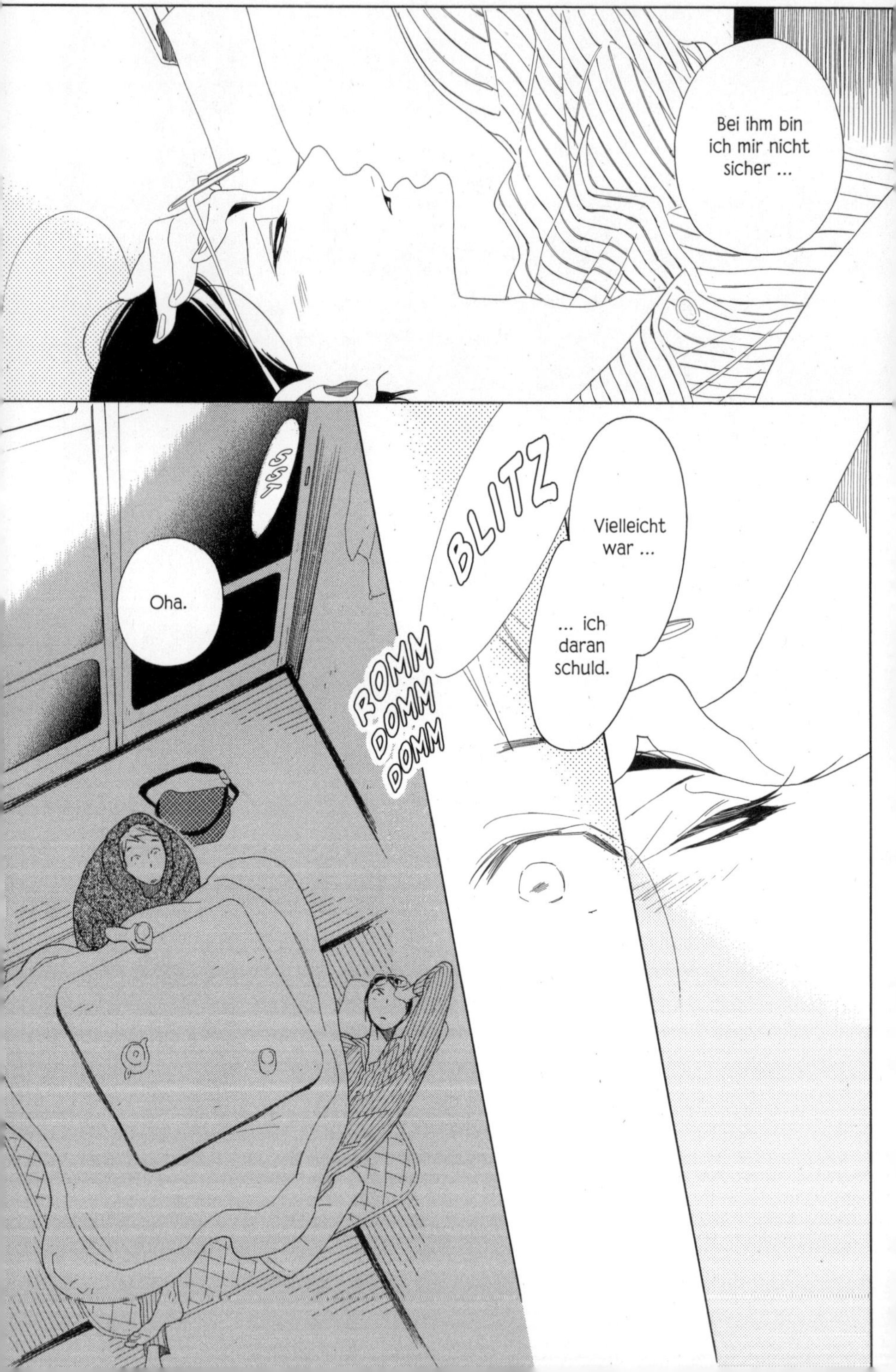
Bei ihm bin ich mir nicht sicher ...
BLITZ
Vielleicht war ...
... ich daran schuld.
ROMM DOMM DOMM
SST
Oha.

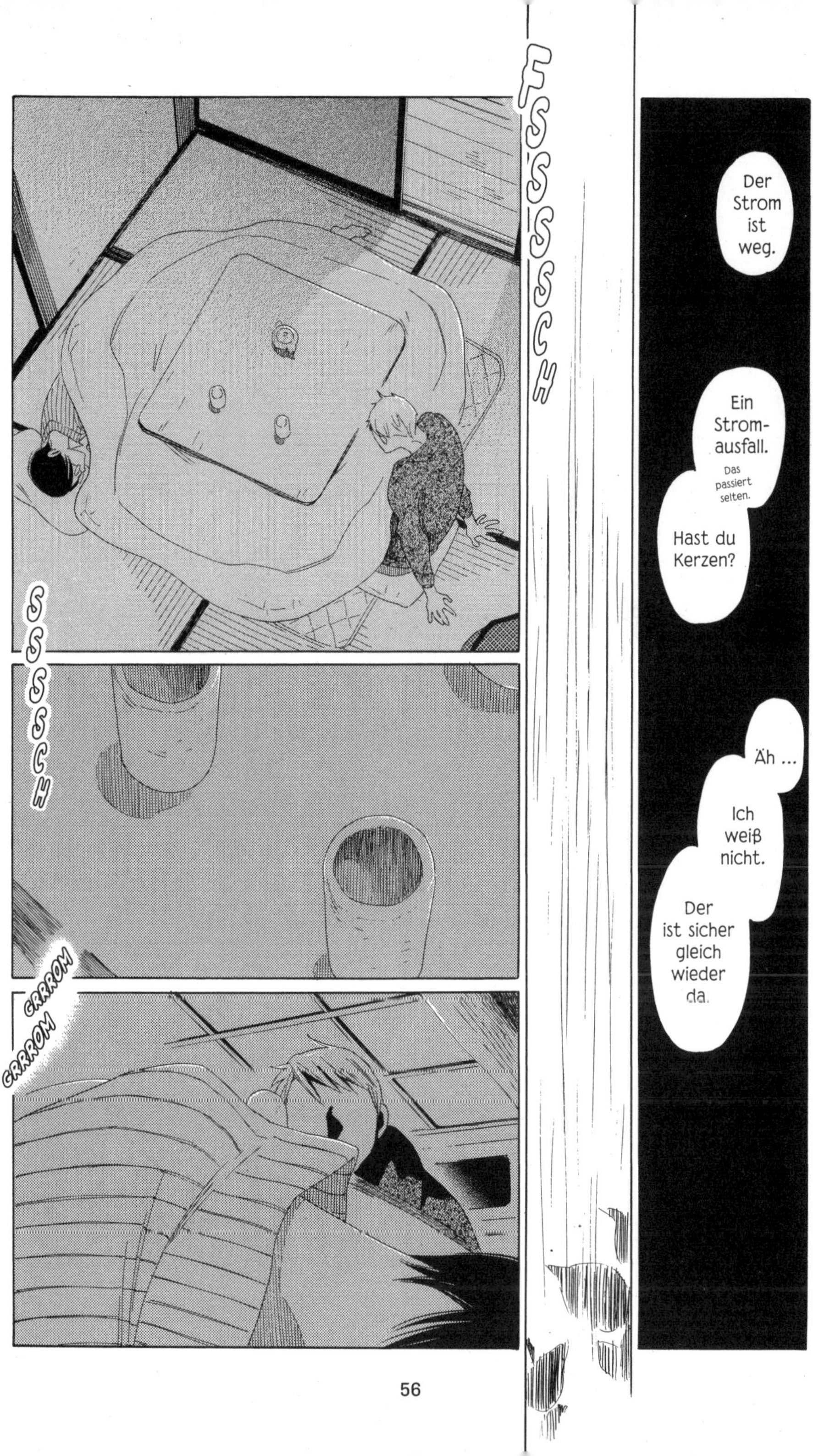
Der Strom ist weg.
Ein Strom-ausfall.
Das passiert selten.
Hast du Kerzen?
FSSSSSCH
Äh ...
Ich weiß nicht.
Der ist sicher gleich wieder da.
SSSSSCH
GRRROM GRRROM

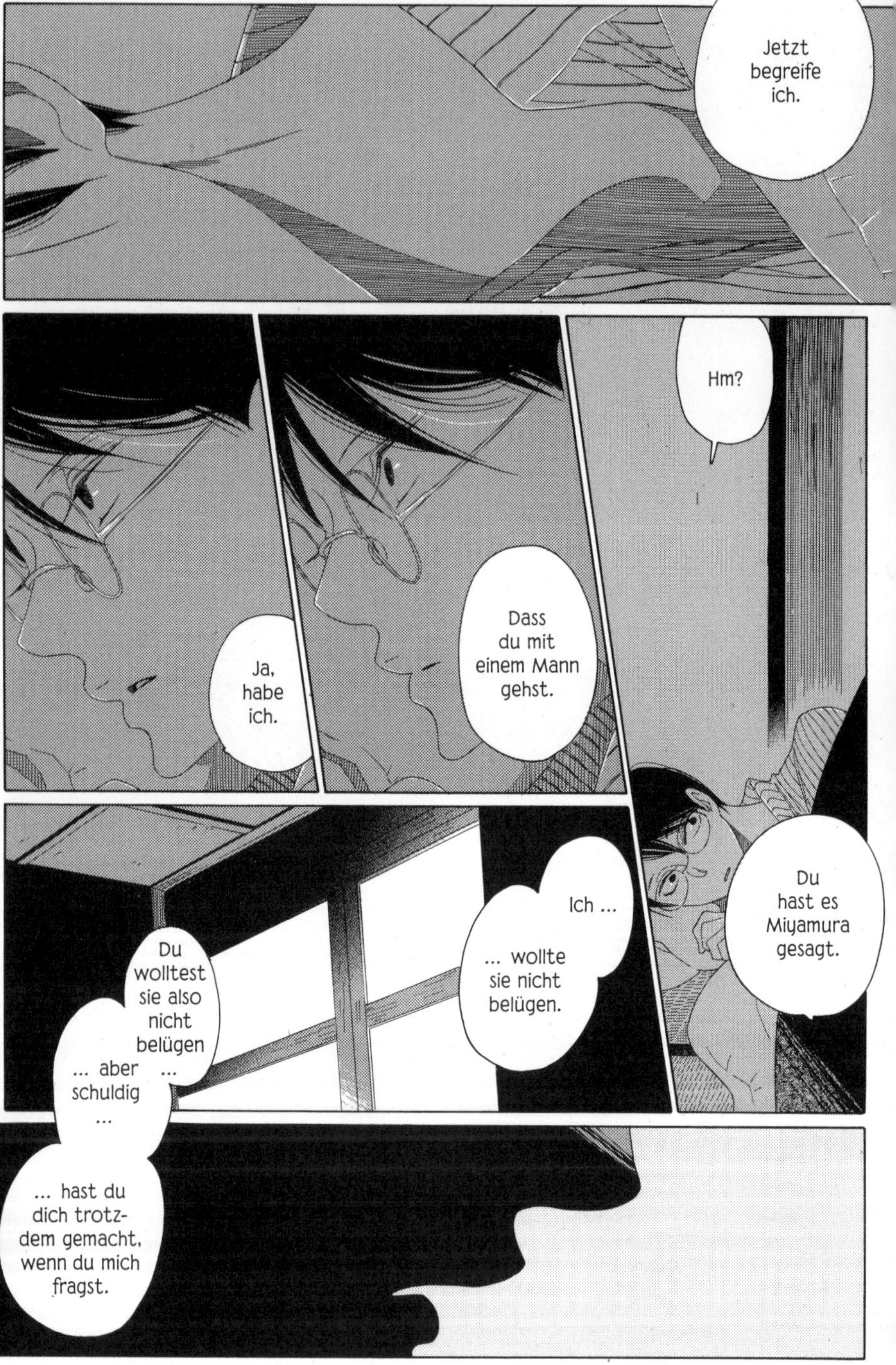
Jetzt begreife ich.
Hm?
Du hast es Miyamura gesagt.
Dass du mit einem Mann gehst.
Ja, habe ich.
Ich ...
... wollte sie nicht belügen.
Du wolltest sie also nicht belügen ...
... aber schuldig ...
... hast du dich trotz-dem gemacht, wenn du mich fragst.

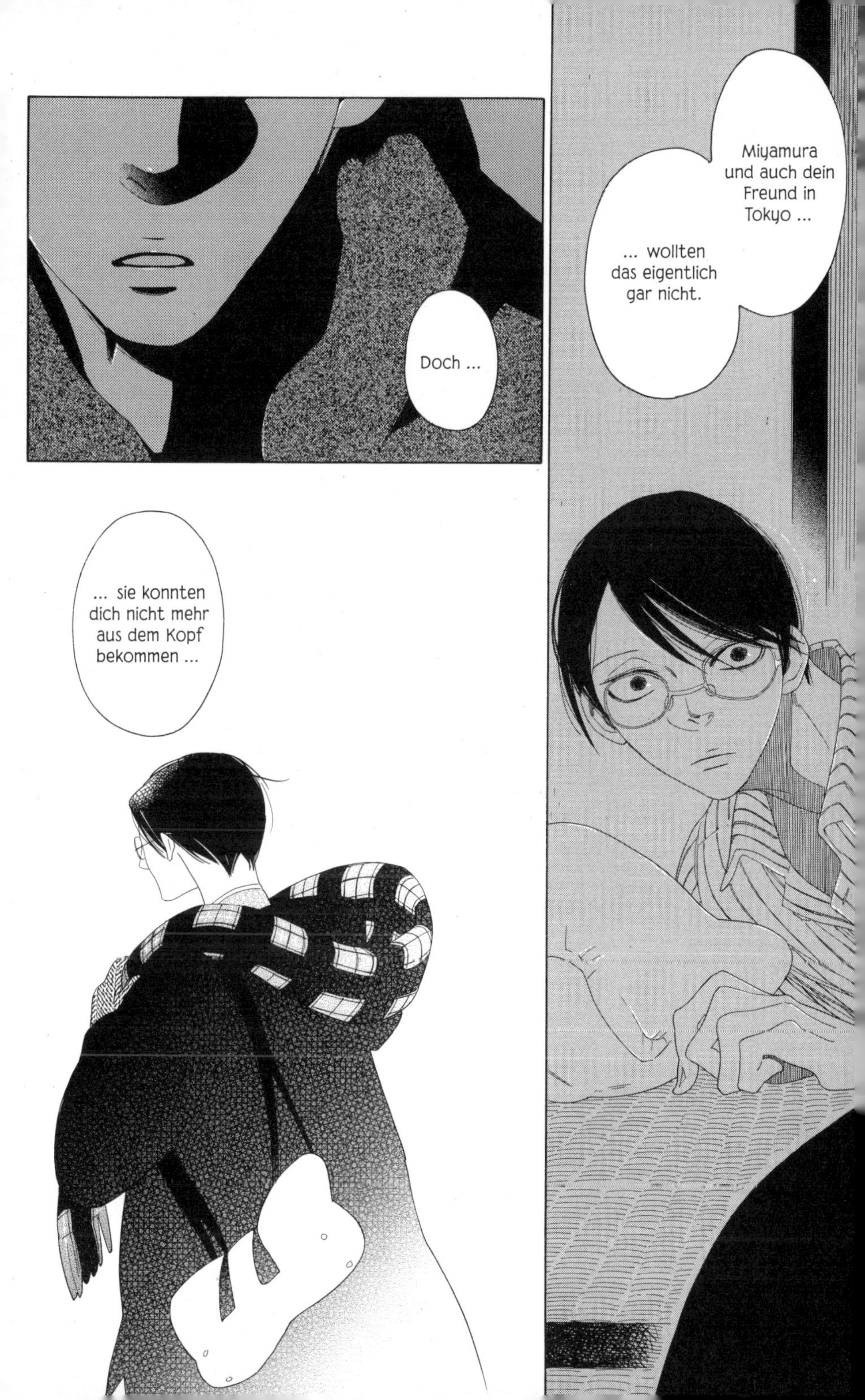
Miyamura und auch dein Freund in Tokyo ...
... wollten das eigentlich gar nicht.
Doch ...
... sie konnten dich nicht mehr aus dem Kopf bekommen ...

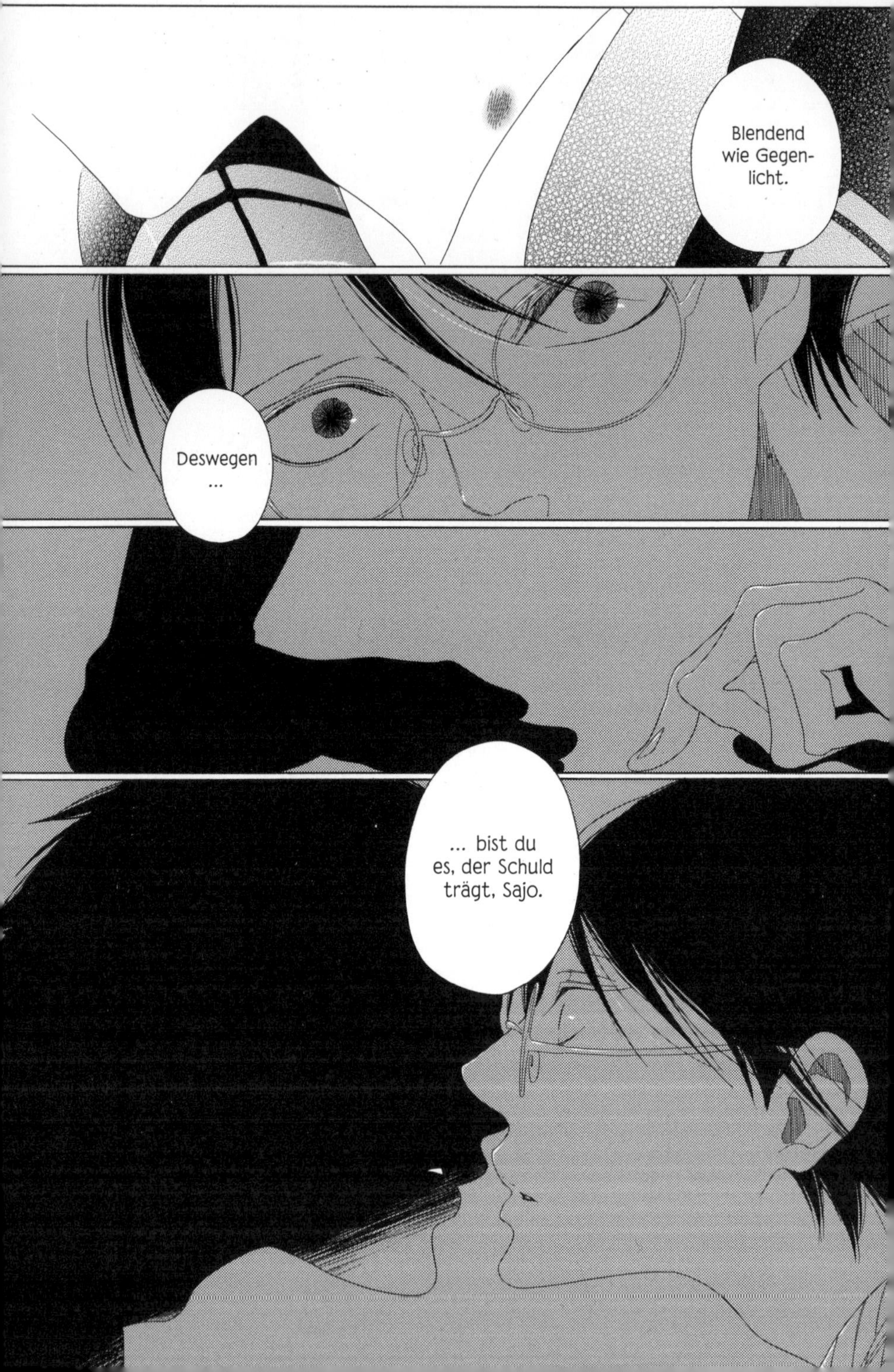
Blendend wie Gegenlicht.
Deswegen ...
... bist du es, der Schuld trägt, Sajo.

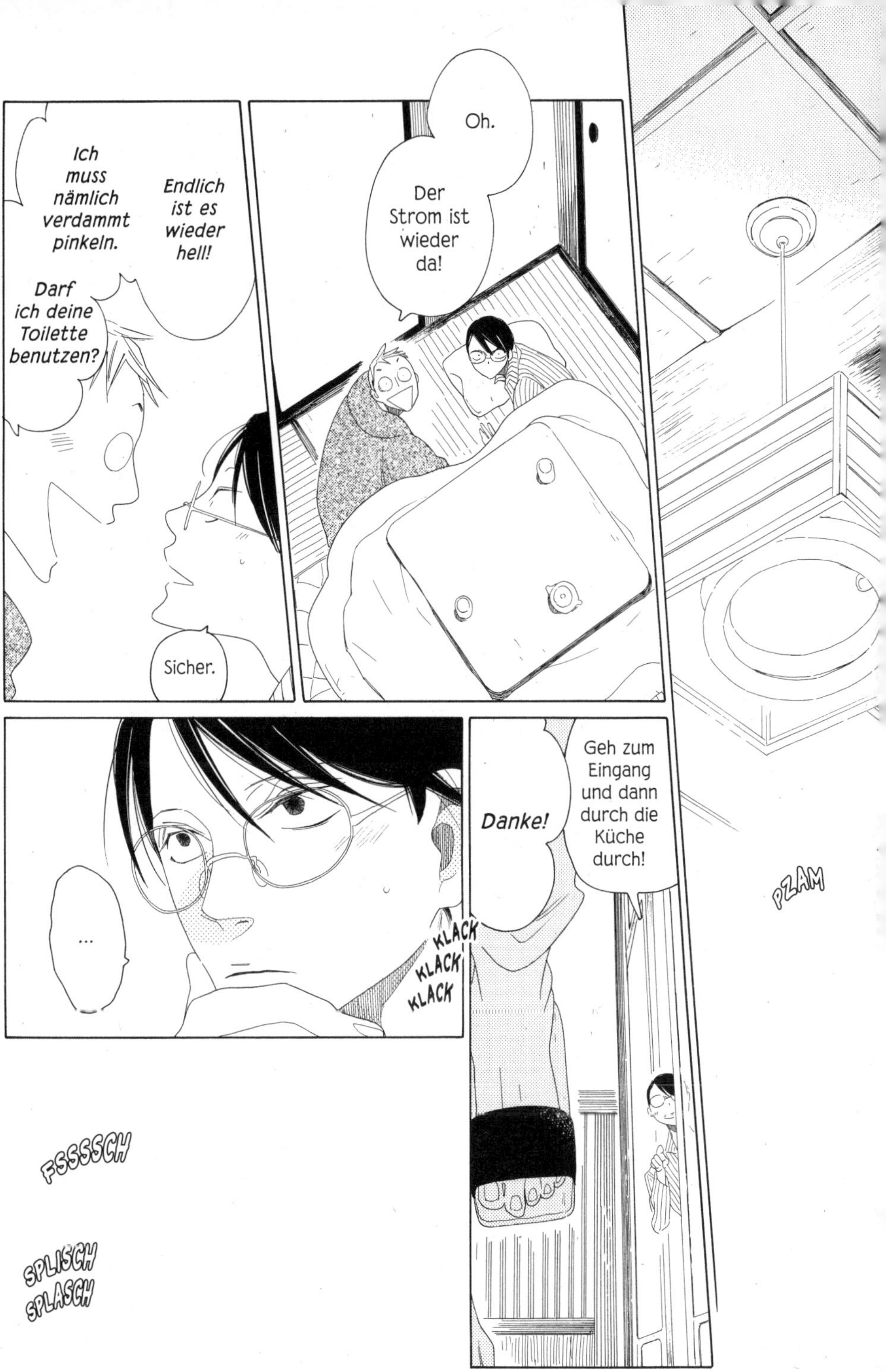
Oh.
Der Strom ist wieder da!
Endlich ist es wieder hell!
Ich muss nämlich verdammt pinkeln.
Darf ich deine Toilette benutzen?
Sicher.
PZAM
Geh zum Eingang und dann durch die Küche durch!
Danke!
KLACK KLACK KLACK
...
FSSSSCH
SPLISCH SPLASCH

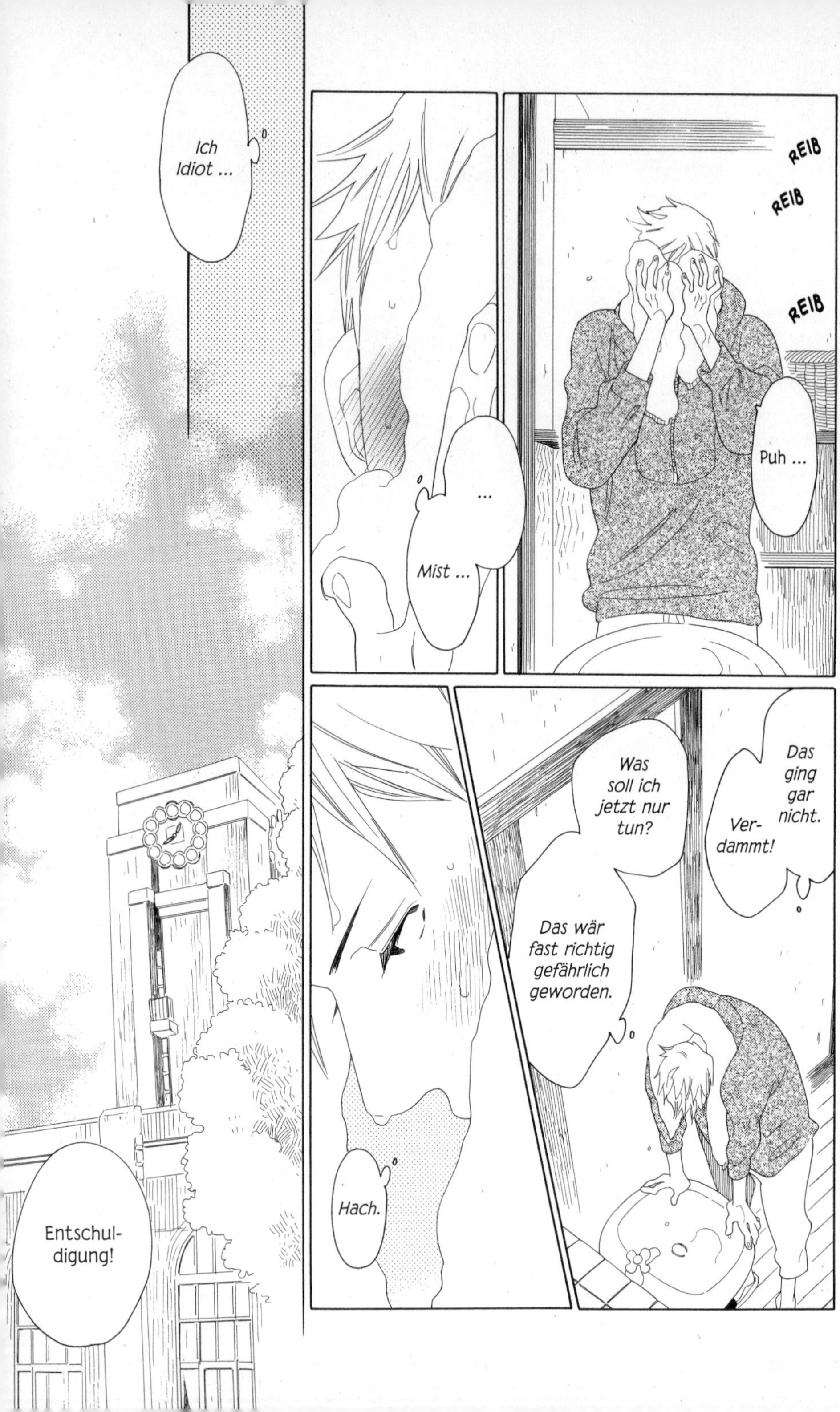
REIB
REIB
REIB
Puh ...
...
Mist ...
Das ging gar nicht.
Verdammt!
Was soll ich jetzt nur tun?
Das wär fast richtig gefährlich geworden.
Hach.
Ich Idiot ...
Entschuldigung!

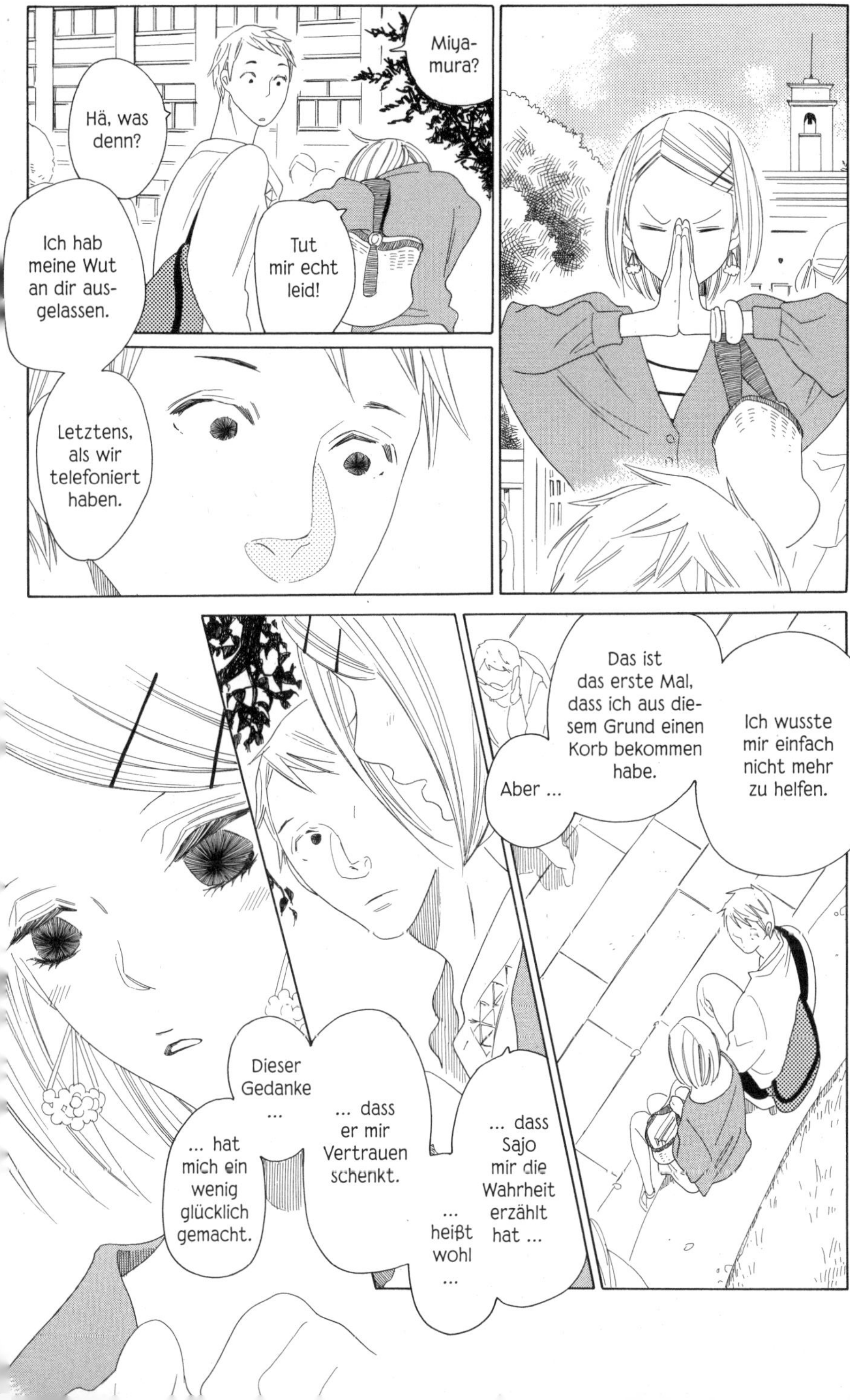
Miya-mura?
Hä, was denn?
Tut mir echt leid!
Ich hab meine Wut an dir aus-gelassen.
Letztens, als wir telefoniert haben.
Ich wusste mir einfach nicht mehr zu helfen.
Das ist das erste Mal, dass ich aus die-sem Grund einen Korb bekommen habe.
Aber ...
... dass Sajo mir die Wahrheit erzählt hat ...
... heißt wohl ...
... dass er mir Vertrauen schenkt.
Dieser Gedanke ...
... hat mich ein wenig glücklich gemacht.

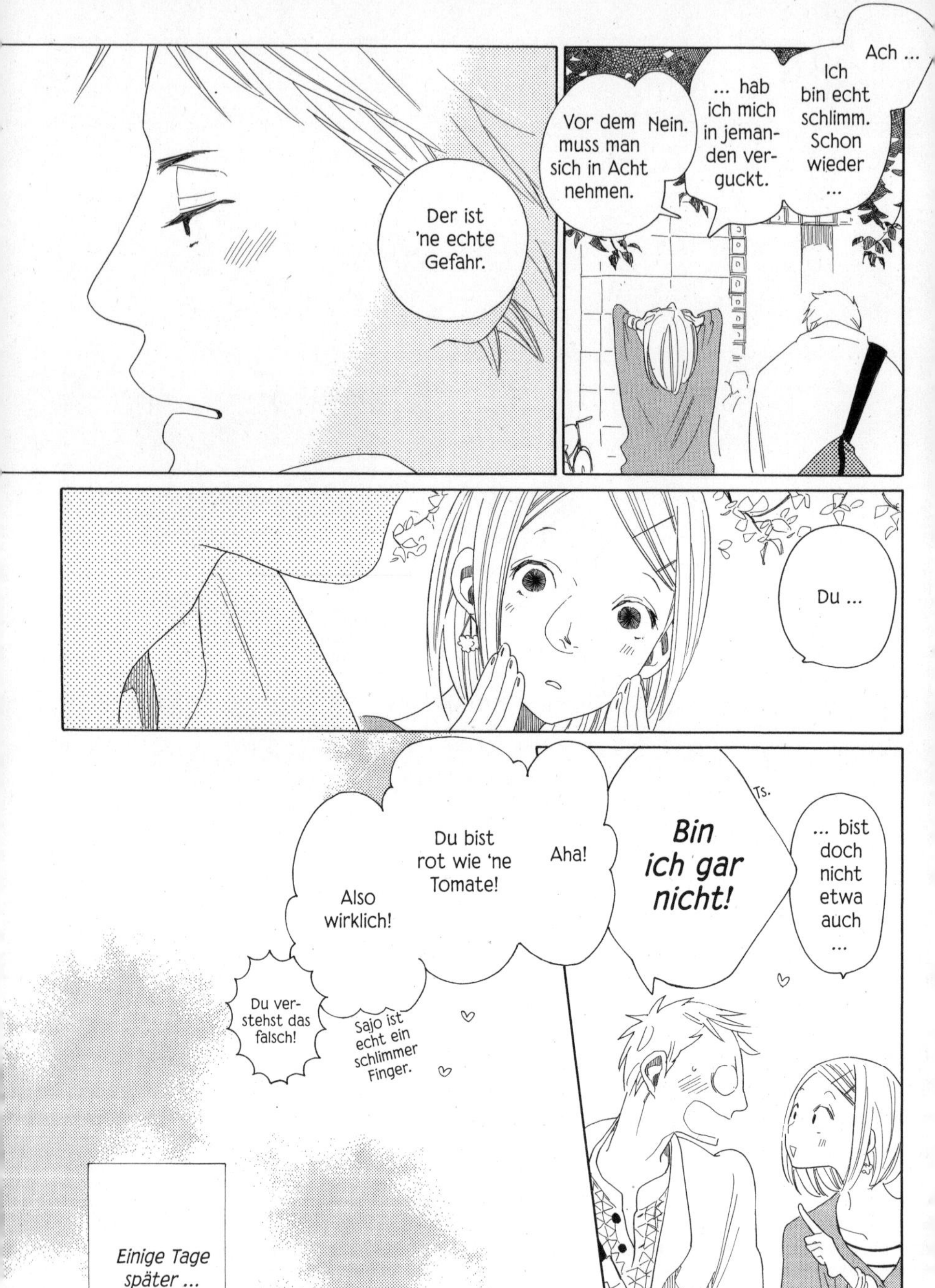
Ach ...
Ich bin echt schlimm. Schon wieder ...
... hab ich mich in jemanden verguckt.
Nein.
Vor dem muss man sich in Acht nehmen.
Der ist 'ne echte Gefahr.
Du ...
... bist doch nicht etwa auch ...
Ts.
Bin ich gar nicht!
Aha!
Du bist rot wie 'ne Tomate!
Also wirklich!
Du verstehst das falsch!
Sajo ist echt ein schlimmer Finger.
Einige Tage später ...

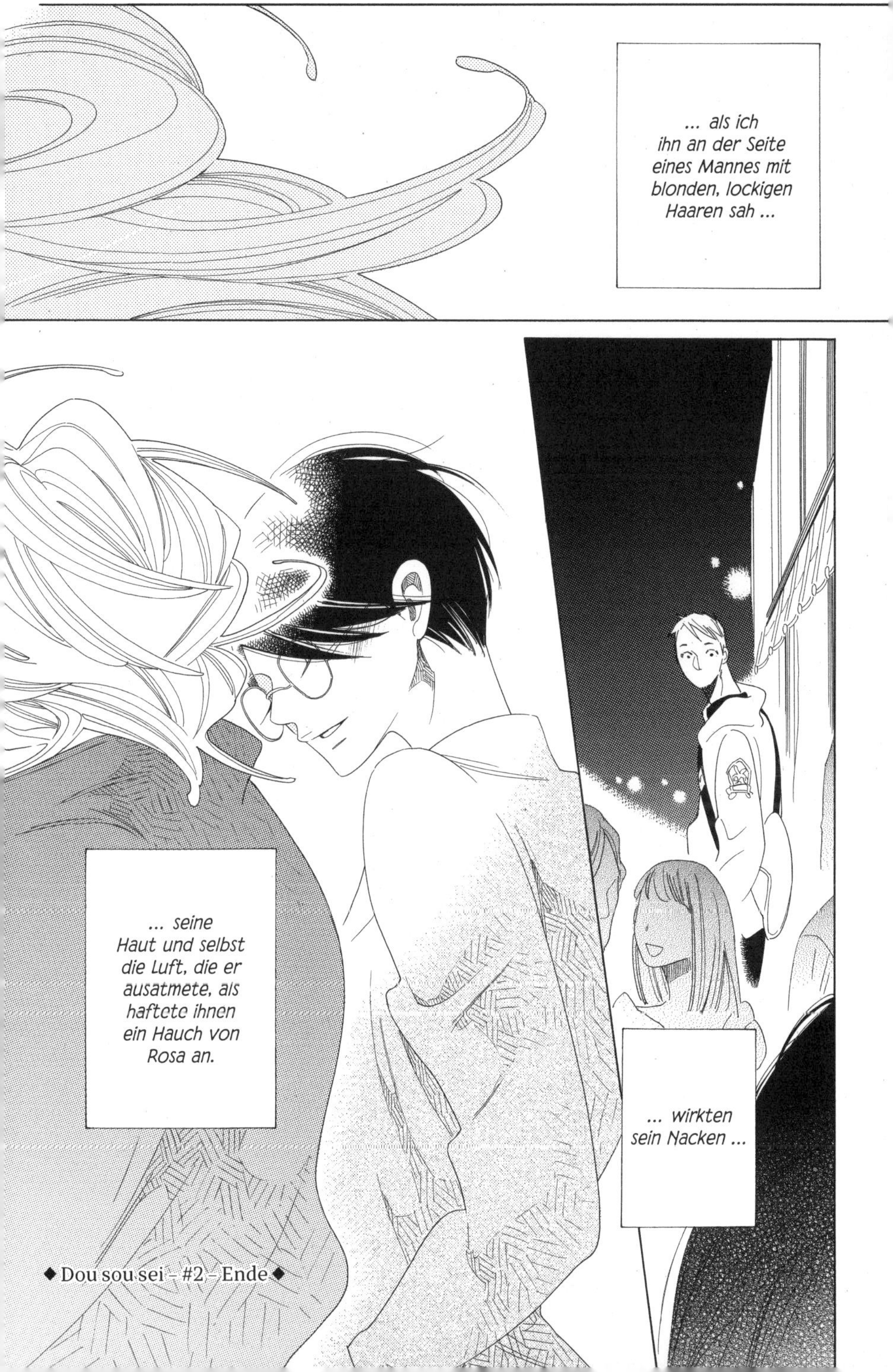
... als ich ihn an der Seite eines Mannes mit blonden, lockigen Haaren sah ...
... wirkten sein Nacken ...
... seine Haut und selbst die Luft, die er ausatmete, als haftete ihnen ein Hauch von Rosa an.
◆Dou sou sei – #2 – Ende◆

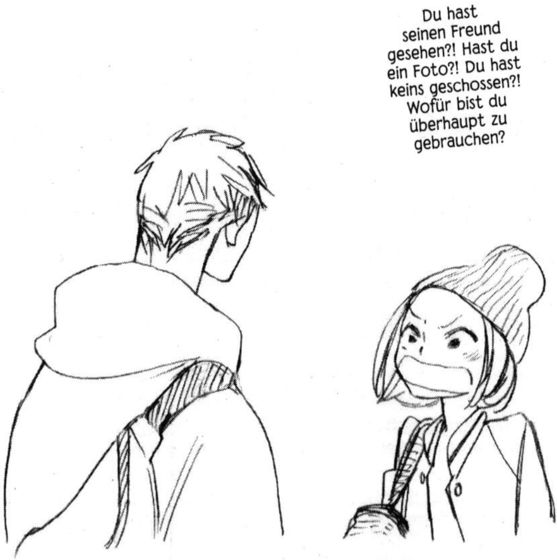
Du hast seinen Freund gesehen?! Hast du ein Foto?! Du hast keins geschossen?! Wofür bist du überhaupt zu gebrauchen?

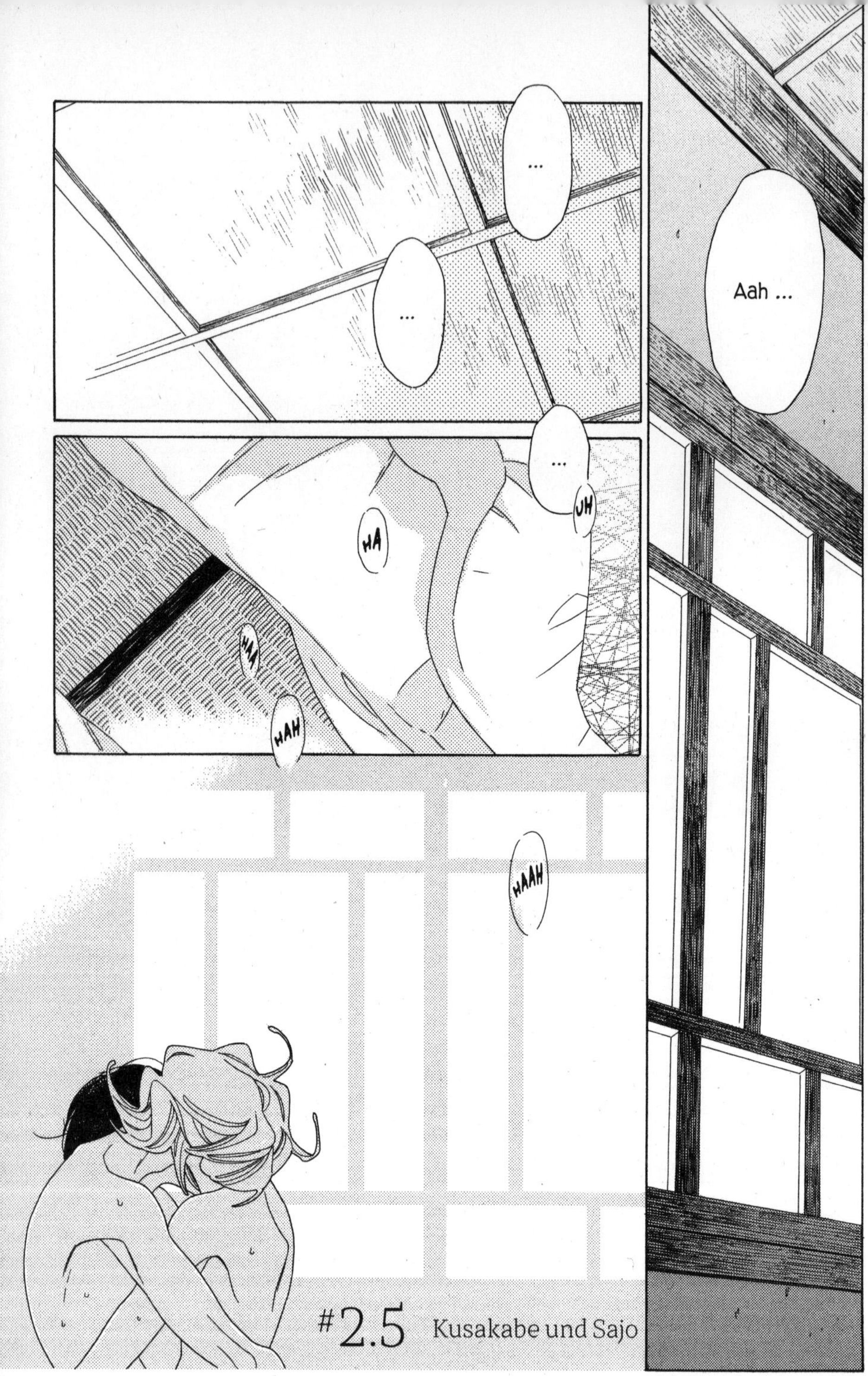

#2.5 Kusakabe und Sajo

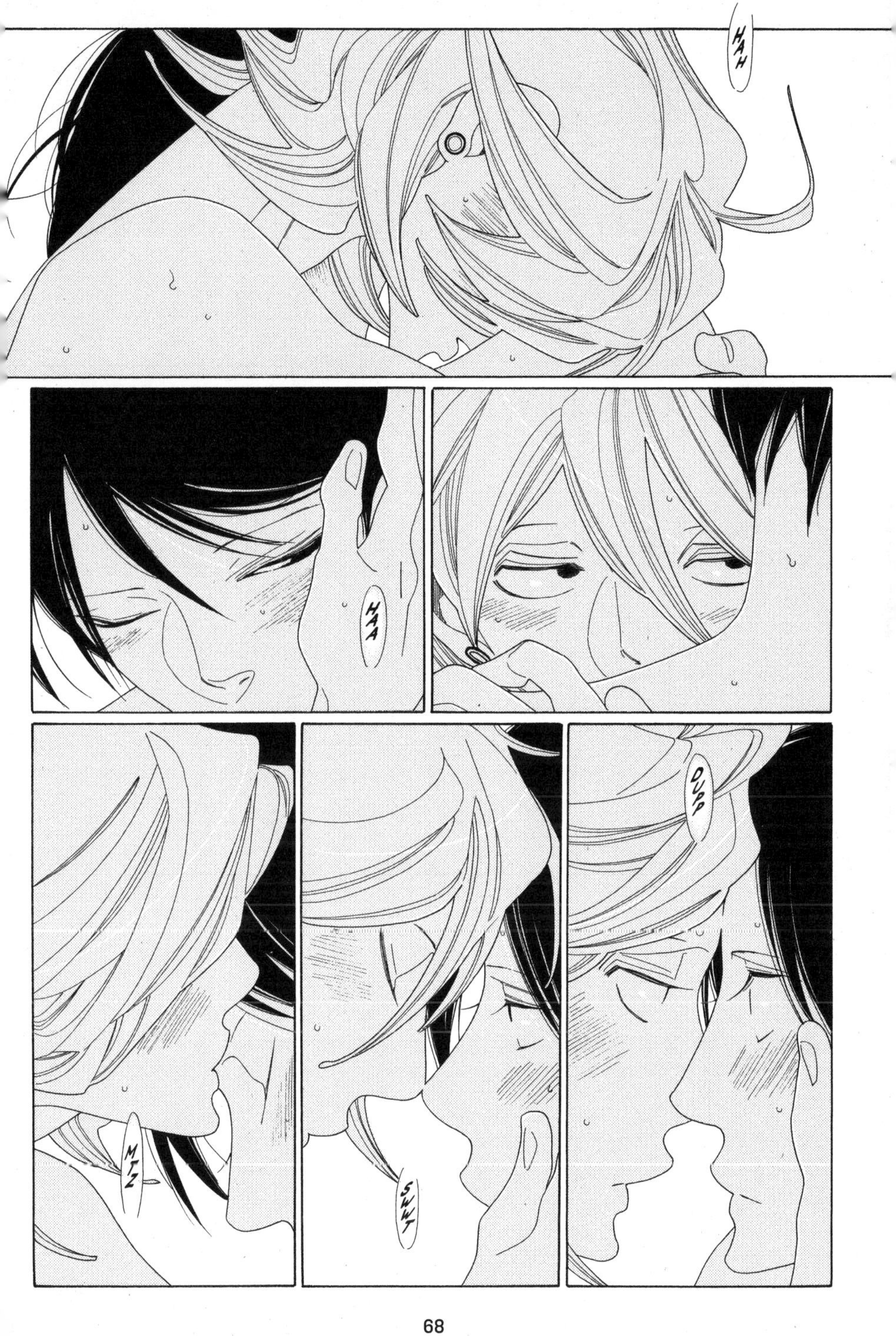
HAH
HAA
OUPP
SWWT
MTZ

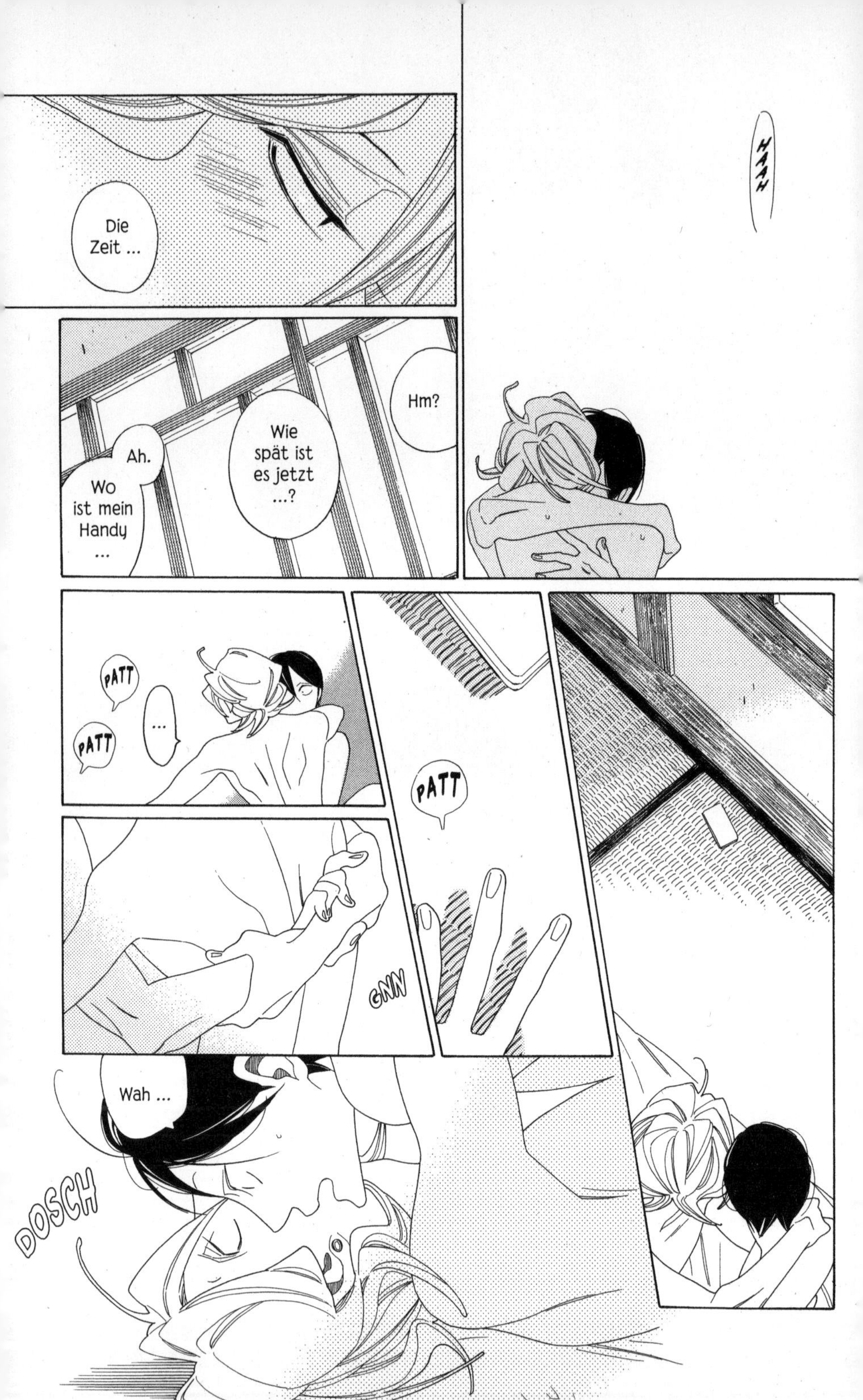
HAAH
Die Zeit ...
Hm?
Wie spät ist es jetzt ...?
Ah.
Wo ist mein Handy ...
PATT
PATT
PATT
...
GNN
Wah ...
DOSCH

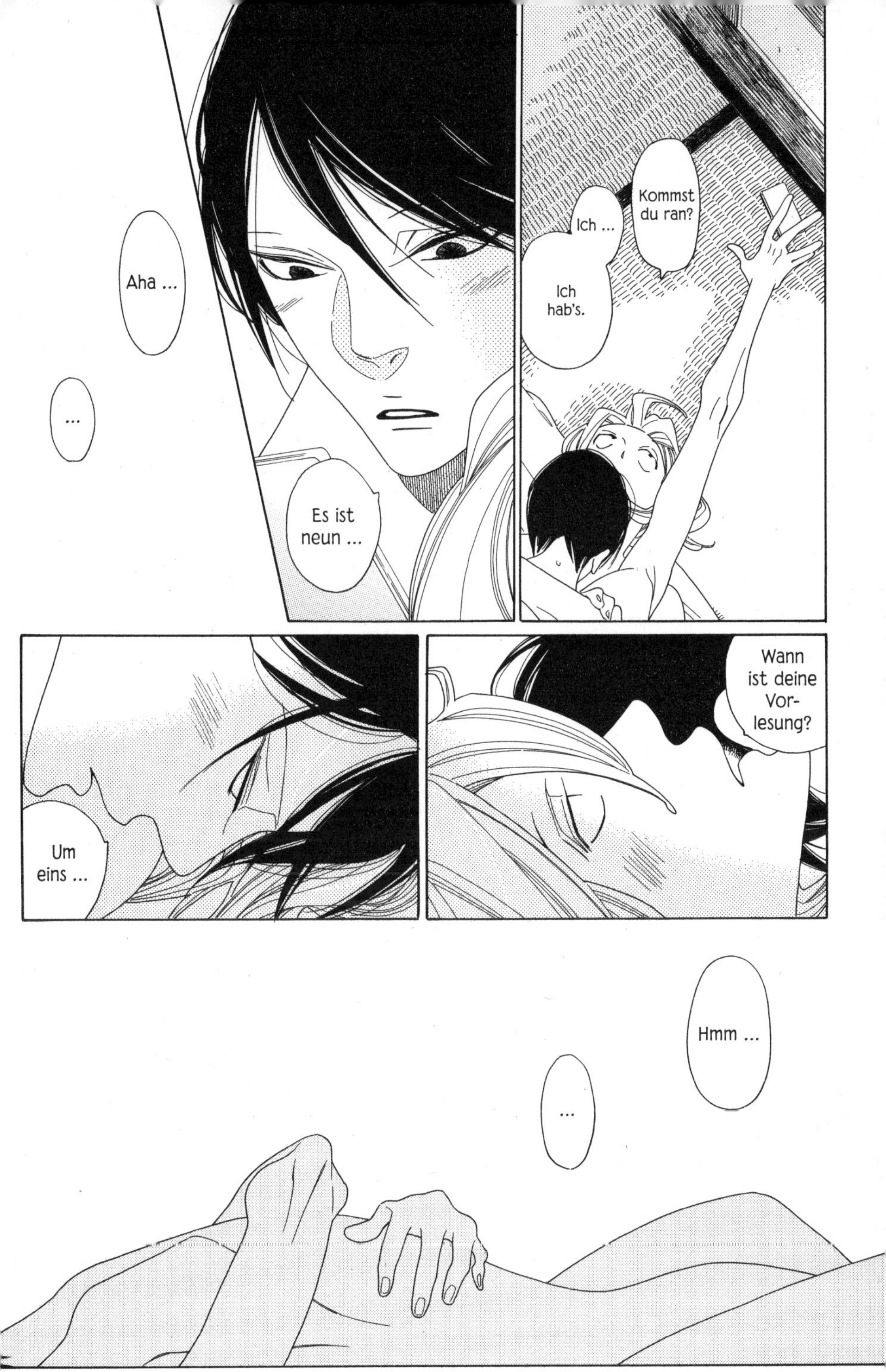
Kommst du ran?
Ich ...
Ich hab's.
Es ist neun ...
Aha ...
...
Wann ist deine Vor-lesung?
Um eins ...
Hmm ...
...

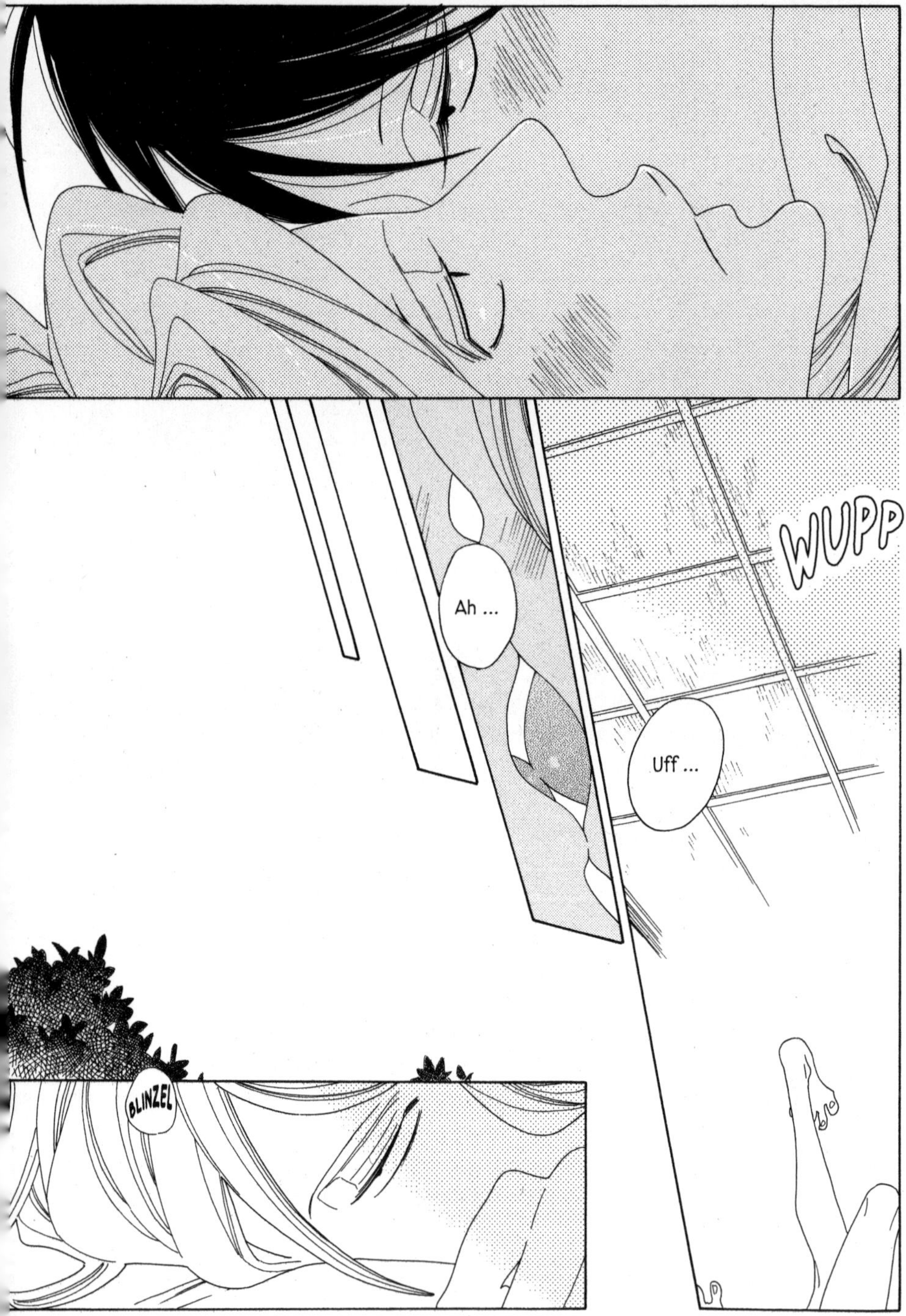
WUPP
Ah ...
Uff ...
BLINZEL

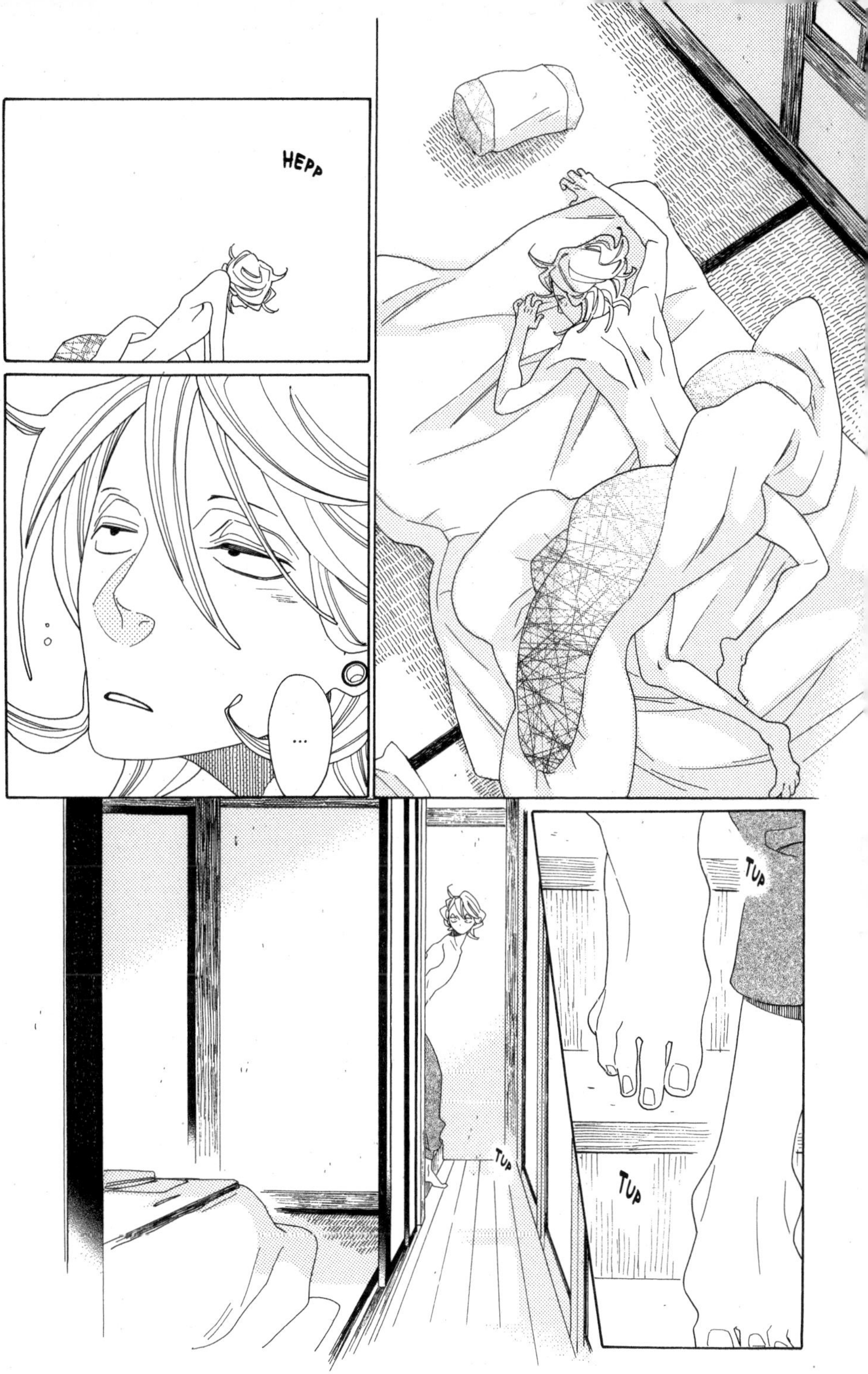
HEPP
...
TUP
TUP
TUP

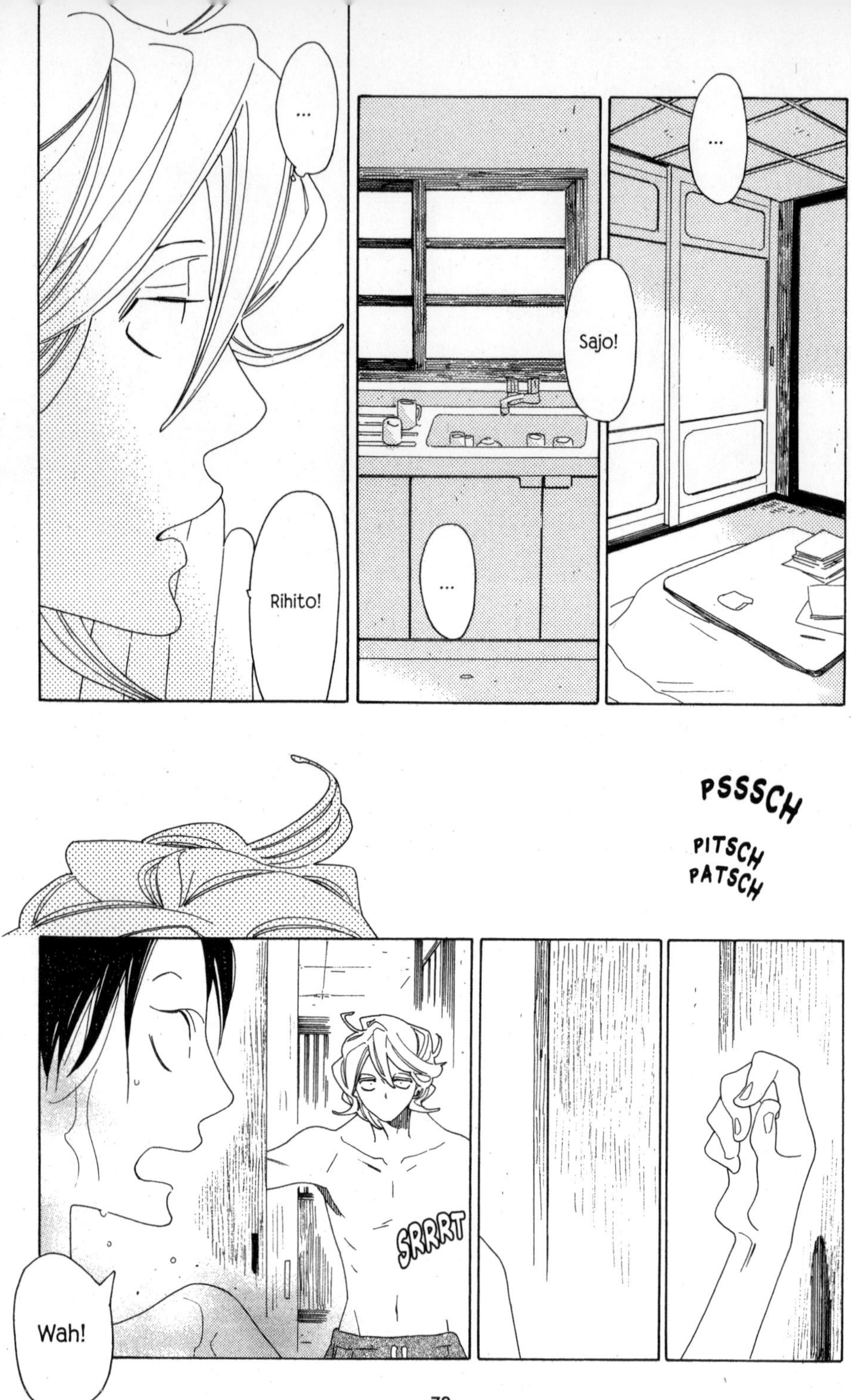
...
Rihito!
...
...
Sajo!
...
PSSSCH
PITSCH
PATSCH
SRRRT
Wah!

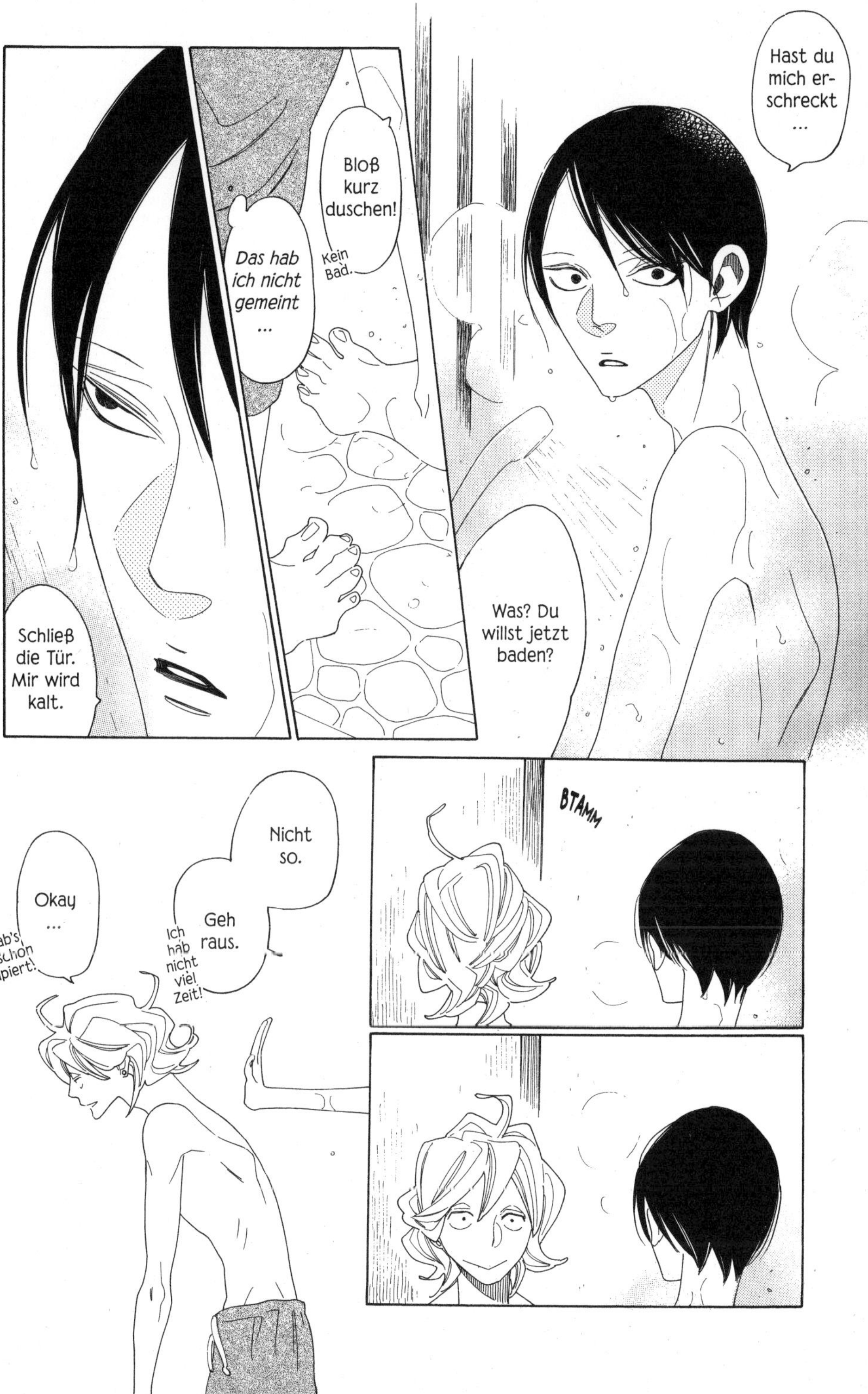
Hast du mich erschreckt ...
Was? Du willst jetzt baden?
Bloß kurz duschen!
Kein Bad.
Das hab ich nicht gemeint ...
Schließ die Tür. Mir wird kalt.
BTAMM
Nicht so.
Geh raus.
Ich hab nicht viel Zeit!
Okay ...
Hab's ja schon kapiert!

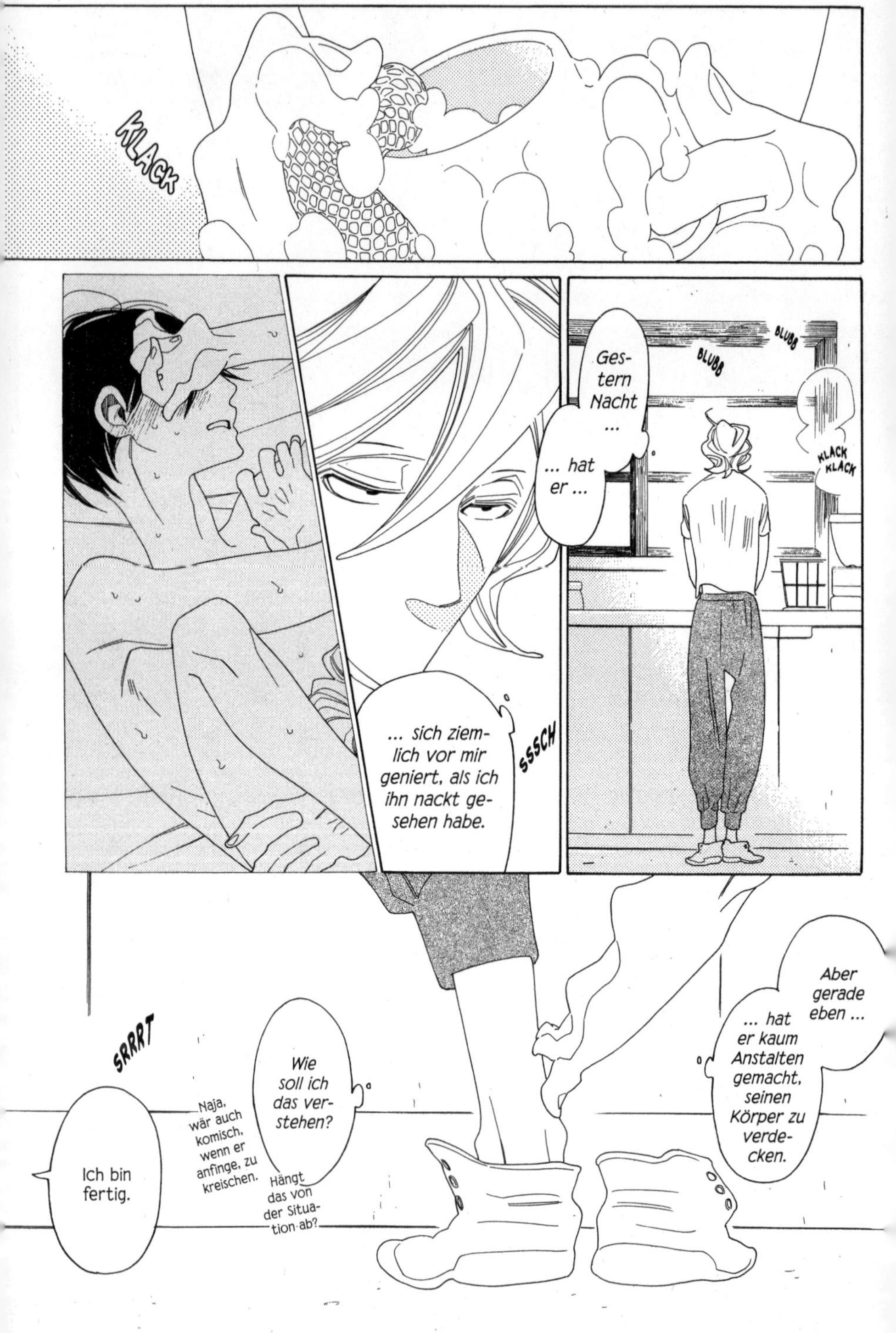
KLACK
BLUBB
BLUBB
Gestern Nacht ...
... hat er ...
KLACK KLACK
... sich ziemlich vor mir geniert, als ich ihn nackt gesehen habe.
SSSCH
Aber gerade eben ...
... hat er kaum Anstalten gemacht, seinen Körper zu verdecken.
Wie soll ich das verstehen?
Hängt das von der Situation ab?
Naja, wär auch komisch, wenn er anfinge, zu kreischen.
SRRRT
Ich bin fertig.

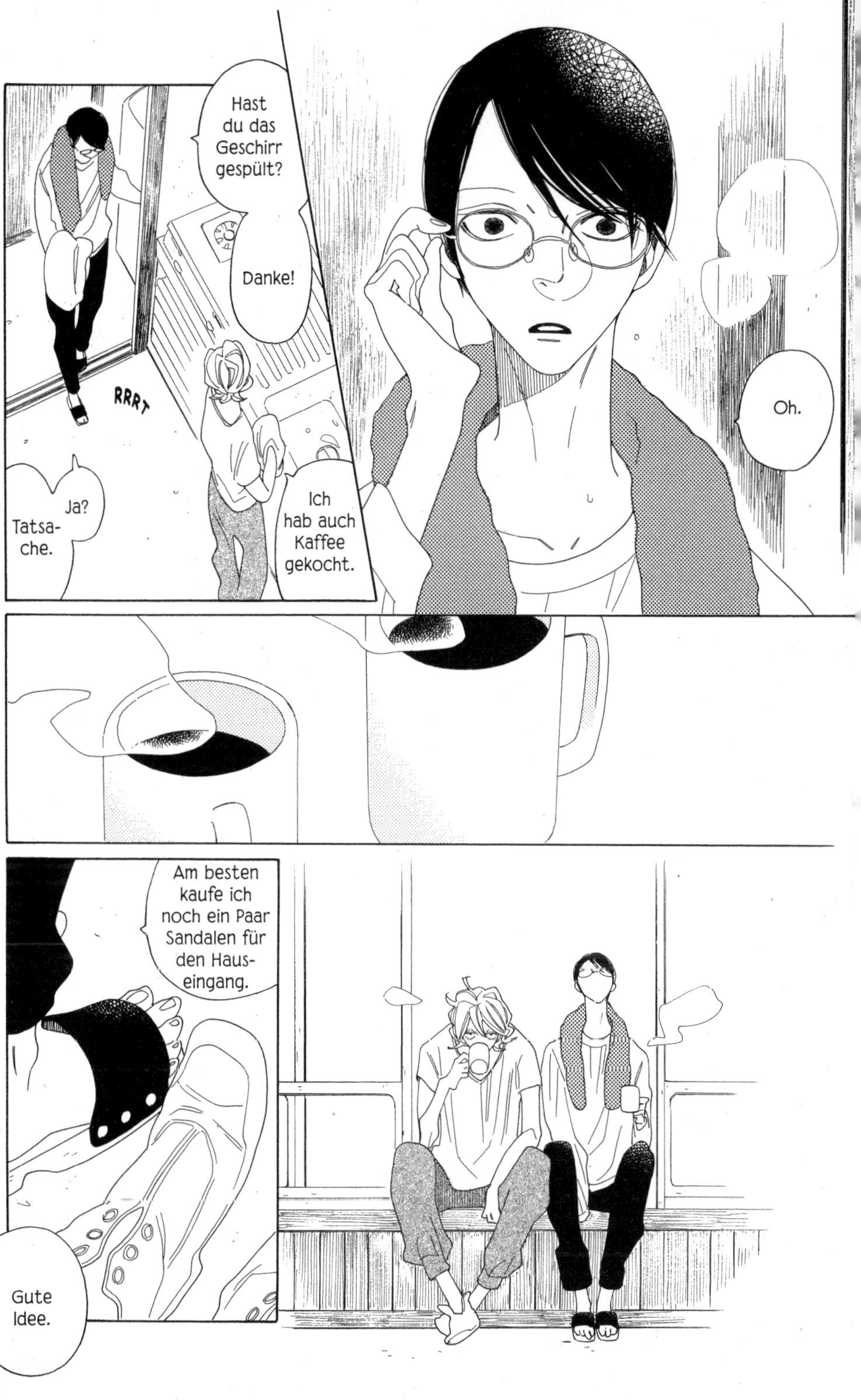
Oh.
Hast du das Geschirr gespült?
Danke!
RRRT
Ich hab auch Kaffee gekocht.
Ja? Tatsache.
Am besten kaufe ich noch ein Paar Sandalen für den Hauseingang.
Gute Idee.

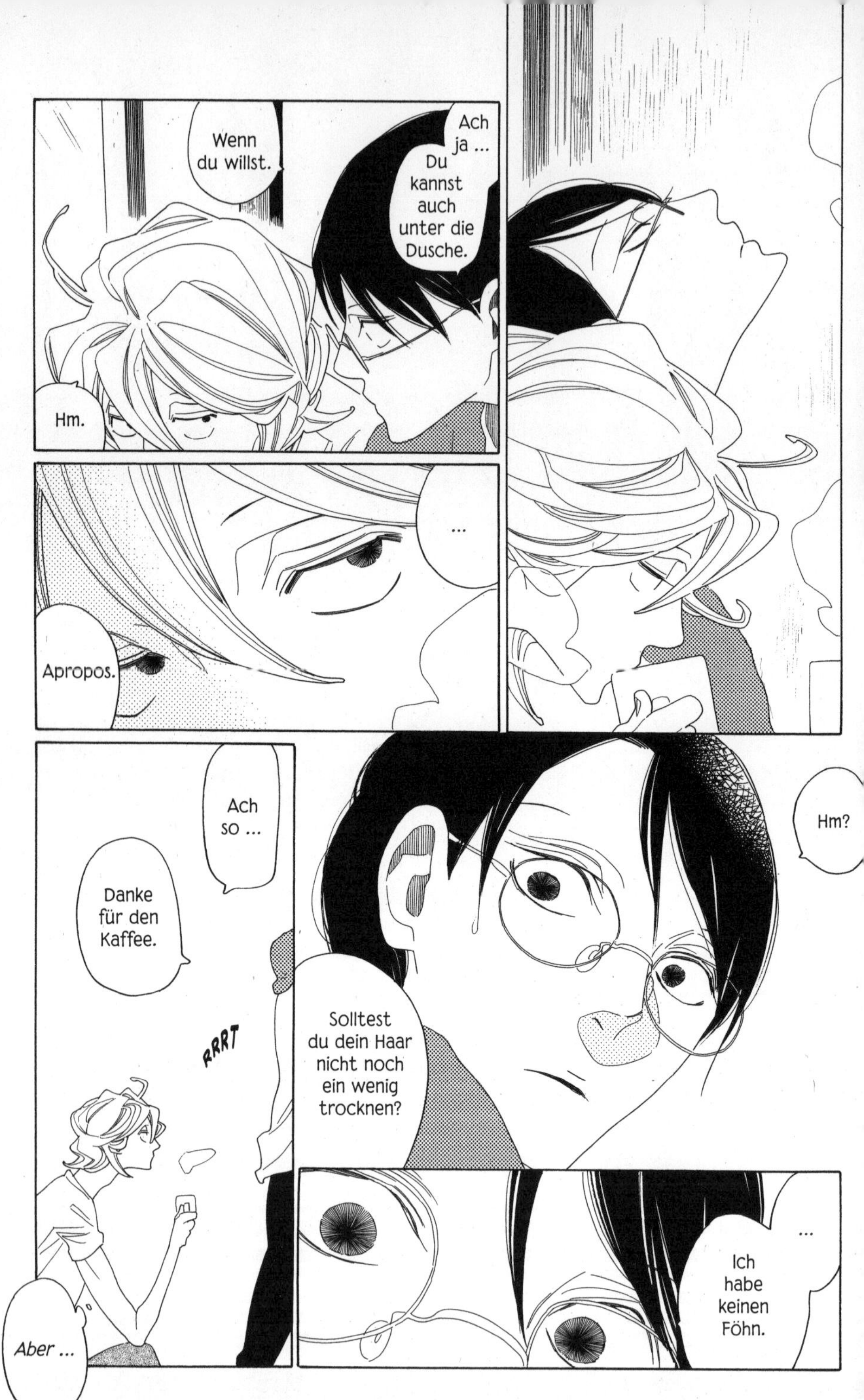
Ach ja ... Du kannst auch unter die Dusche.
Wenn du willst.
Hm.
...
Apropos.
Hm?
Solltest du dein Haar nicht noch ein wenig trocknen?
... Ich habe keinen Föhn.
Ach so ...
Danke für den Kaffee.
RRRT
Aber ...

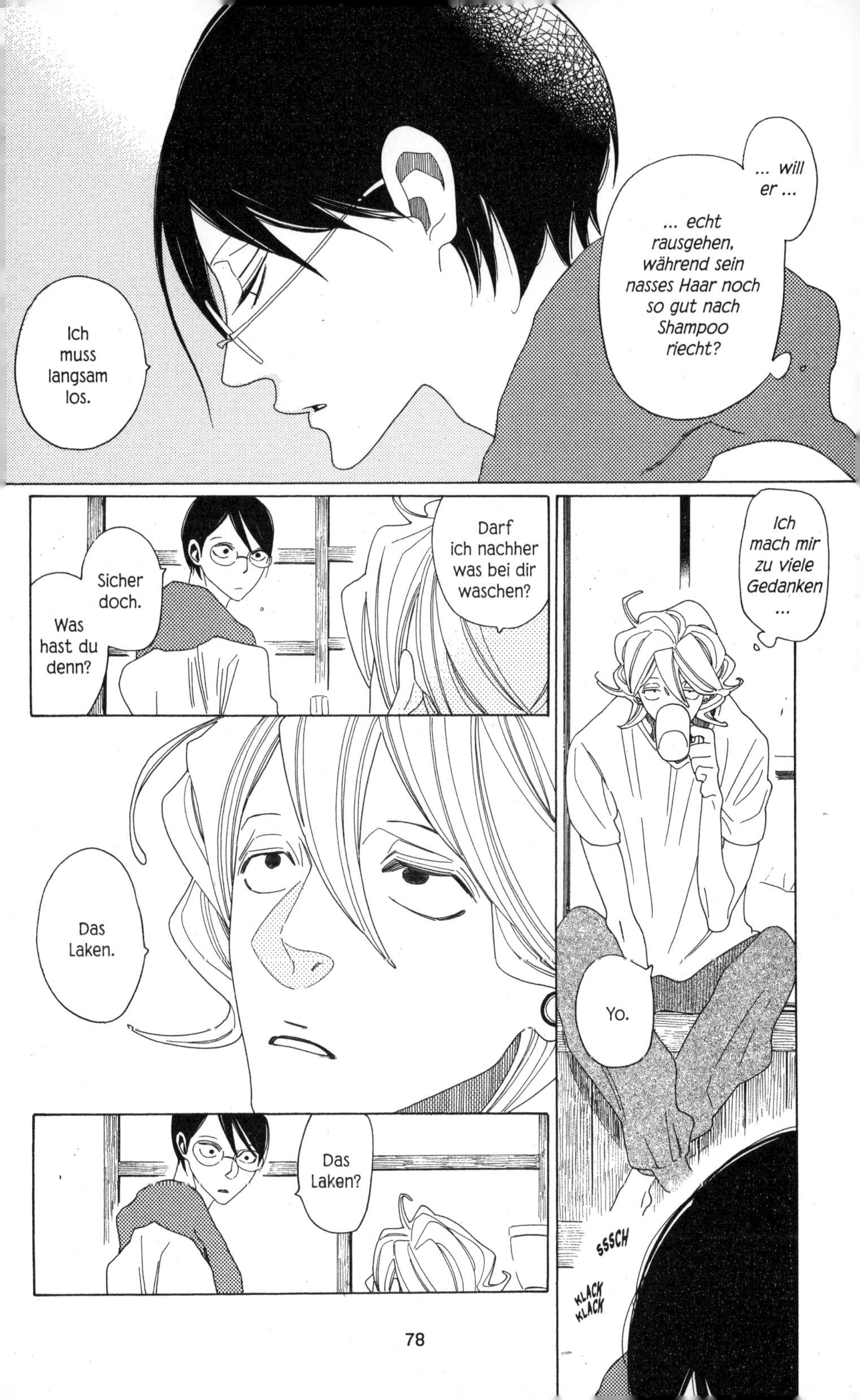

... will er ...
... echt rausgehen, während sein nasses Haar noch so gut nach Shampoo riecht?
Ich muss langsam los.
Ich mach mir zu viele Gedanken ...
Yo.
Darf ich nachher was bei dir waschen?
Sicher doch.
Was hast du denn?
Das Laken.
Das Laken?
SSSCH
KLACK KLACK

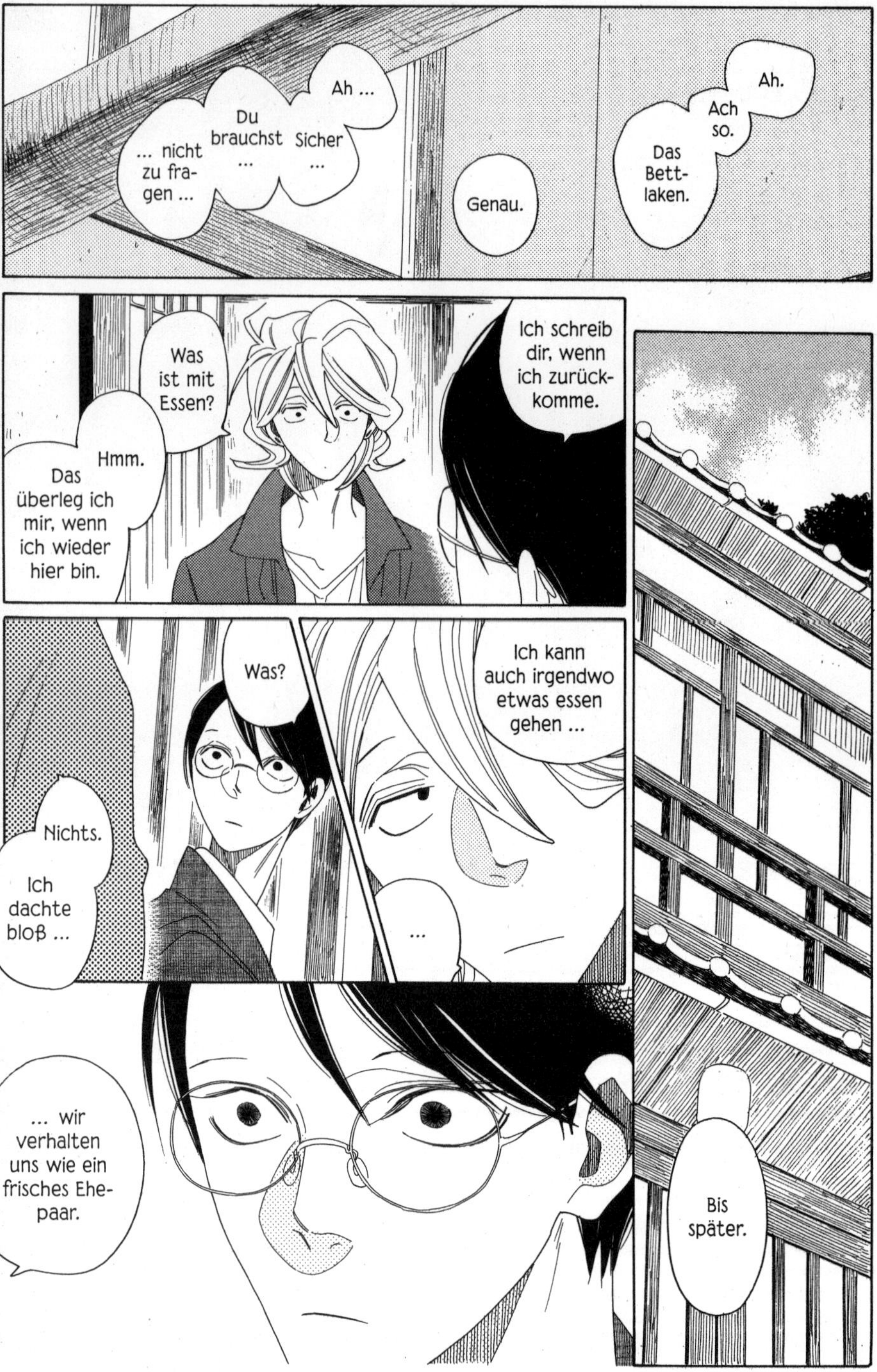
Ah.
Ach so.
Das Bettlaken.
Genau.
Ah ...
Sicher ...
Du brauchst ...
... nicht zu fragen ...
Ich schreib dir, wenn ich zurückkomme.
Was ist mit Essen?
Hmm.
Das überleg ich mir, wenn ich wieder hier bin.
Ich kann auch irgendwo etwas essen gehen ...
Was?
...
Nichts.
Ich dachte bloß ...
... wir verhalten uns wie ein frisches Ehepaar.
Bis später.

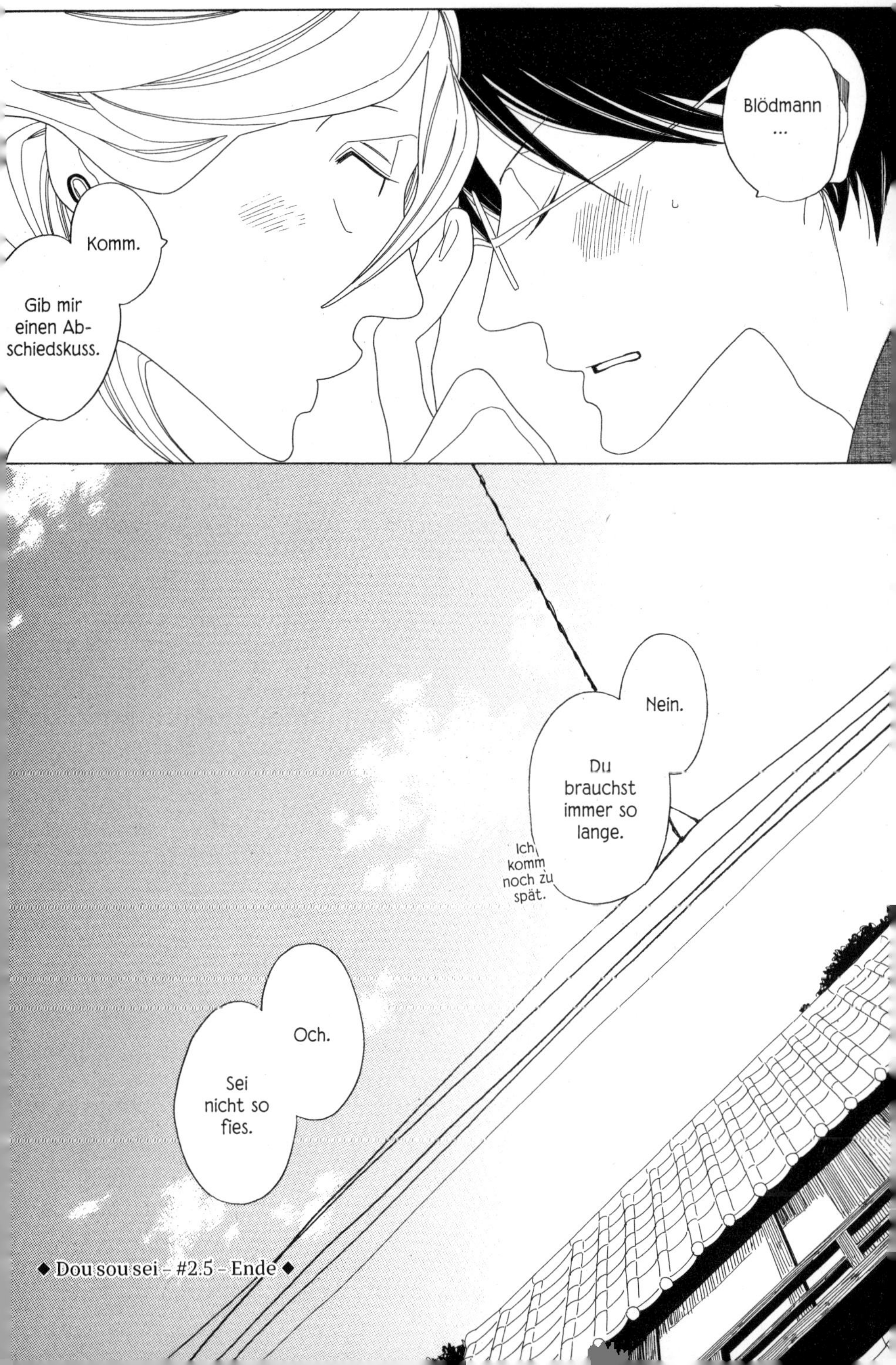
Blödmann …
Komm.
Gib mir einen Abschiedskuss.
Nein.
Du brauchst immer so lange.
Ich komm noch zu spät.
Och.
Sei nicht so fies.
◆ Dou sou sei – #2.5 – Ende ◆

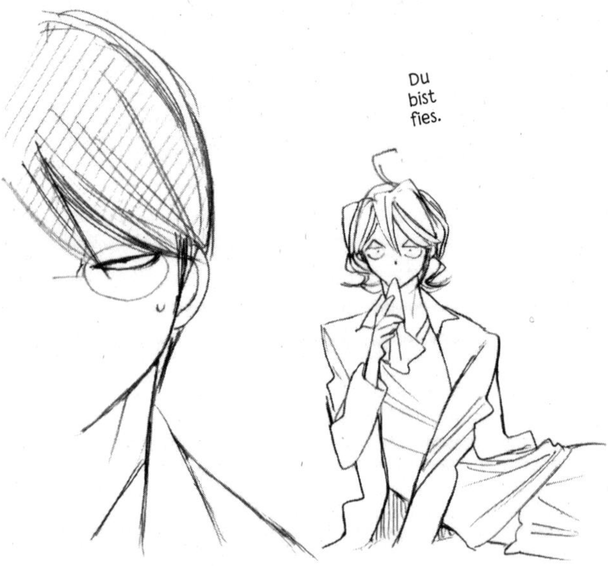
Du bist fies.

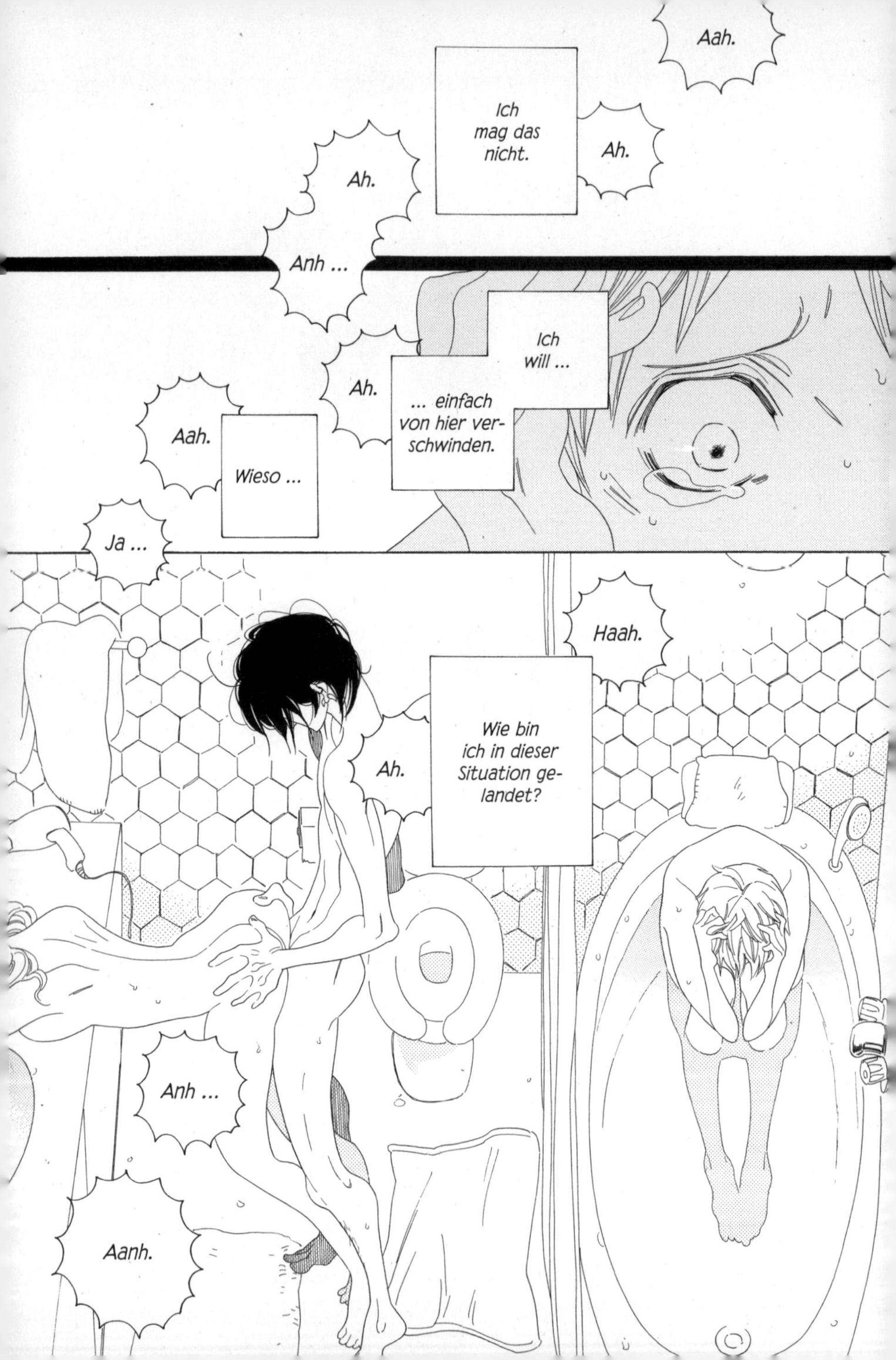
Aah.
Ah.
Ich mag das nicht.
Ah.
Anh ...
Ich will ...
... einfach von hier verschwinden.
Ah.
Aah.
Wieso ...
Ja ...
Haah.
Wie bin ich in dieser Situation gelandet?
Ah.
Anh ...
Aanh.

#3 Komatsu und Ryuichi

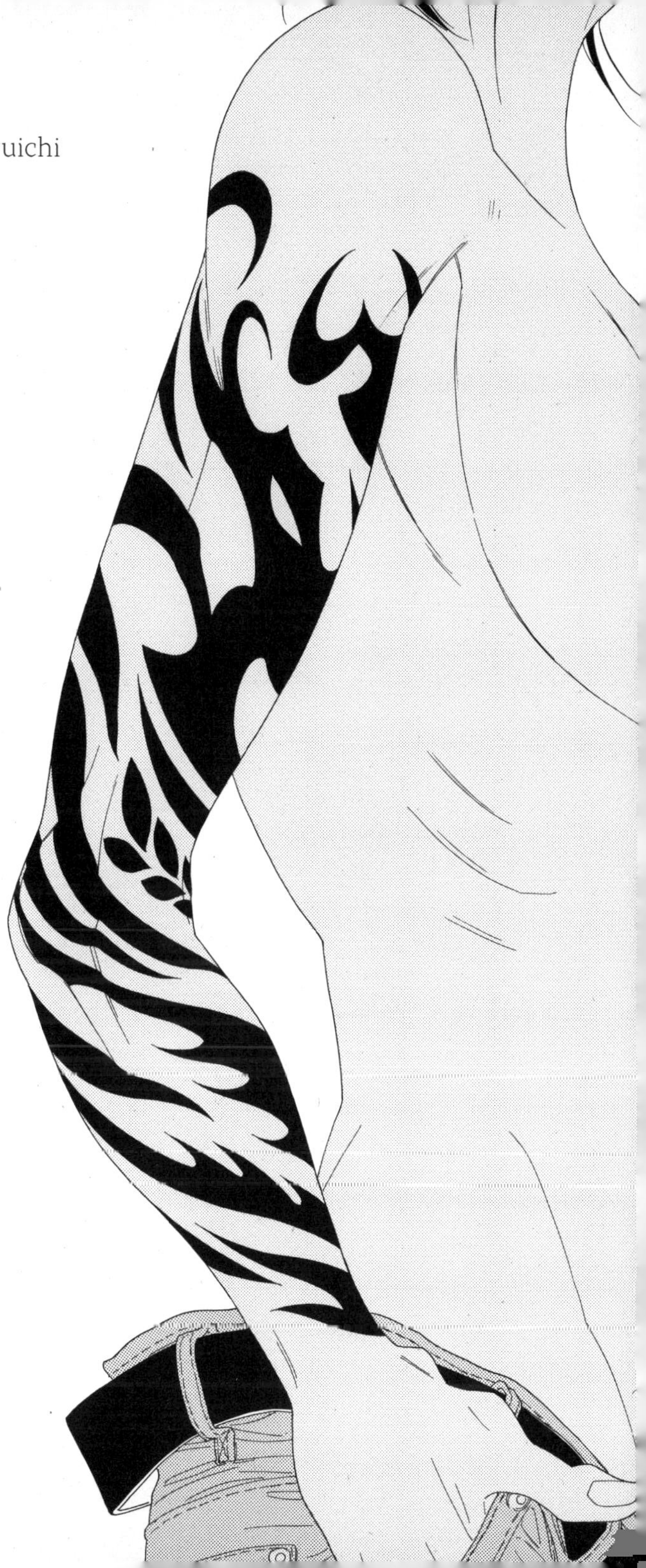

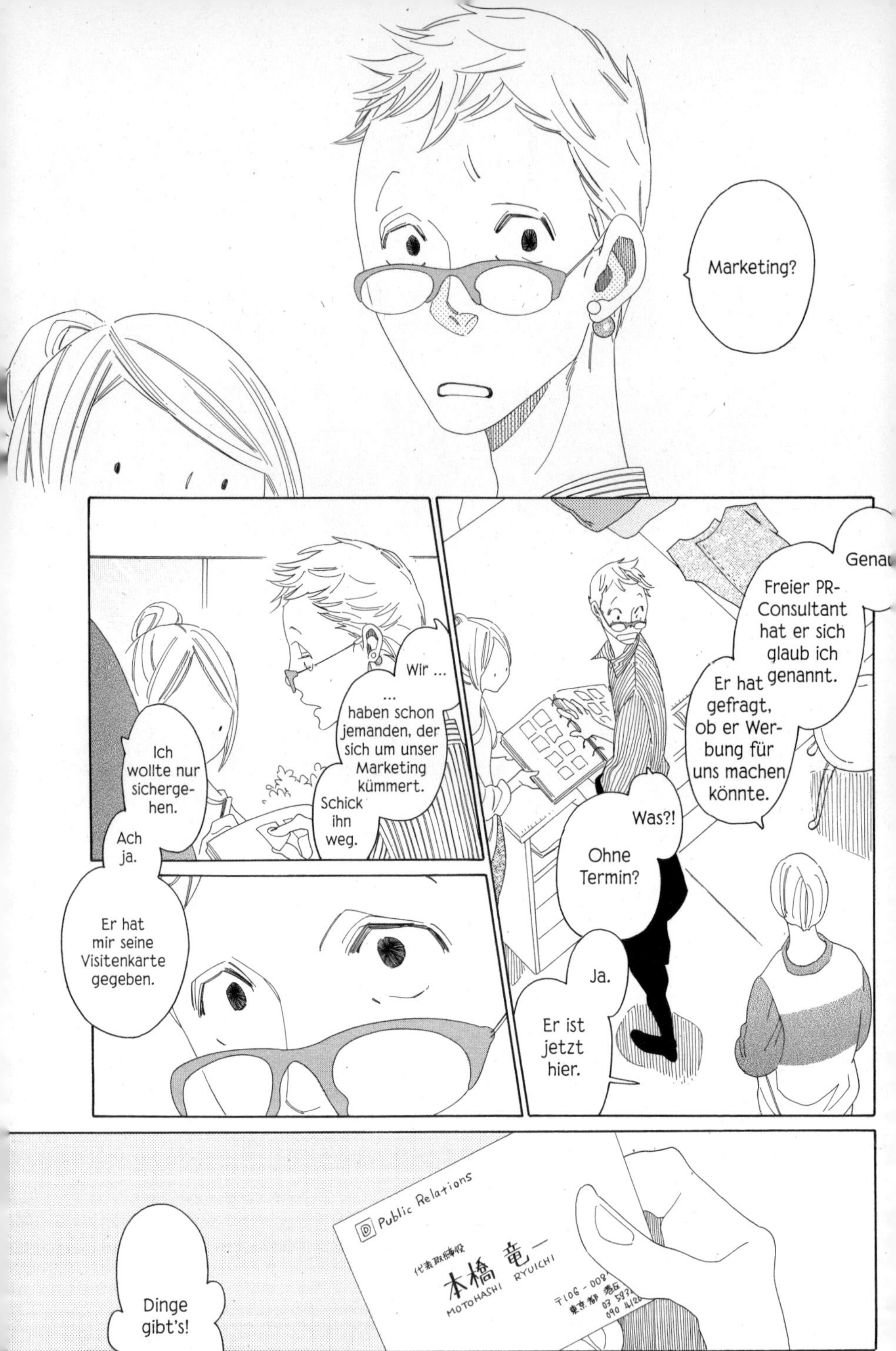
Marketing?
Genau
Freier PR-Consultant hat er sich glaub ich genannt.
Er hat gefragt, ob er Werbung für uns machen könnte.
Was?!
Ohne Termin?
Ja.
Er ist jetzt hier.
Wir ...
... haben schon jemanden, der sich um unser Marketing kümmert.
Schick ihn weg.
Ich wollte nur sicherge-hen.
Ach ja.
Er hat mir seine Visitenkarte gegeben.
Public Relations
代表取締役
本橋 竜一
MOTOHASHI RYUICHI
Dinge gibt's!

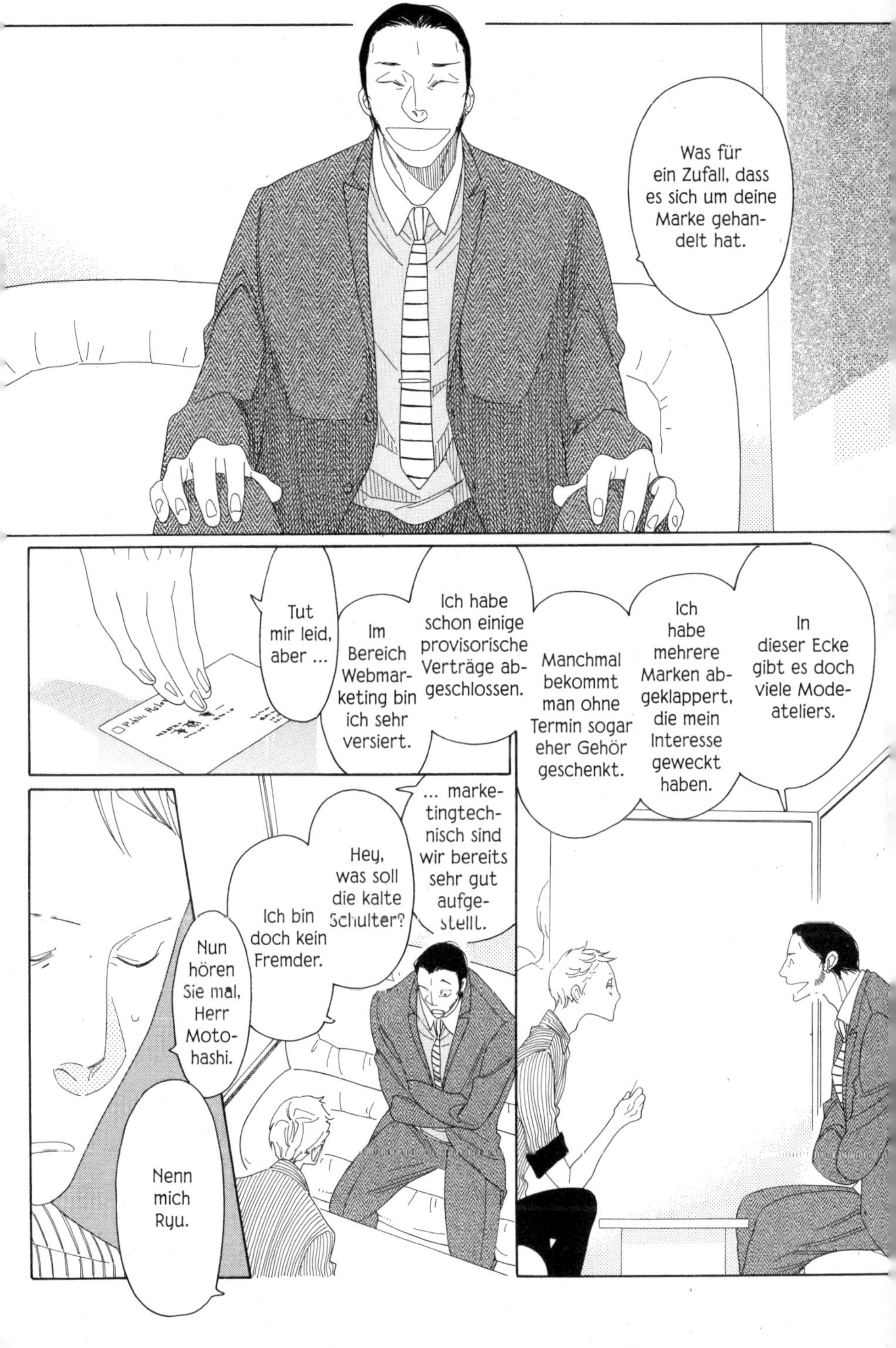
Was für ein Zufall, dass es sich um deine Marke gehandelt hat.
In dieser Ecke gibt es doch viele Modeateliers.
Ich habe mehrere Marken abgeklappert, die mein Interesse geweckt haben.
Manchmal bekommt man ohne Termin sogar eher Gehör geschenkt.
Ich habe schon einige provisorische Verträge abgeschlossen.
Im Bereich Webmarketing bin ich sehr versiert.
Tut mir leid, aber ...
... marketingtechnisch sind wir bereits sehr gut aufgestellt.
Hey, was soll die kalte Schulter?
Ich bin doch kein Fremder.
Nun hören Sie mal, Herr Motohashi.
Nenn mich Ryu.

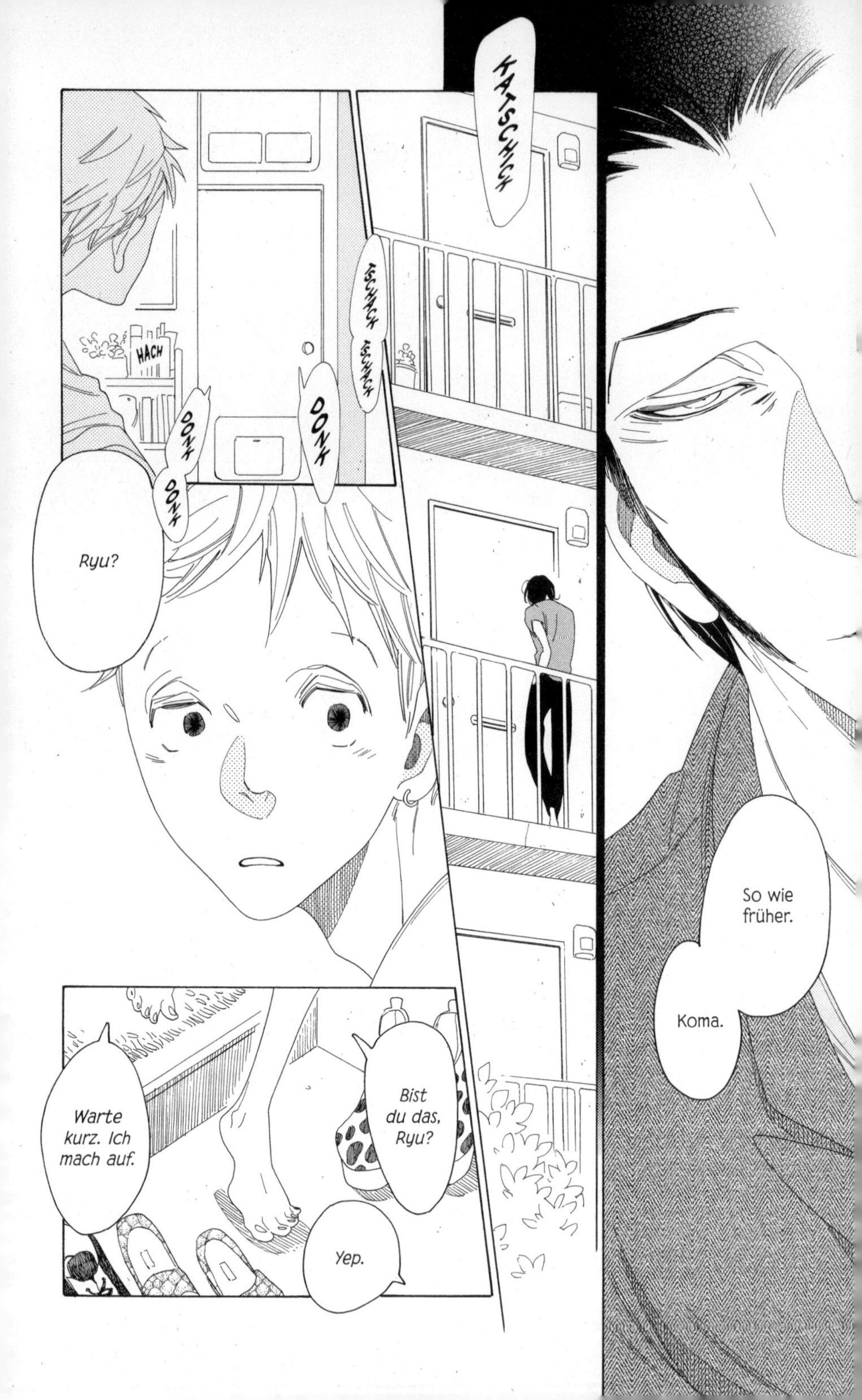
So wie früher.
Koma.
KATSCHICK
TSCHACK TSCHACK
HACH
DONK
DONK DONK
Ryu?
Bist du das, Ryu?
Yep.
Warte kurz. Ich mach auf.

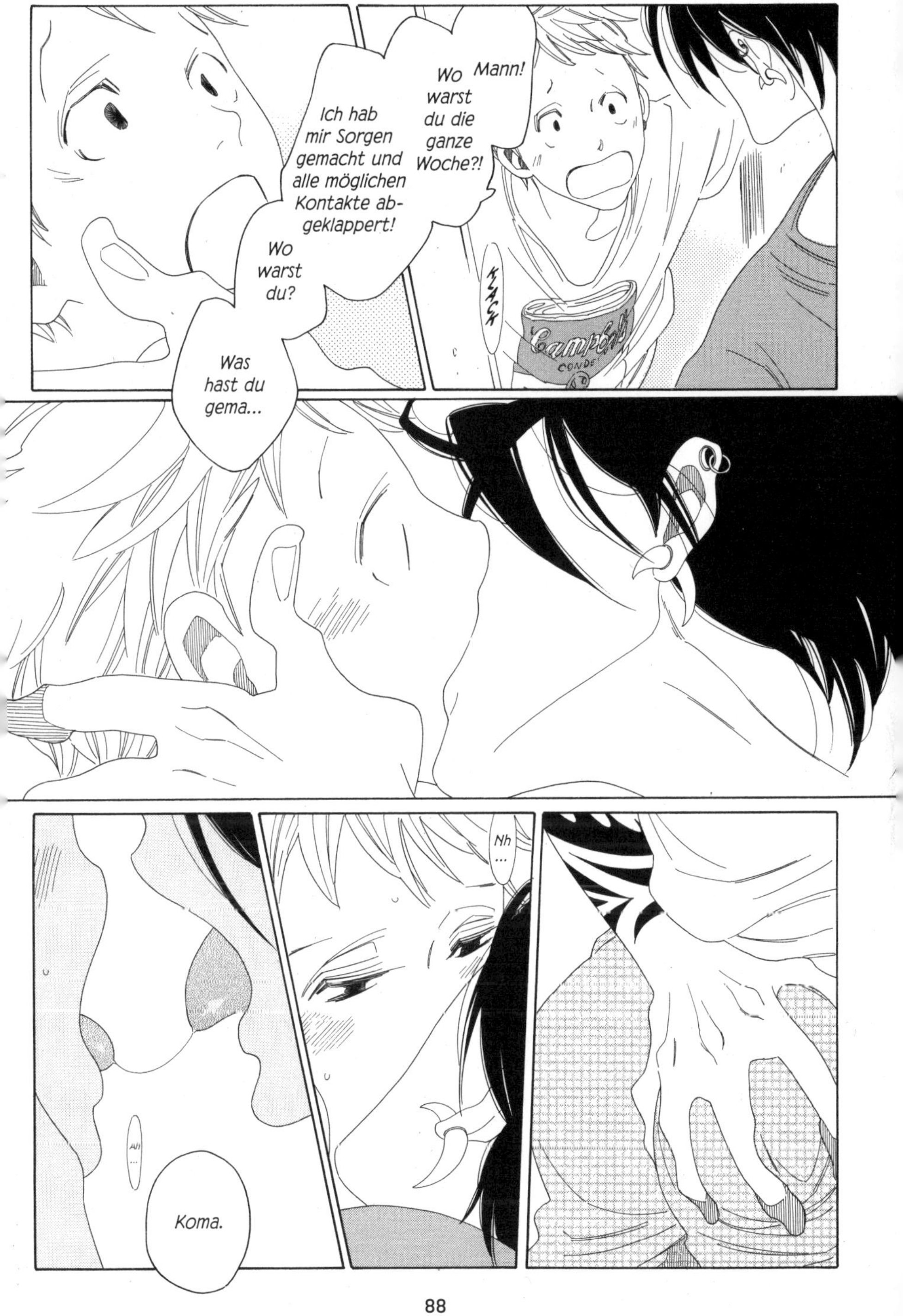
Mann!
Wo warst du die ganze Woche?!
Ich hab mir Sorgen gemacht und alle möglichen Kontakte abgeklappert!
Wo warst du?
KLACK
Was hast du gema...
Nh ...
Ah ...
Koma.

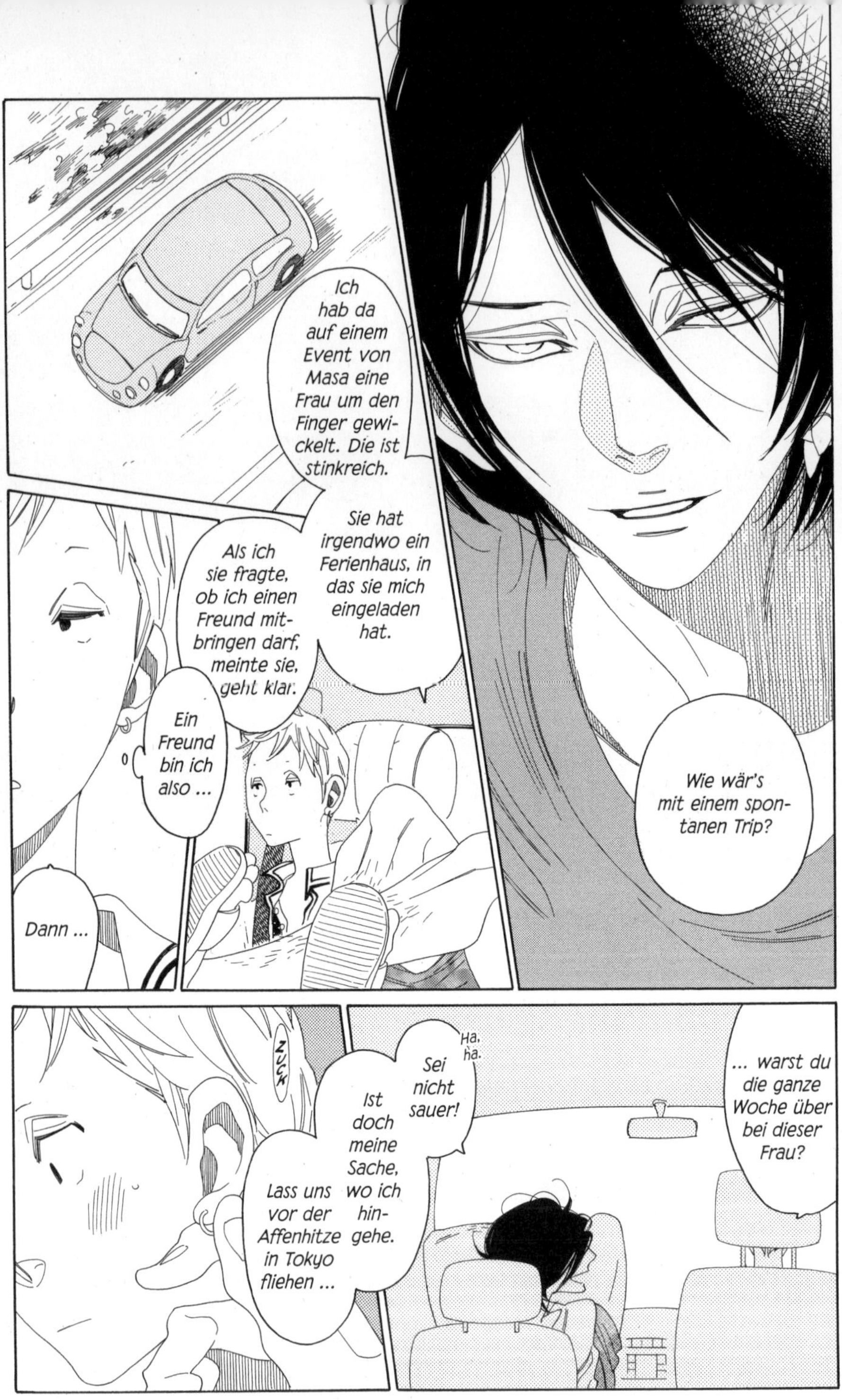
Wie wär's mit einem spontanen Trip?
Ich hab da auf einem Event von Masa eine Frau um den Finger gewickelt. Die ist stinkreich.
Sie hat irgendwo ein Ferienhaus, in das sie mich eingeladen hat.
Als ich sie fragte, ob ich einen Freund mitbringen darf, meinte sie, geht klar.
Ein Freund bin ich also ...
Dann ...
... warst du die ganze Woche über bei dieser Frau?
Ha, ha.
Sei nicht sauer!
Ist doch meine Sache, wo ich hingehe.
ZUCK
Lass uns vor der Affenhitze in Tokyo fliehen ...

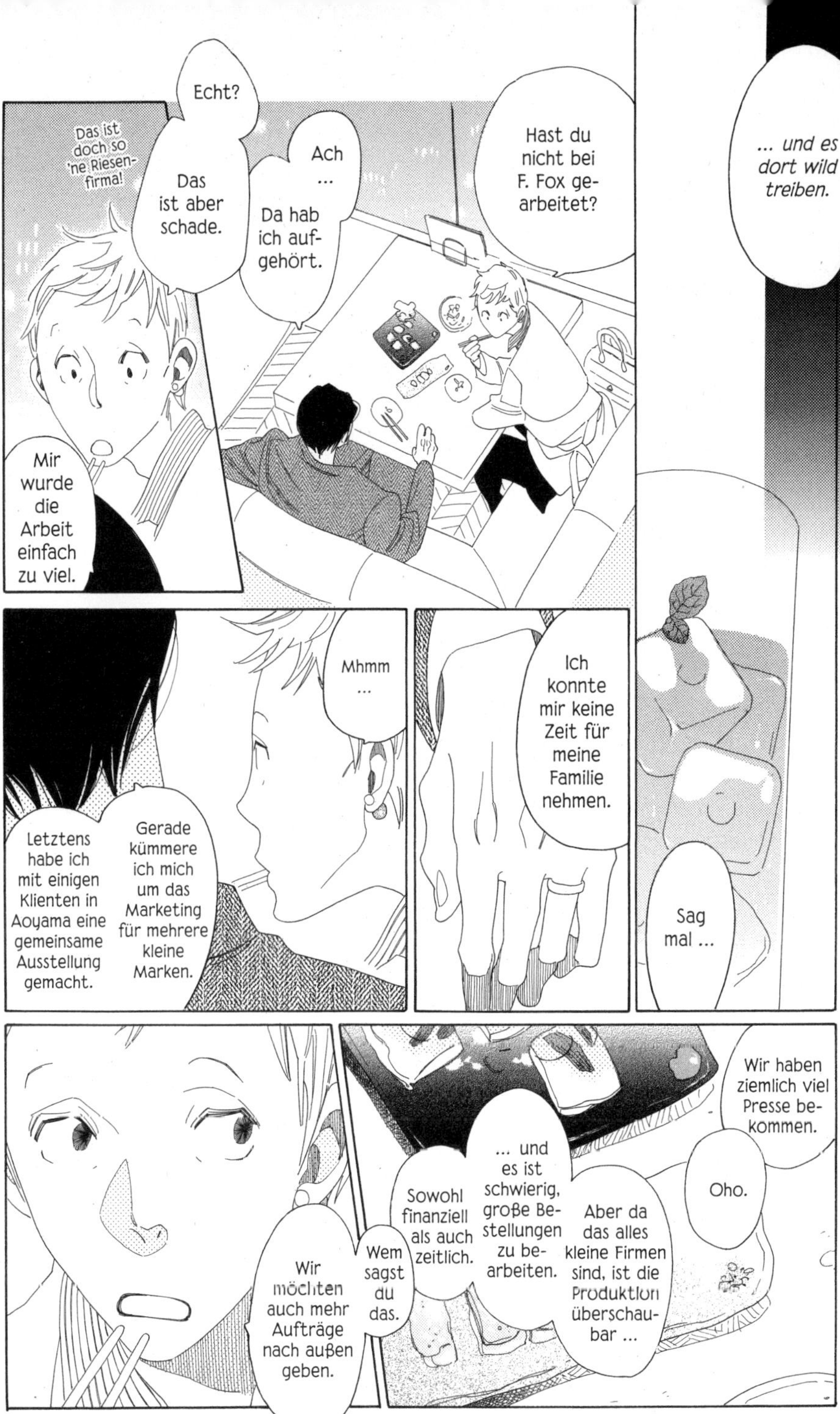
... und es dort wild treiben.
Hast du nicht bei F. Fox gearbeitet?
Ach ... Da hab ich aufgehört.
Echt?
Das ist aber schade.
Das ist doch so 'ne Riesenfirma!
Mir wurde die Arbeit einfach zu viel.
Sag mal ...
Ich konnte mir keine Zeit für meine Familie nehmen.
Mhmm ...
Gerade kümmere ich mich um das Marketing für mehrere kleine Marken.
Letztens habe ich mit einigen Klienten in Aoyama eine gemeinsame Ausstellung gemacht.
Wir haben ziemlich viel Presse bekommen.
Oho.
Aber da das alles kleine Firmen sind, ist die Produktion überschaubar ...
... und es ist schwierig, große Bestellungen zu bearbeiten.
Sowohl finanziell als auch zeitlich.
Wem sagst du das.
Wir möchten auch mehr Aufträge nach außen geben.

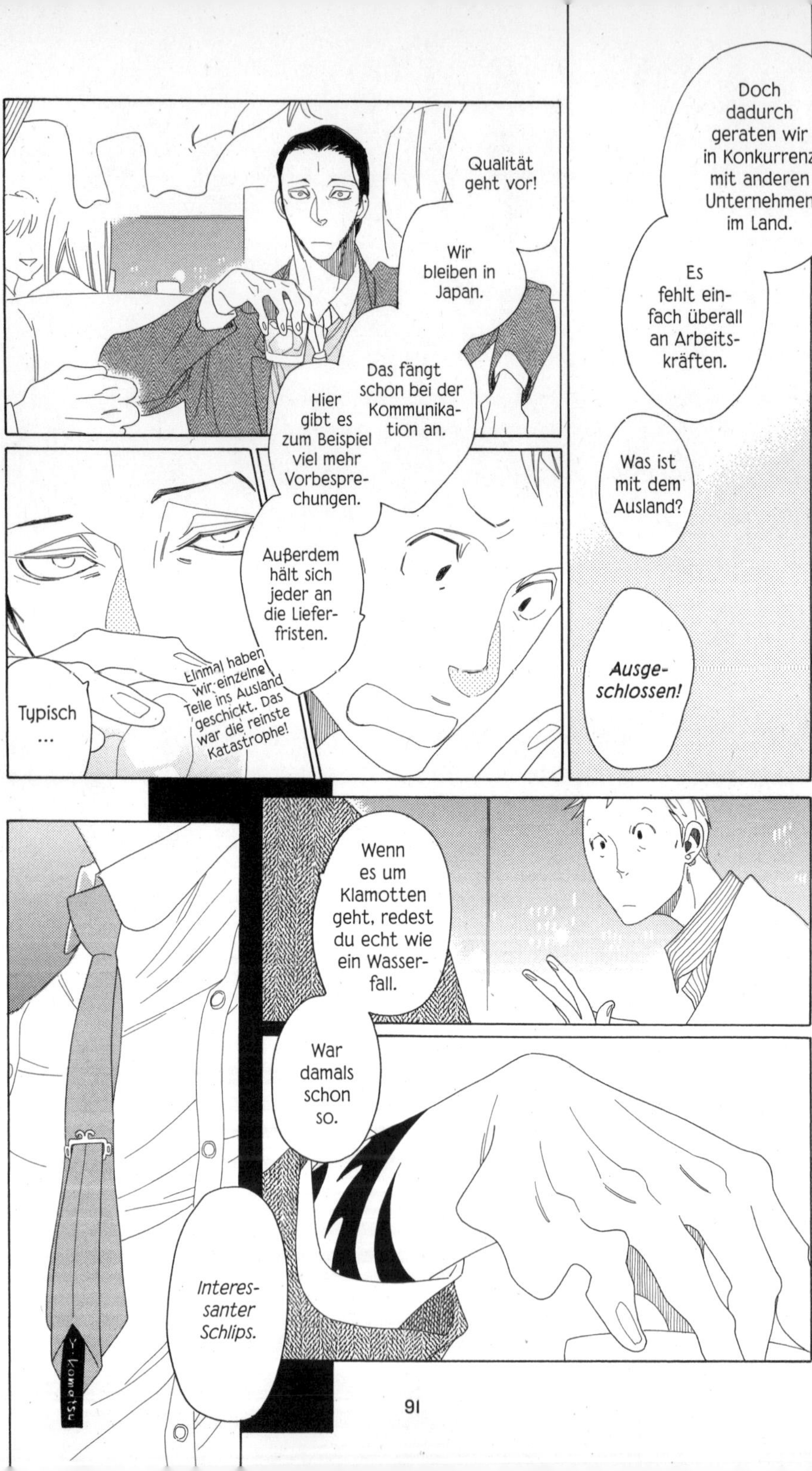
Doch dadurch geraten wir in Konkurrenz mit anderen Unternehmen im Land.
Es fehlt einfach überall an Arbeitskräften.
Was ist mit dem Ausland?
Ausgeschlossen!
Qualität geht vor!
Wir bleiben in Japan.
Das fängt schon bei der Kommunikation an.
Hier gibt es zum Beispiel viel mehr Vorbesprechungen.
Außerdem hält sich jeder an die Lieferfristen.
Einmal haben wir einzelne Teile ins Ausland geschickt. Das war die reinste Katastrophe!
Typisch …
Wenn es um Klamotten geht, redest du echt wie ein Wasserfall.
War damals schon so.
Interessanter Schlips.
Y. Komatsu

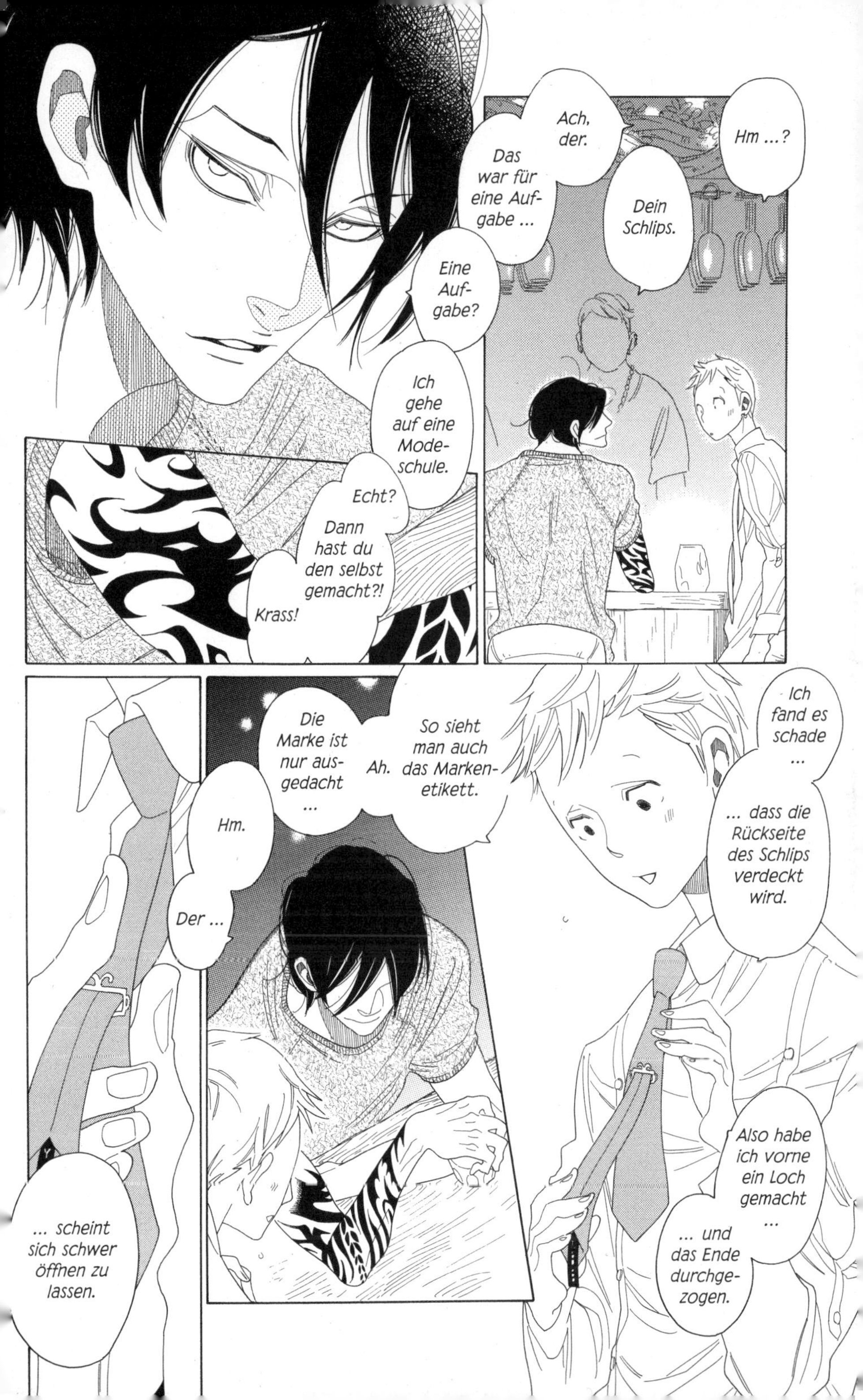
Hm ...?
Dein Schlips.
Ach, der.
Das war für eine Aufgabe ...
Eine Aufgabe?
Ich gehe auf eine Modeschule.
Echt?
Dann hast du den selbst gemacht?!
Krass!
Ich fand es schade ...
... dass die Rückseite des Schlips verdeckt wird.
Also habe ich vorne ein Loch gemacht ...
... und das Ende durchgezogen.
So sieht man auch das Markenetikett.
Ah.
Die Marke ist nur ausgedacht ...
Hm.
Der ...
... scheint sich schwer öffnen zu lassen.

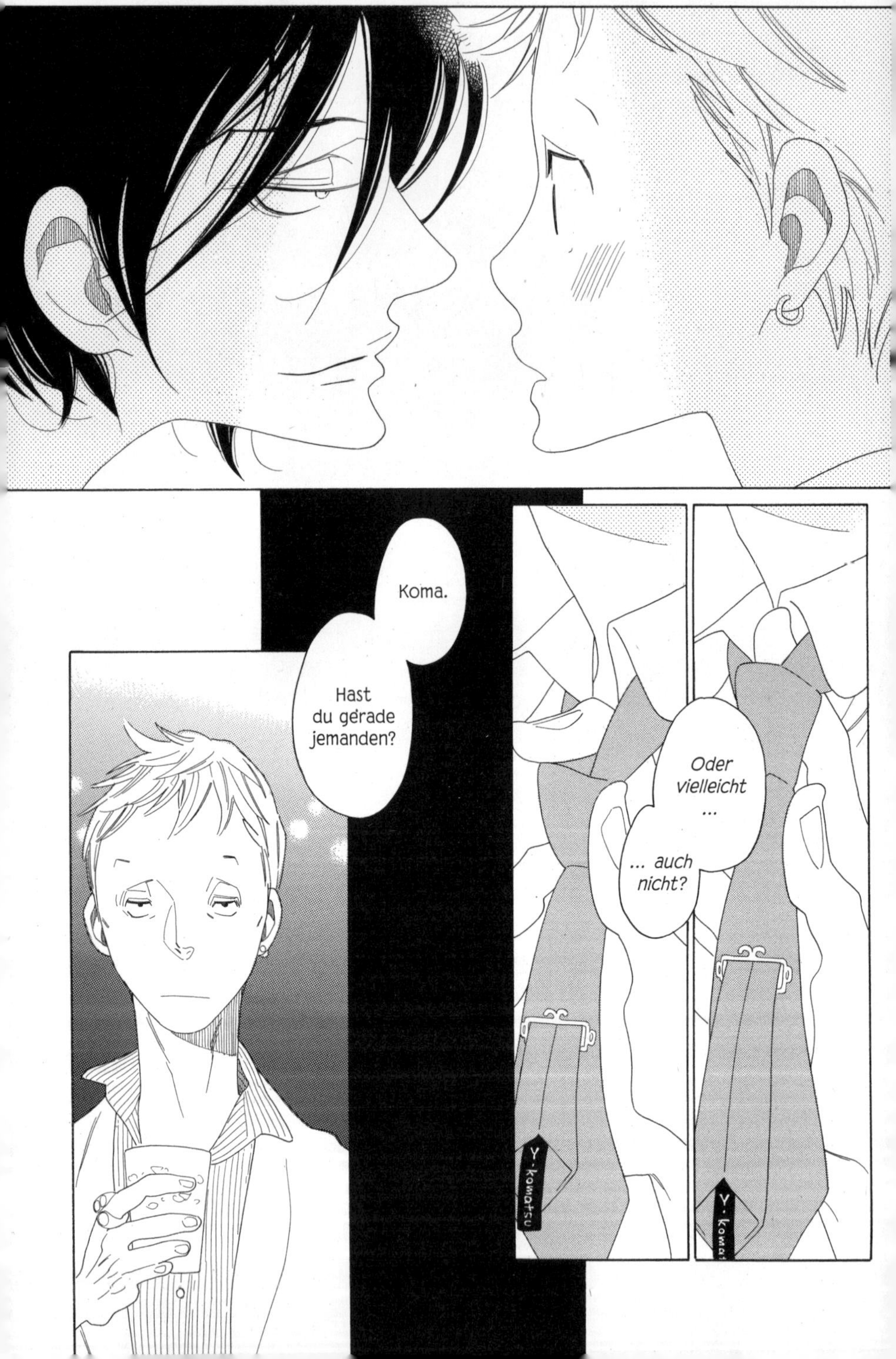
Koma.
Hast du gerade jemanden?
Oder vielleicht ...
... auch nicht?
Y. Komatsu
Y. Komat

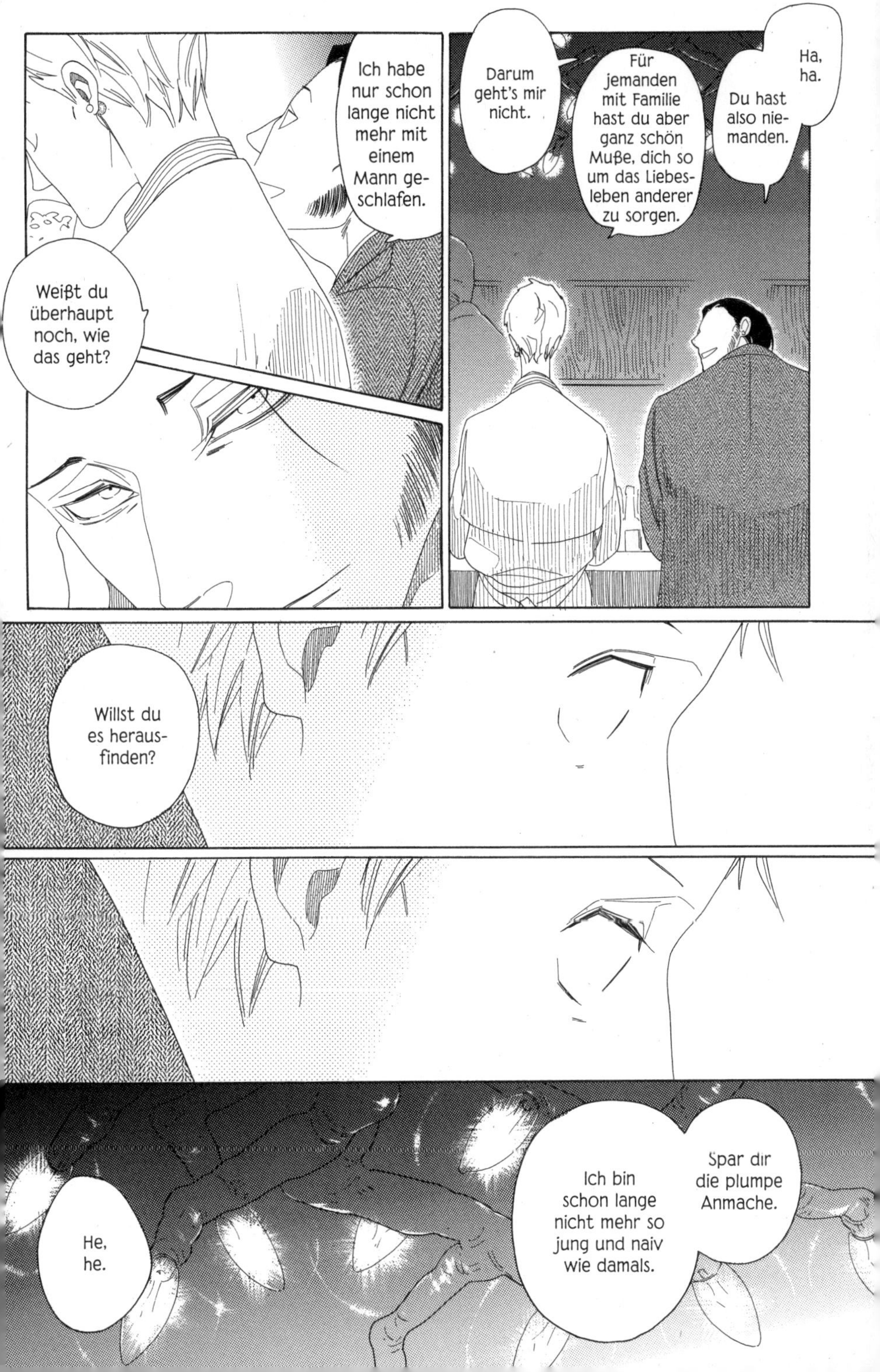
Ha, ha.
Du hast also niemanden.
Für jemanden mit Familie hast du aber ganz schön Muße, dich so um das Liebesleben anderer zu sorgen.
Darum geht's mir nicht.
Ich habe nur schon lange nicht mehr mit einem Mann geschlafen.
Weißt du überhaupt noch, wie das geht?
Willst du es herausfinden?
Spar dir die plumpe Anmache.
Ich bin schon lange nicht mehr so jung und naiv wie damals.
He, he.

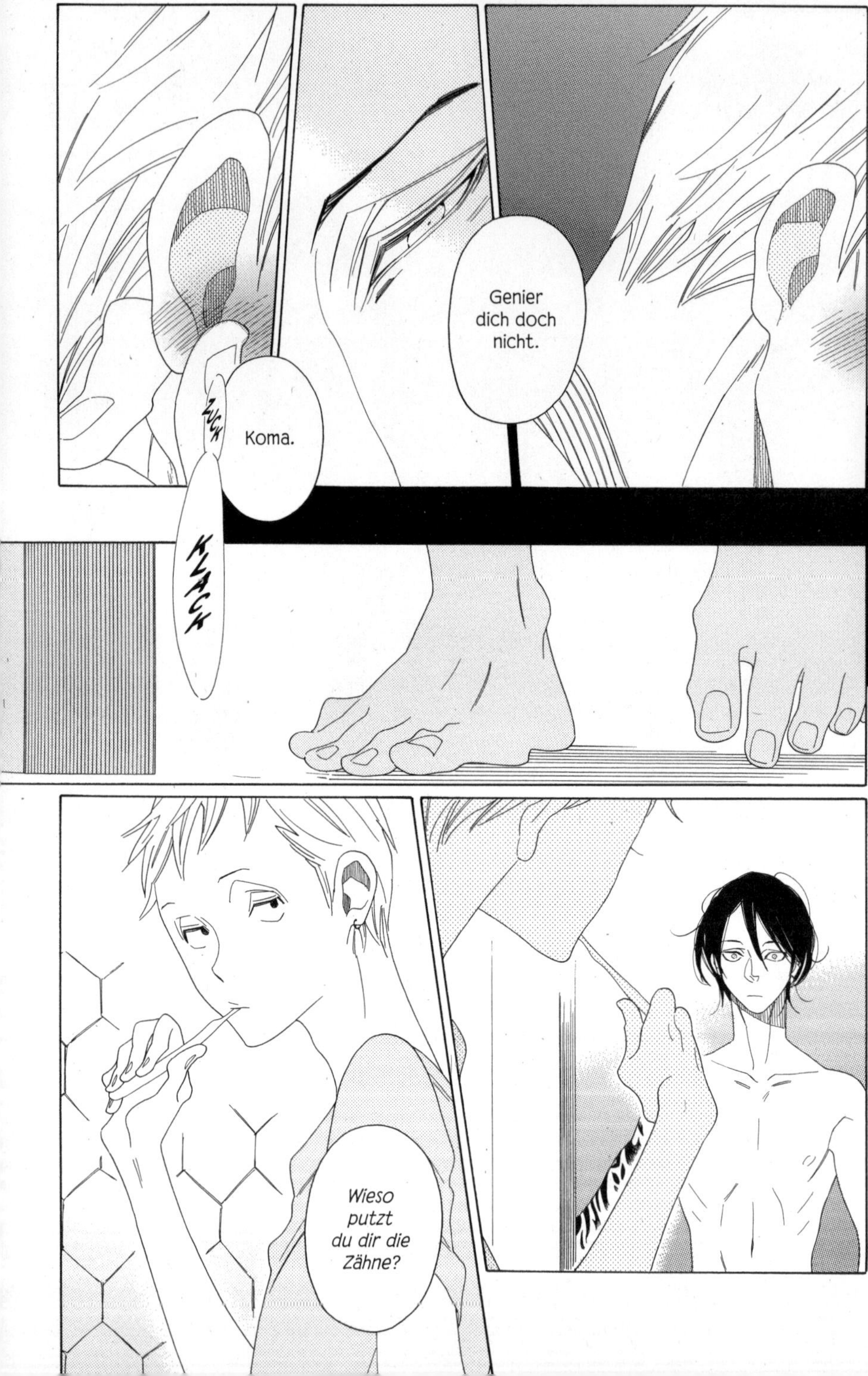
Genier dich doch nicht.
Koma.
ZUCK
KLACK
Wieso putzt du dir die Zähne?

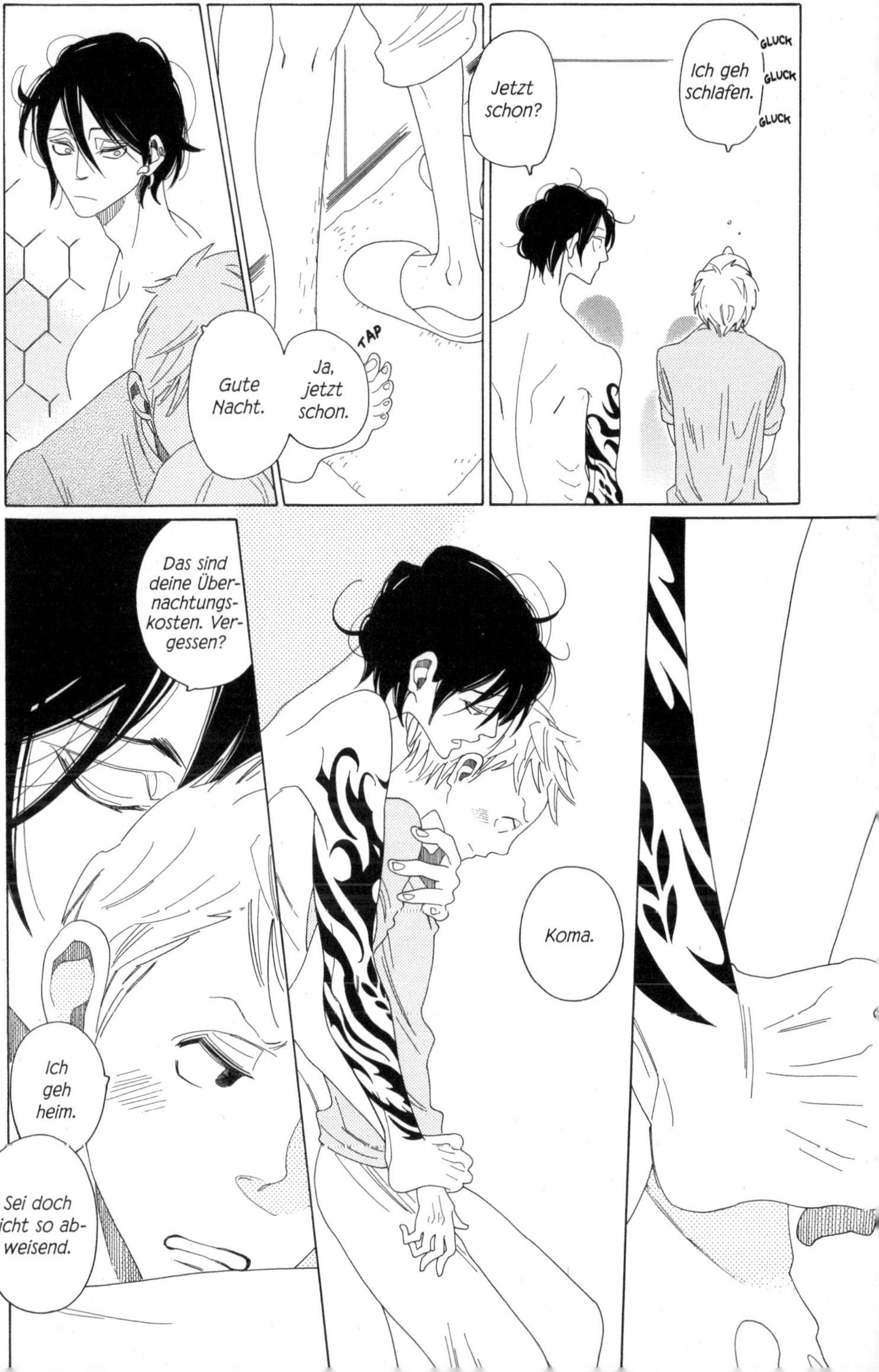
Ich geh schlafen.
GLUCK GLUCK GLUCK
Jetzt schon?
Ja, jetzt schon.
TAP
Gute Nacht.
Koma.
Das sind deine Übernachtungskosten. Vergessen?
Ich geh heim.
Sei doch nicht so abweisend.

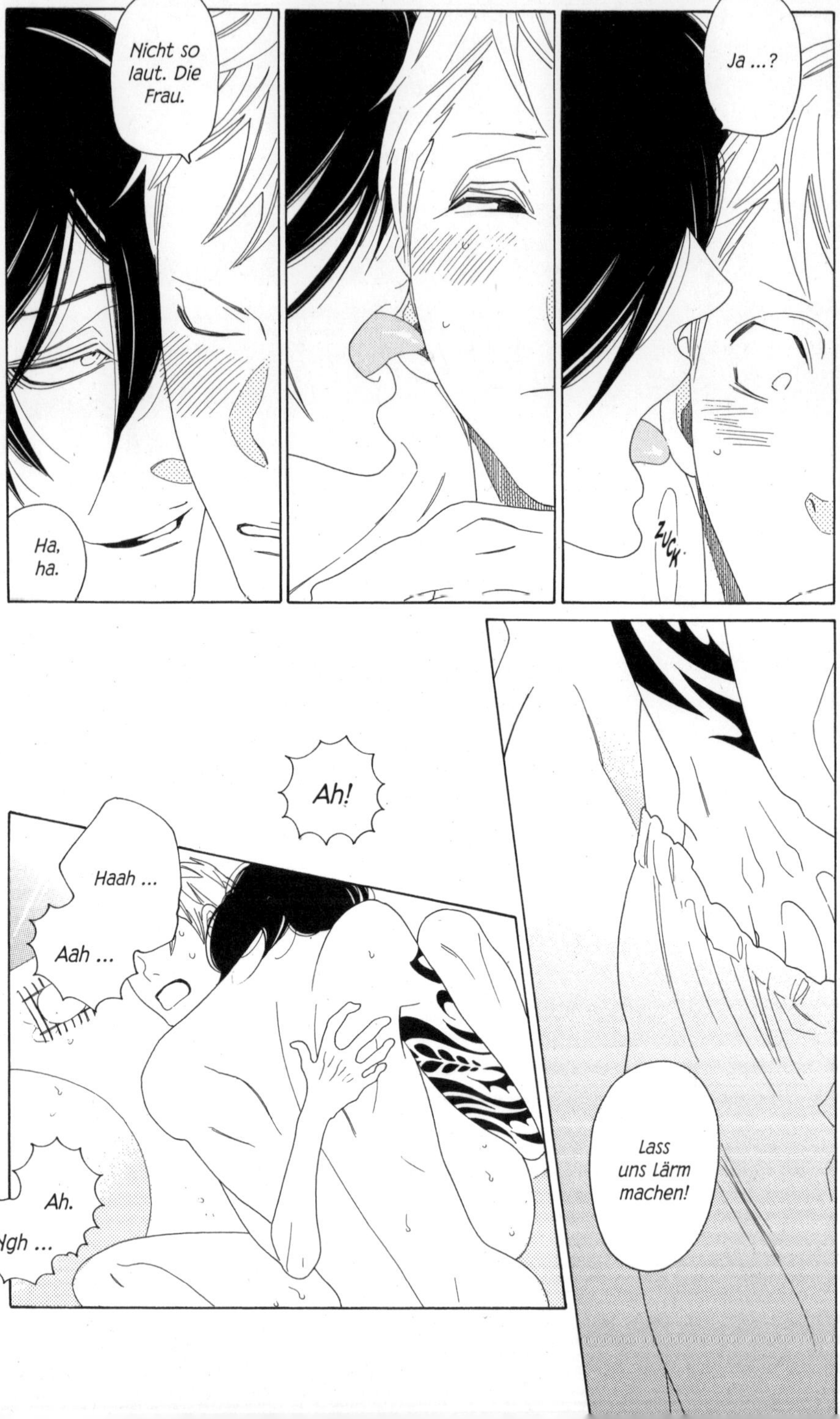
Ja ...?
ZUCK
Nicht so laut. Die Frau.
Ha, ha.
Lass uns Lärm machen!
Ah!
Haaah ...
Aah ...
Ah. Ngh ...

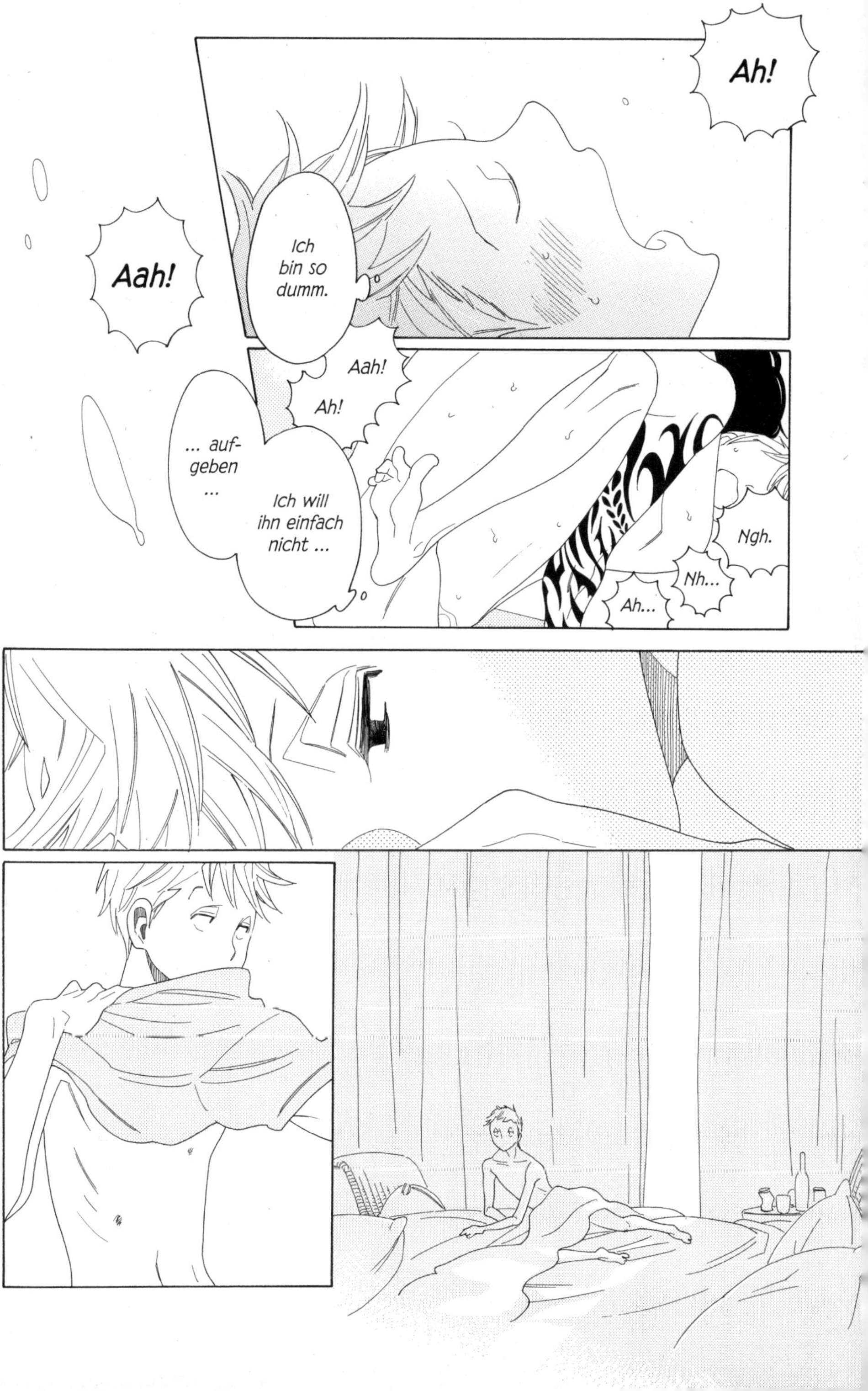
Ah!
Ich bin so dumm.
Aah!
Ngh.
Nh...
Ah...
Aah!
Ah!
Ich will ihn einfach nicht ...
... auf-geben ...

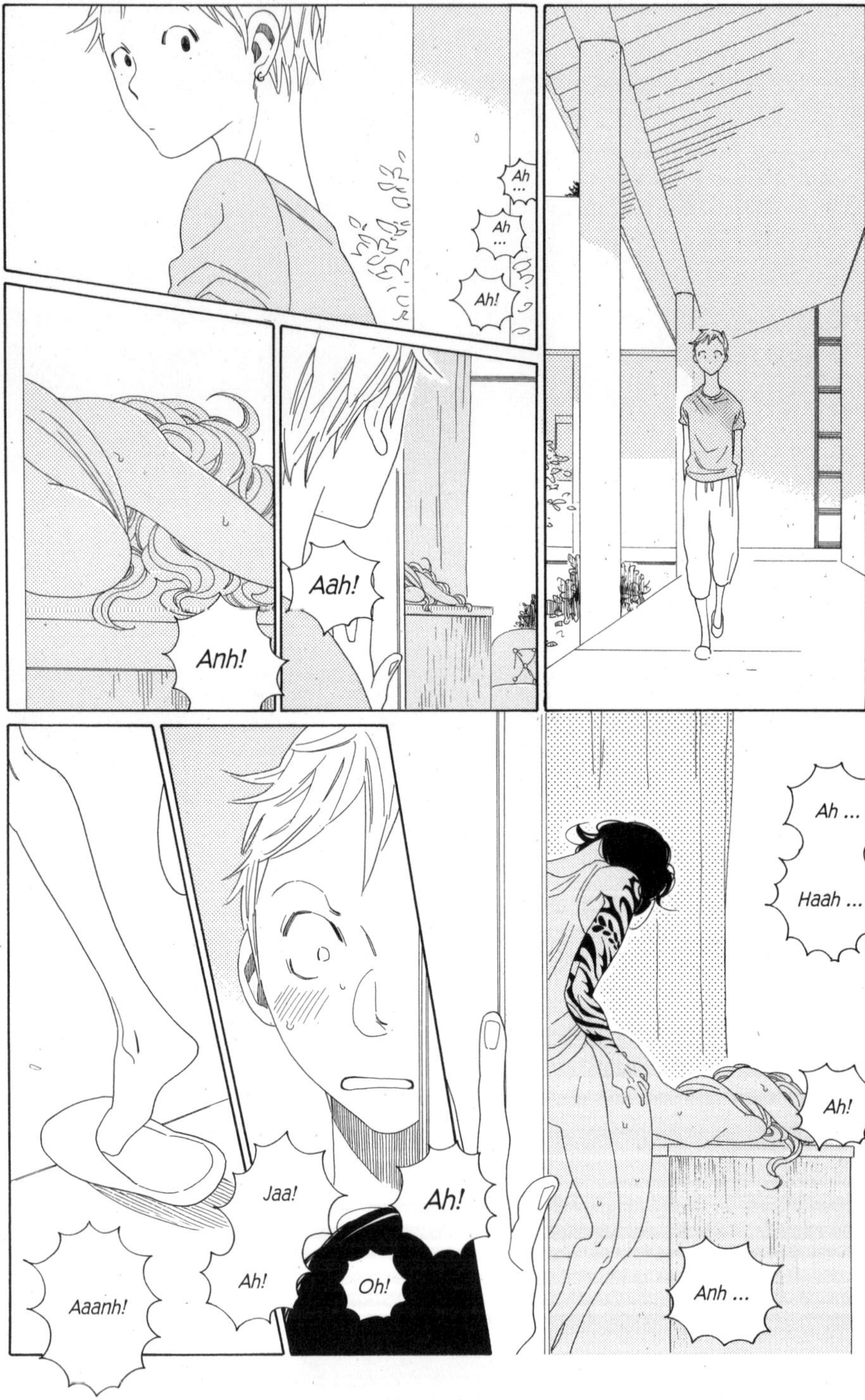
Ah ...
Ah ...
Ah!
Aah!
Anh!
Ah ...
Haah ...
Ah!
Anh ...
Ah!
Jaa!
Oh!
Ah!
Aaanh!

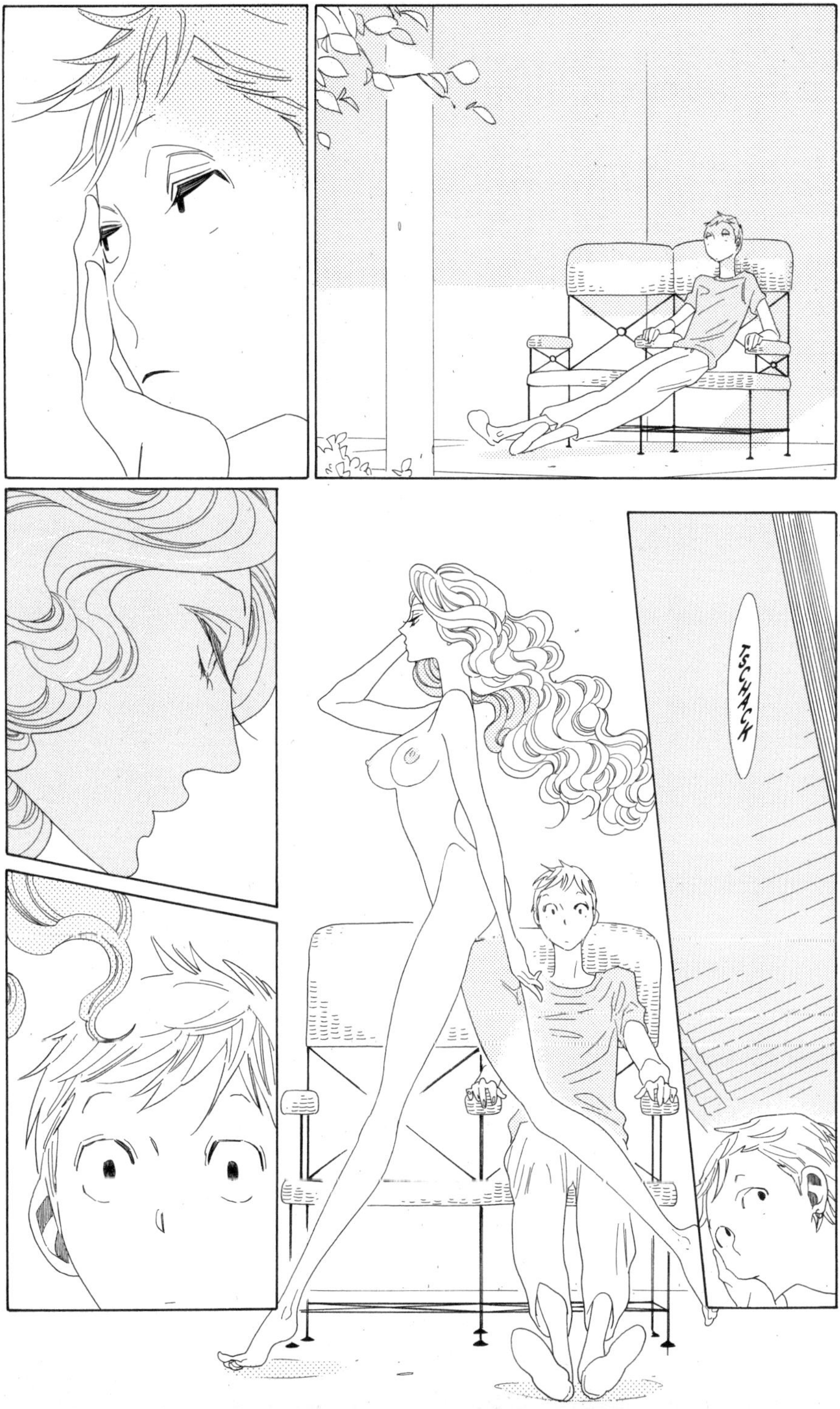
TSCHACK

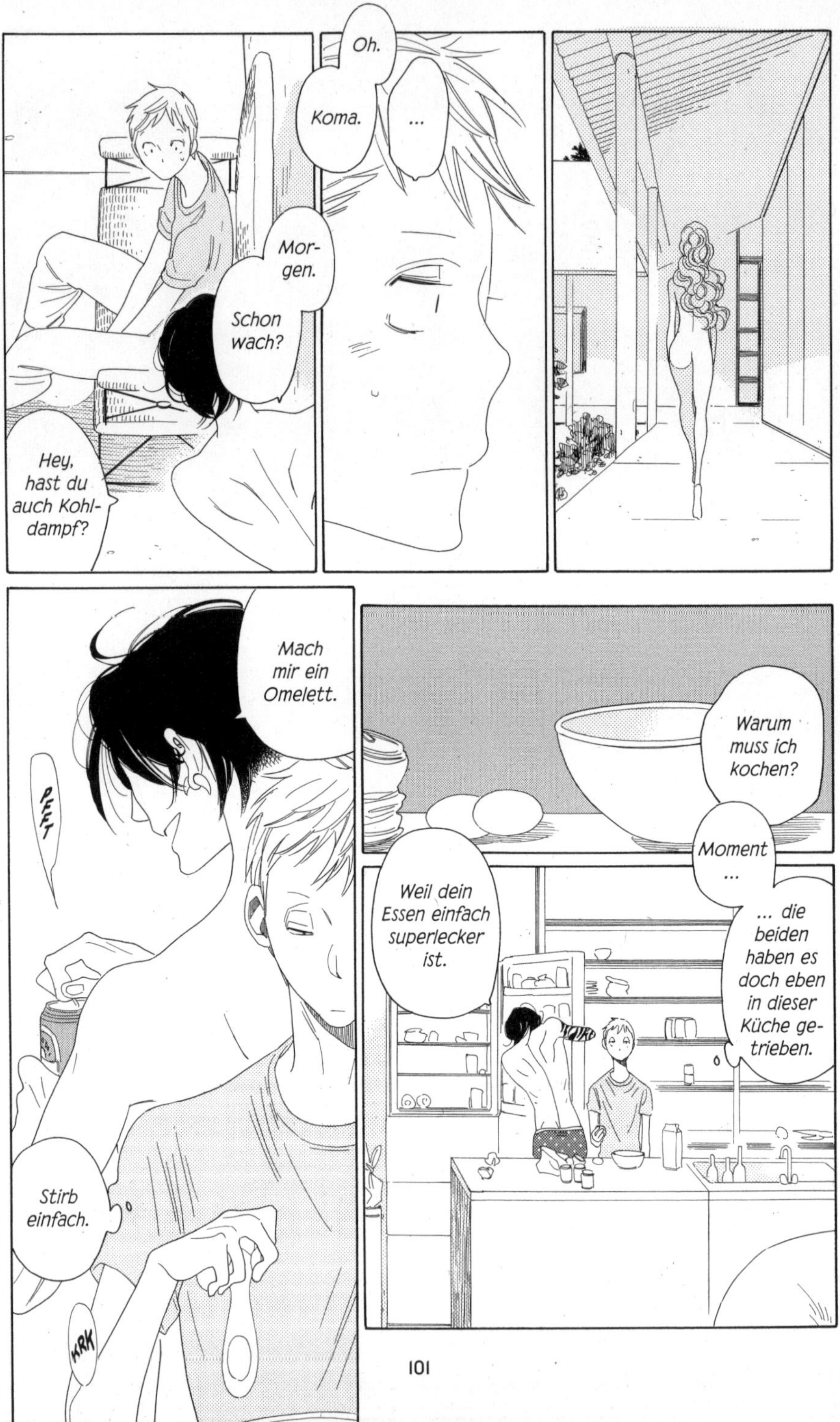
Oh.
Koma.
...
Morgen.
Schon wach?
Hey, hast du auch Kohldampf?
Mach mir ein Omelett.
PFFT
Stirb einfach.
KRK
Warum muss ich kochen?
Weil dein Essen einfach superlecker ist.
Moment ...
... die beiden haben es doch eben in dieser Küche getrieben.

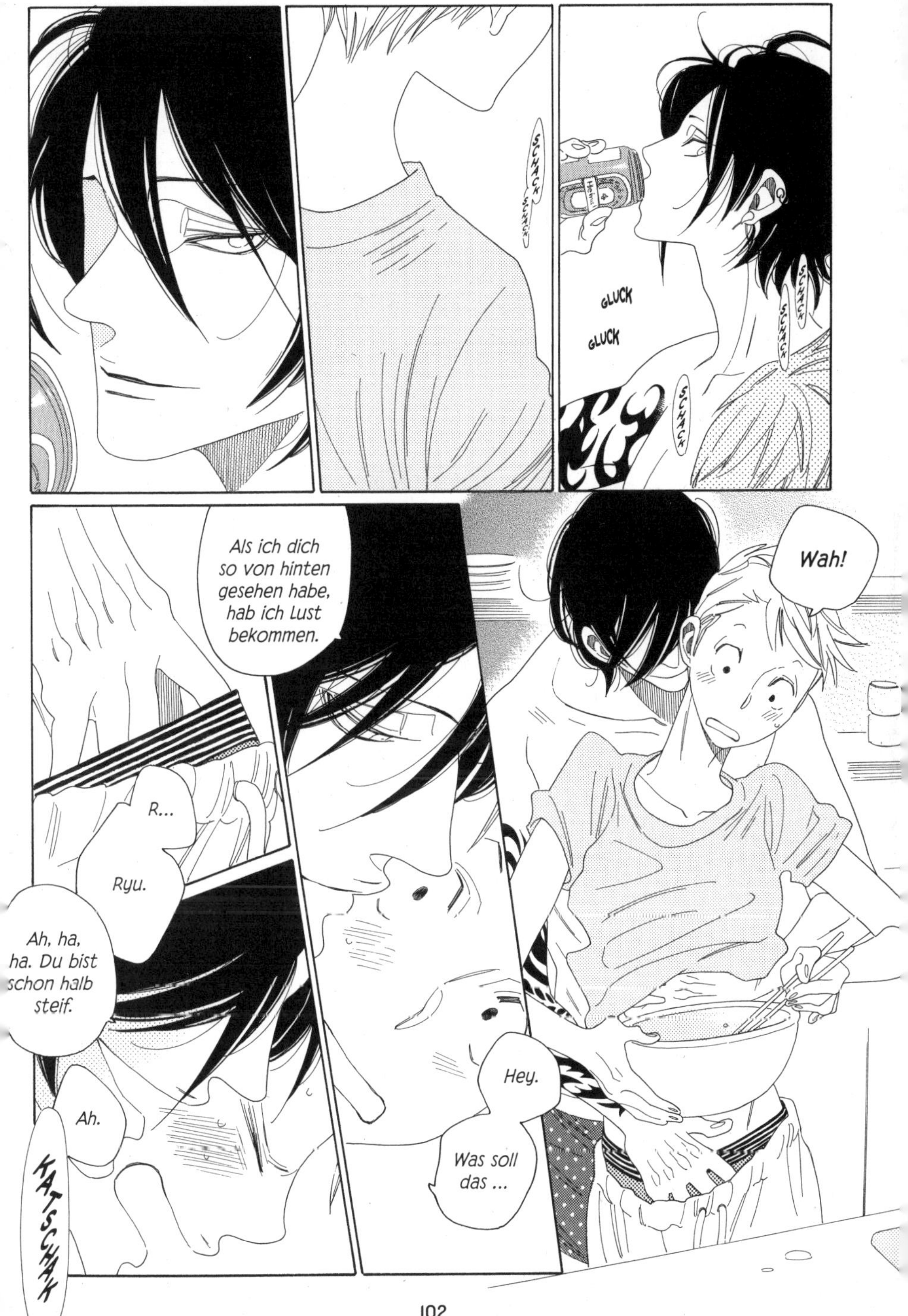
SCHACK
GLUCK
GLUCK
SCHACK
SCHACK
SCHACK
SCHACK
SCHACK
Wah!
Als ich dich so von hinten gesehen habe, hab ich Lust bekommen.
Hey.
Was soll das ...
R...
Ryu.
Ah, ha, ha. Du bist schon halb steif.
Ah.
KATSCHAK

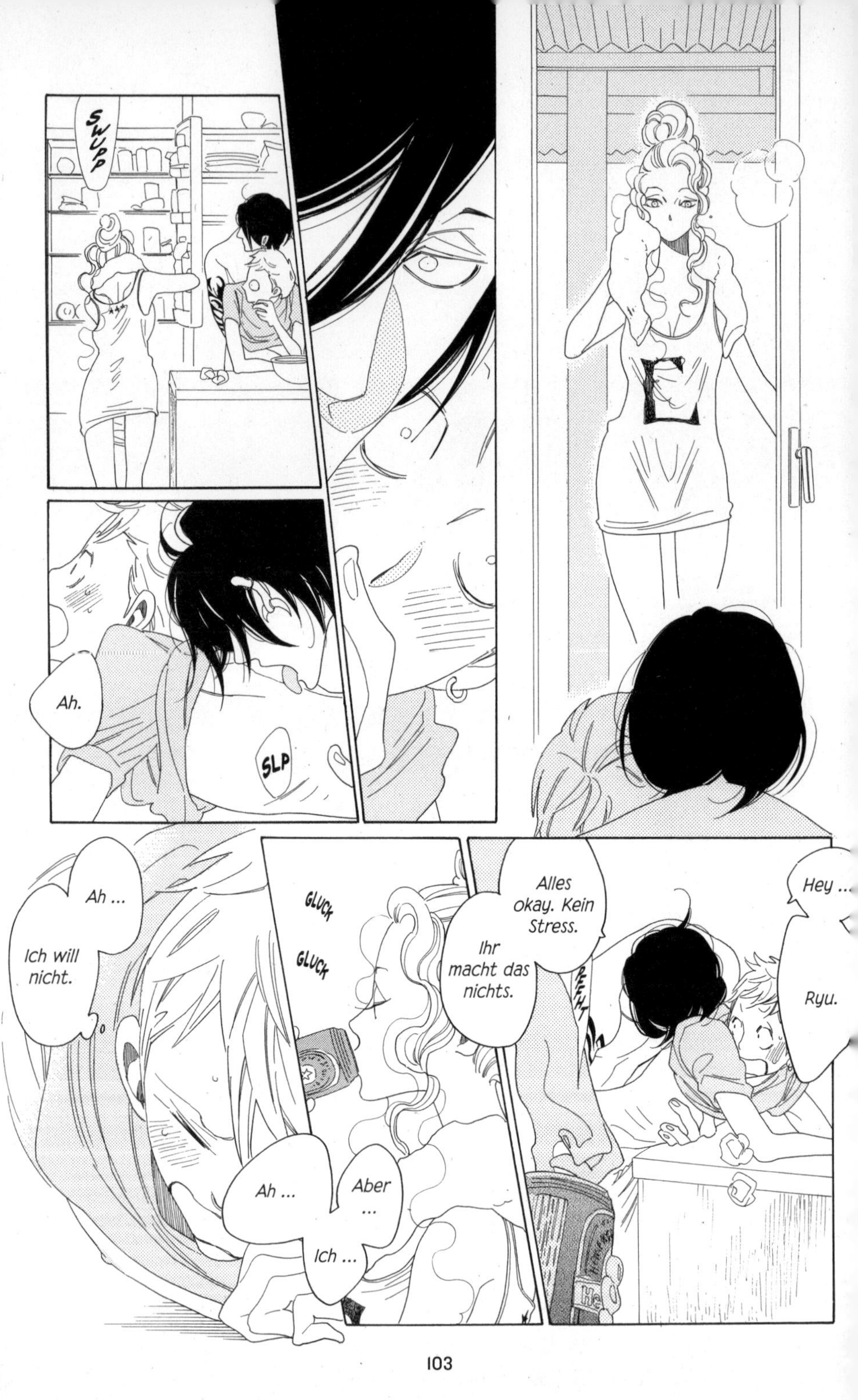
SWUPP
Ah.
SLP
Hey ...
Ryu.
Alles okay. Kein Stress.
Ihr macht das nichts.
GLUCK
GLUCK
Aber ...
Ah ...
Ich ...
Ah ...
Ich will nicht.

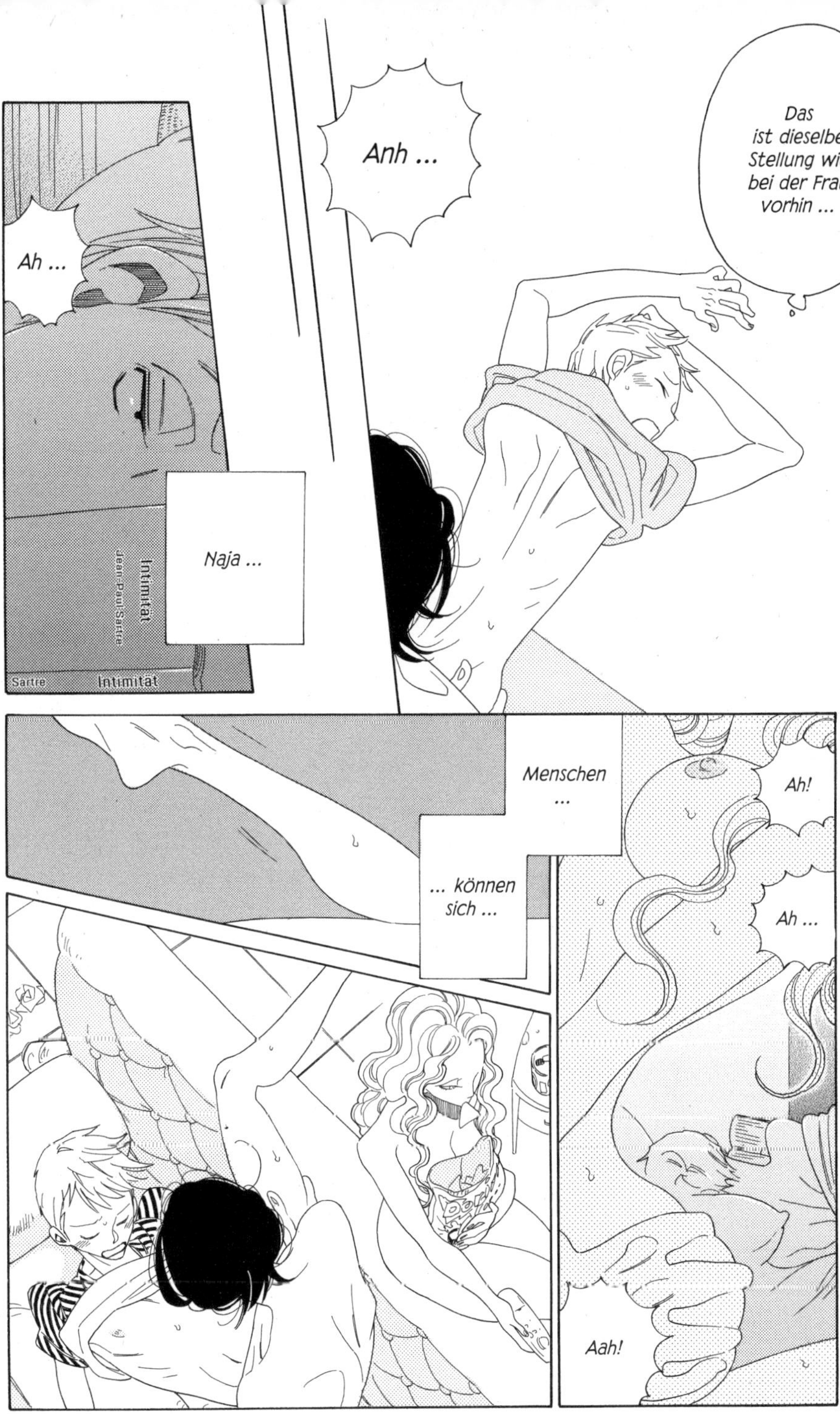
Das ist dieselbe Stellung wie bei der Frau vorhin ...
Anh ...
Ah ...
Naja ...
Intimität
Jean-Paul Sartre
Sartre
Intimität
Ah!
Ah ...
Aah!
Menschen ...
... können sich ...

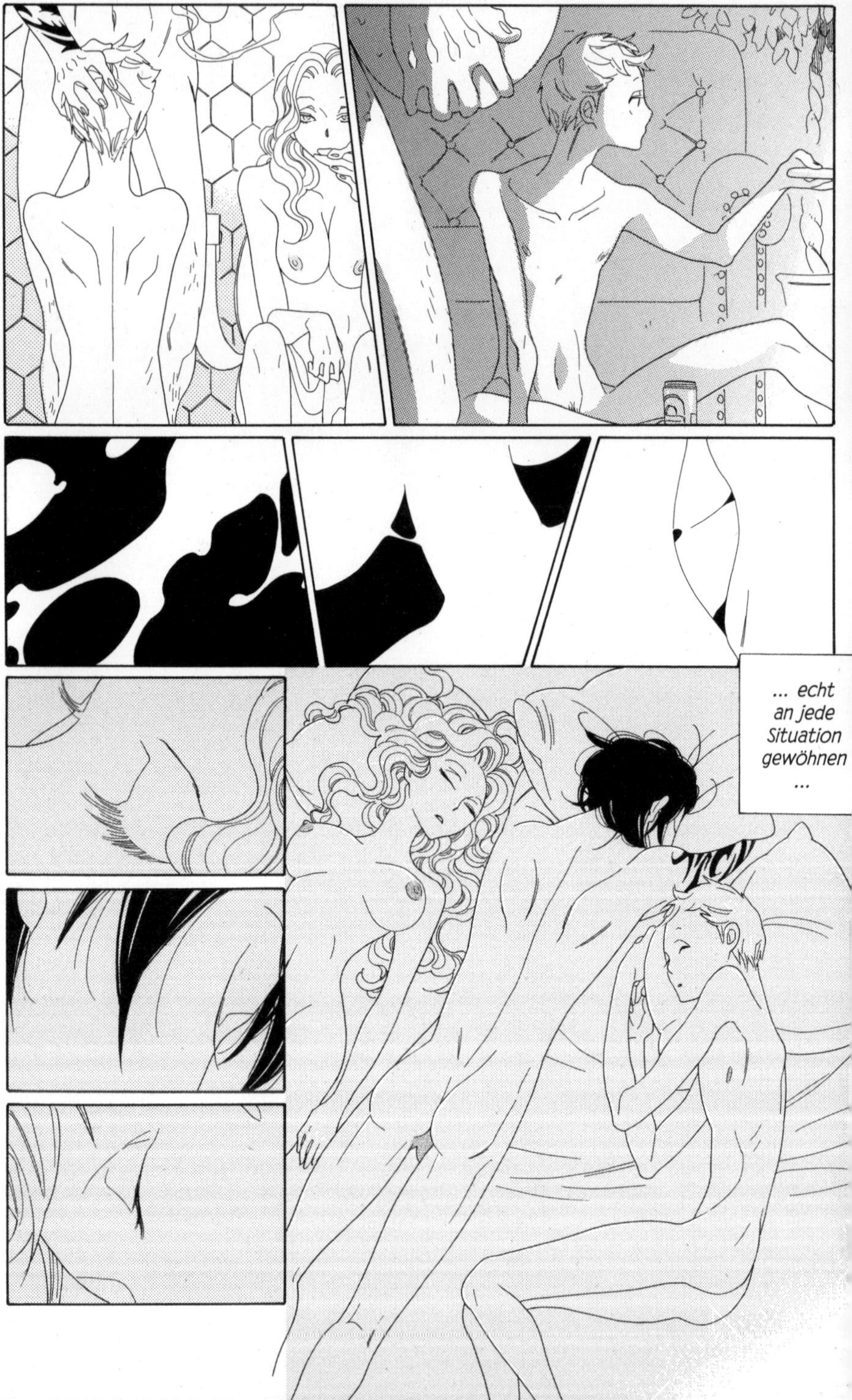
... echt an jede Situation gewöhnen ...

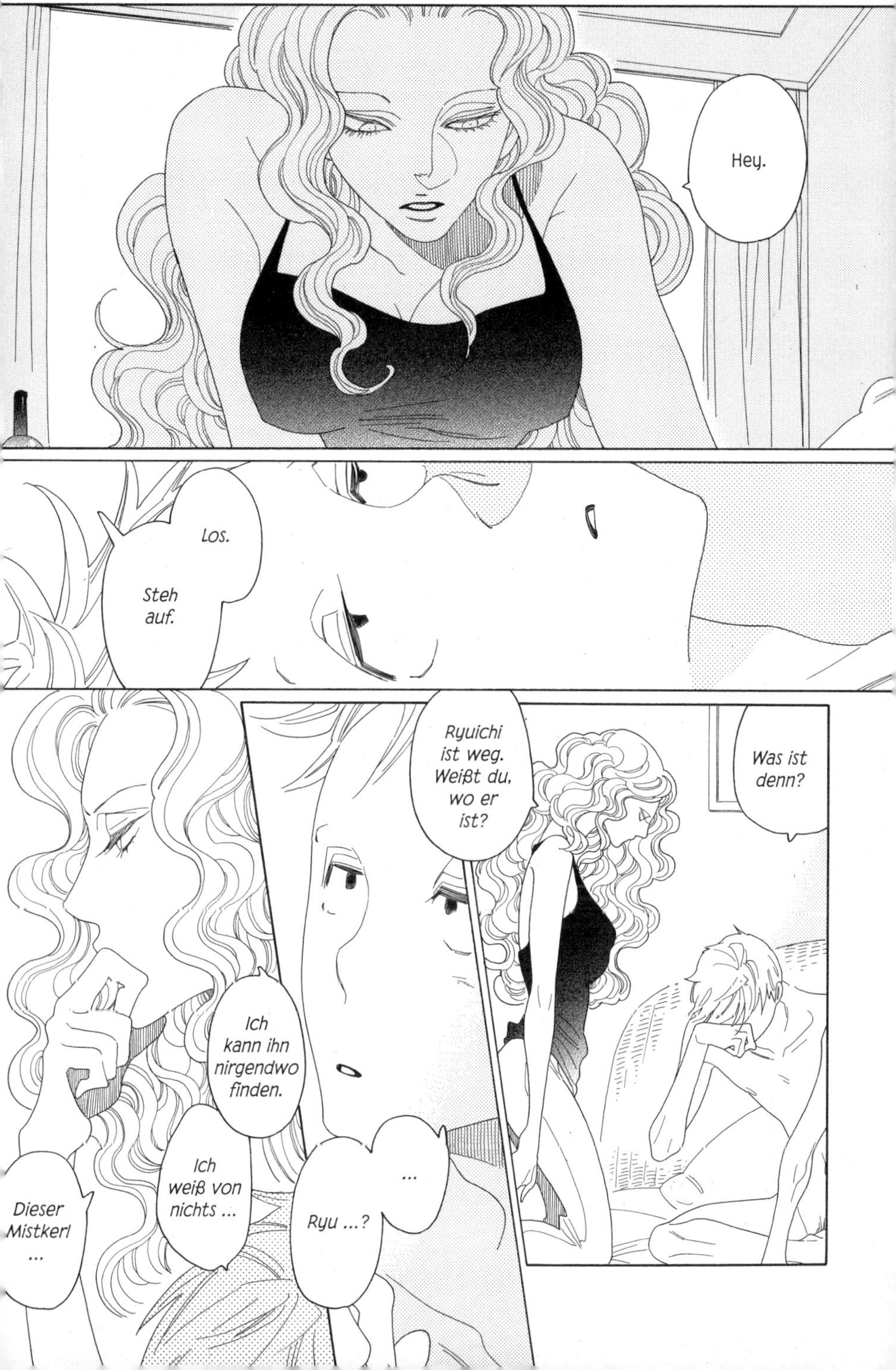
Hey.
Los.
Steh auf.
Was ist denn?
Ryuichi ist weg. Weißt du, wo er ist?
...
Ryu ...?
Ich kann ihn nirgendwo finden.
Ich weiß von nichts ...
Dieser Mistkerl ...

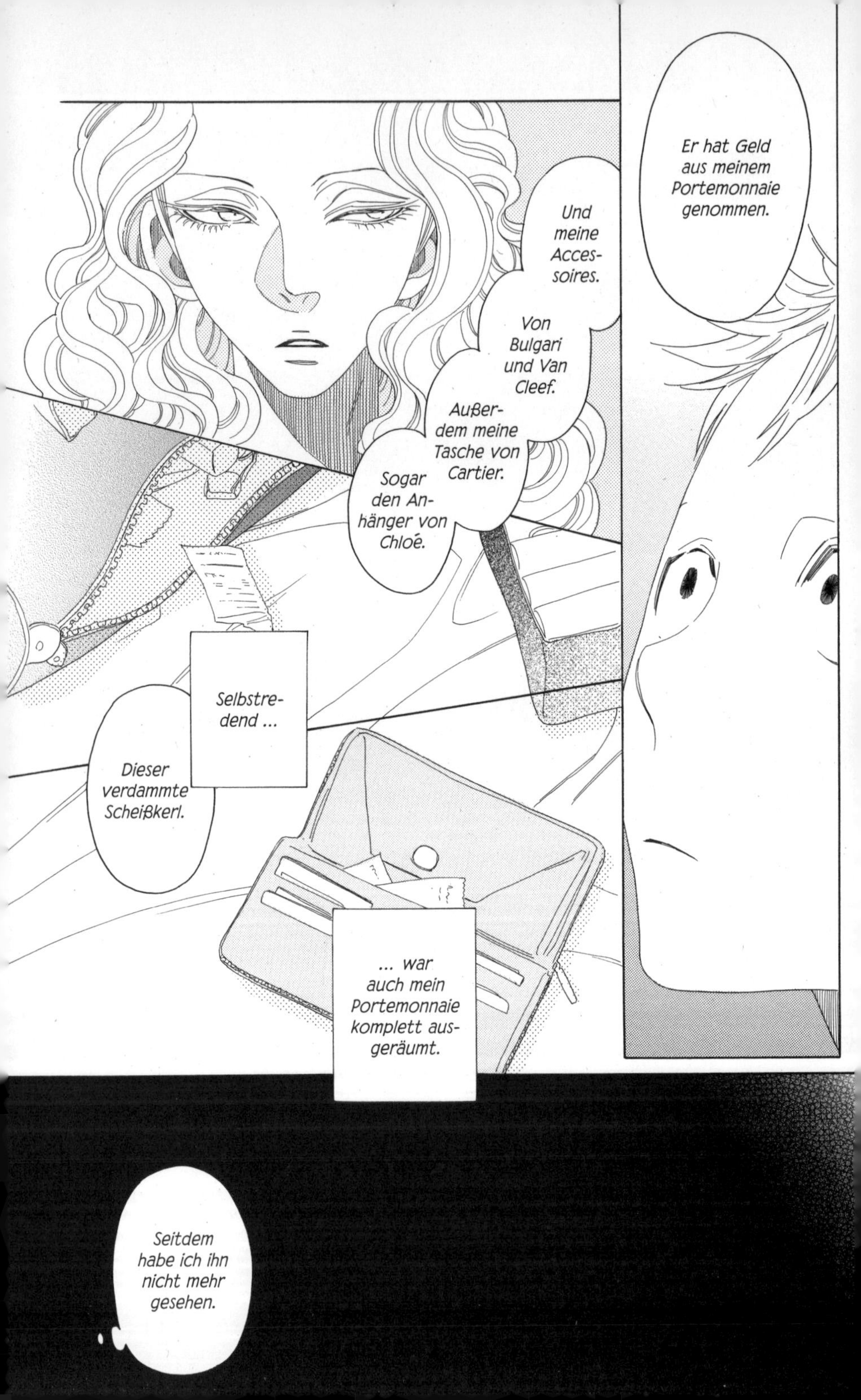
Er hat Geld aus meinem Portemonnaie genommen.
Und meine Accessoires.
Von Bulgari und Van Cleef.
Außerdem meine Tasche von Cartier.
Sogar den Anhänger von Chloé.
Selbstredend ...
Dieser verdammte Scheißkerl.
... war auch mein Portemonnaie komplett ausgeräumt.
Seitdem habe ich ihn nicht mehr gesehen.

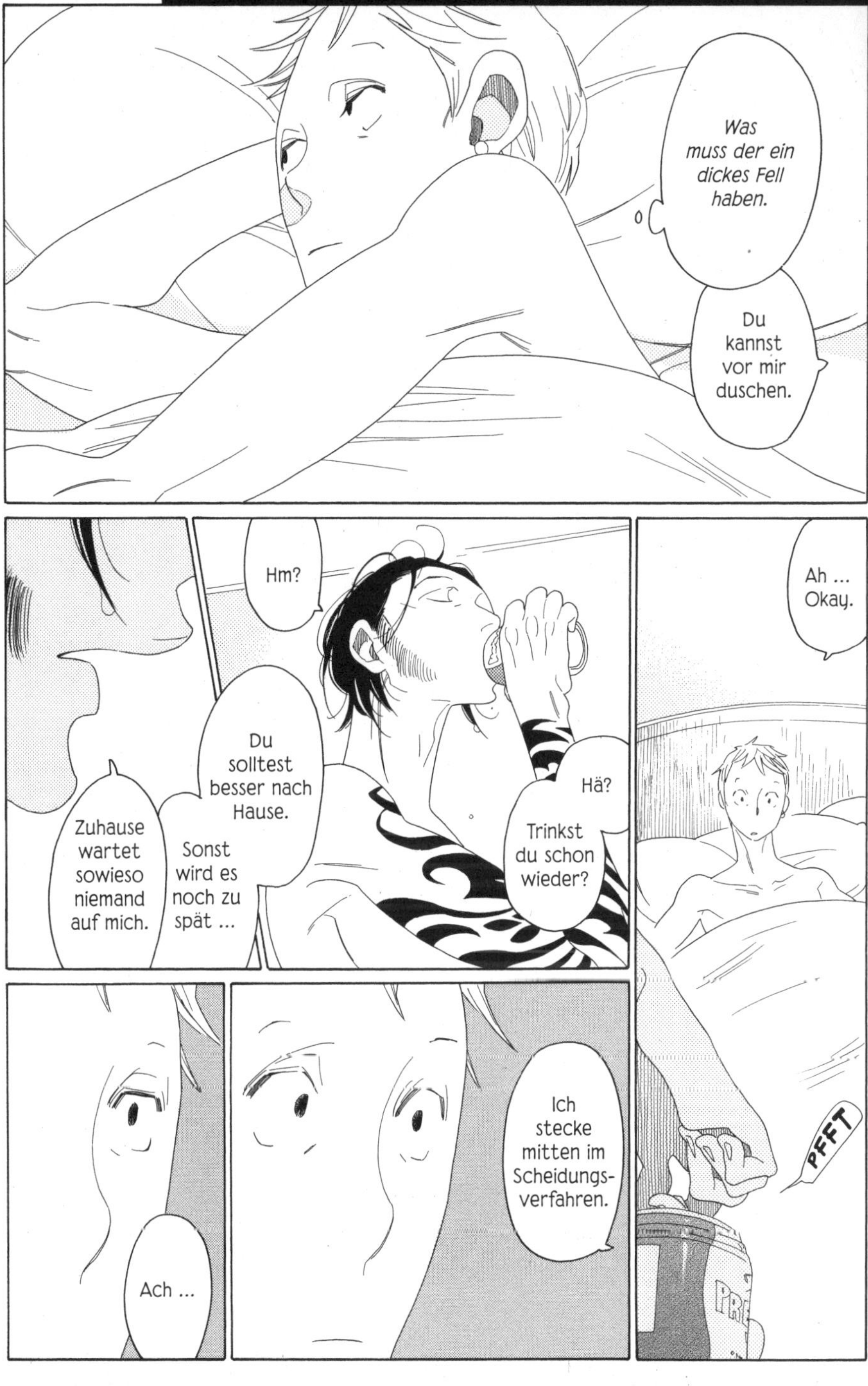
Was muss der ein dickes Fell haben.
Du kannst vor mir duschen.
Ah ... Okay.
PFFT
Hä? Trinkst du schon wieder?
Hm?
Du solltest besser nach Hause.
Sonst wird es noch zu spät ...
Zuhause wartet sowieso niemand auf mich.
Ich stecke mitten im Scheidungsverfahren.
Ach ...

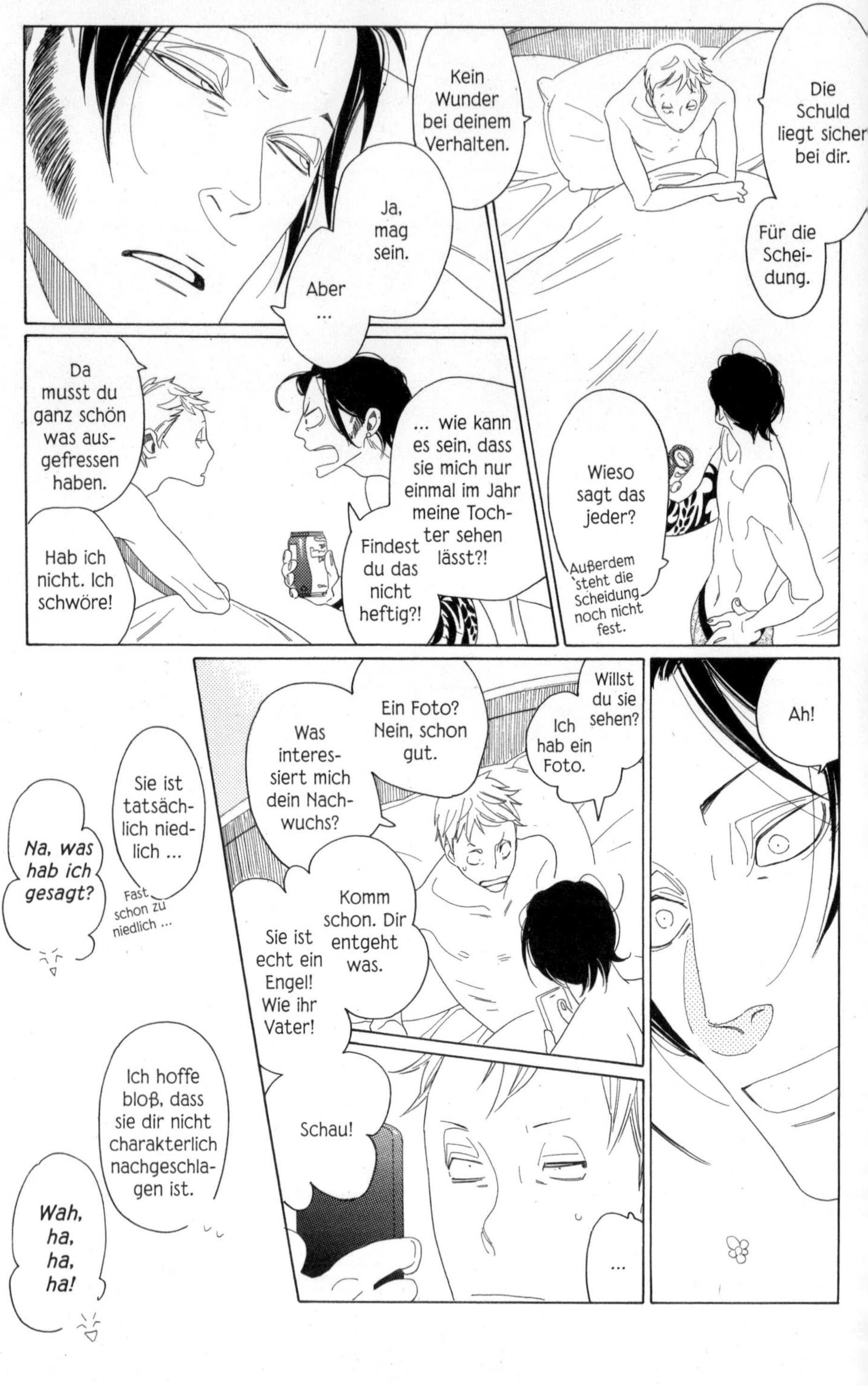
Die Schuld liegt sicher bei dir.
Für die Scheidung.
Kein Wunder bei deinem Verhalten.
Ja, mag sein.
Aber ...
Wieso sagt das jeder?
Außerdem steht die Scheidung noch nicht fest.
... wie kann es sein, dass sie mich nur einmal im Jahr meine Tochter sehen lässt?!
Findest du das nicht heftig?!
Da musst du ganz schön was ausgefressen haben.
Hab ich nicht. Ich schwöre!
Ah!
Willst du sie sehen?
Ich hab ein Foto.
Ein Foto? Nein, schon gut.
Was interessiert mich dein Nachwuchs?
Komm schon. Dir entgeht was.
Sie ist echt ein Engel! Wie ihr Vater!
Schau!
...
Sie ist tatsächlich niedlich ...
Fast schon zu niedlich ...
Na, was hab ich gesagt?
Ich hoffe bloß, dass sie dir nicht charakterlich nachgeschlagen ist.
Wah, ha, ha, ha!

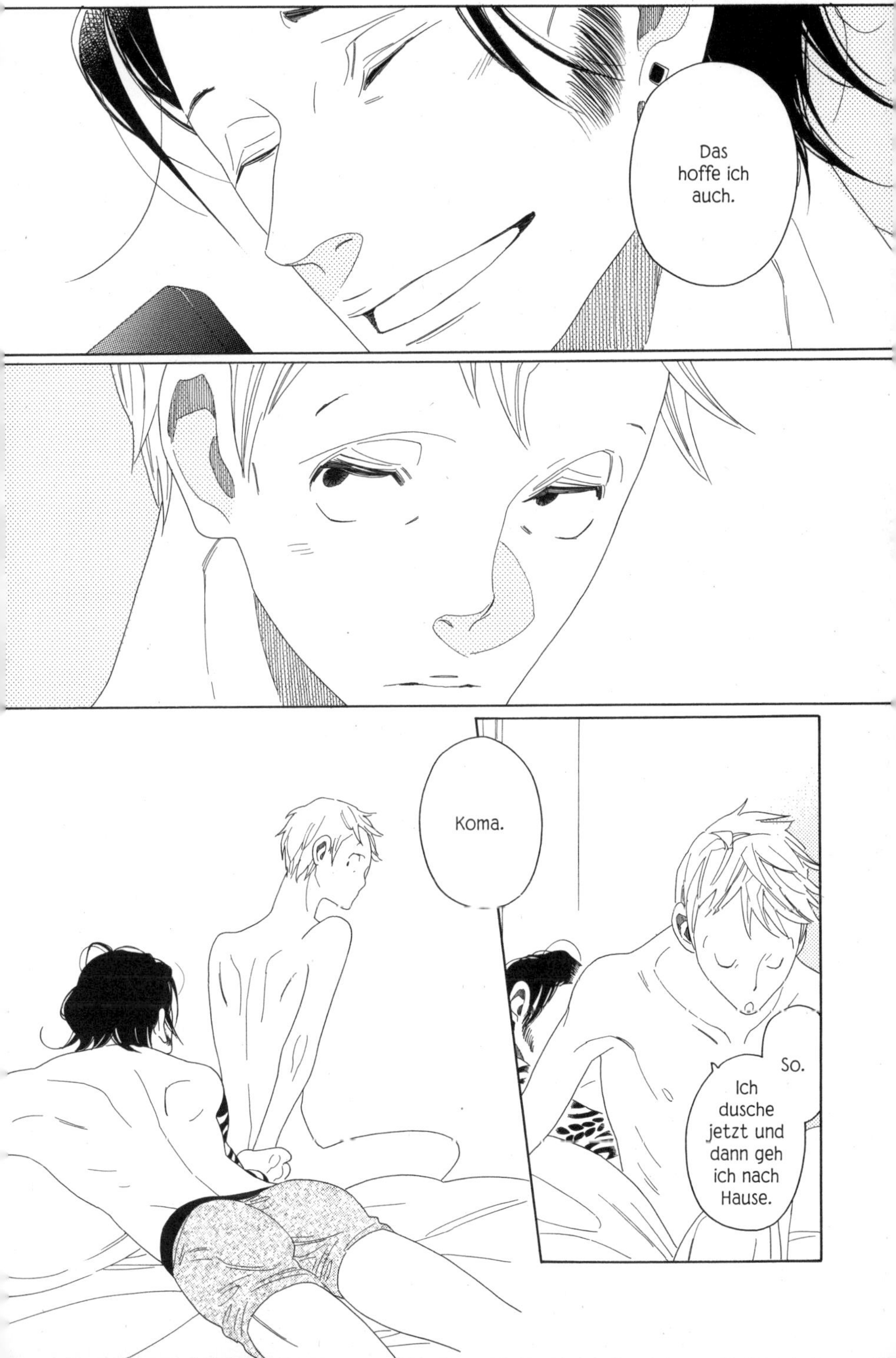
Das hoffe ich auch.
So.
Ich dusche jetzt und dann geh ich nach Hause.
Koma.

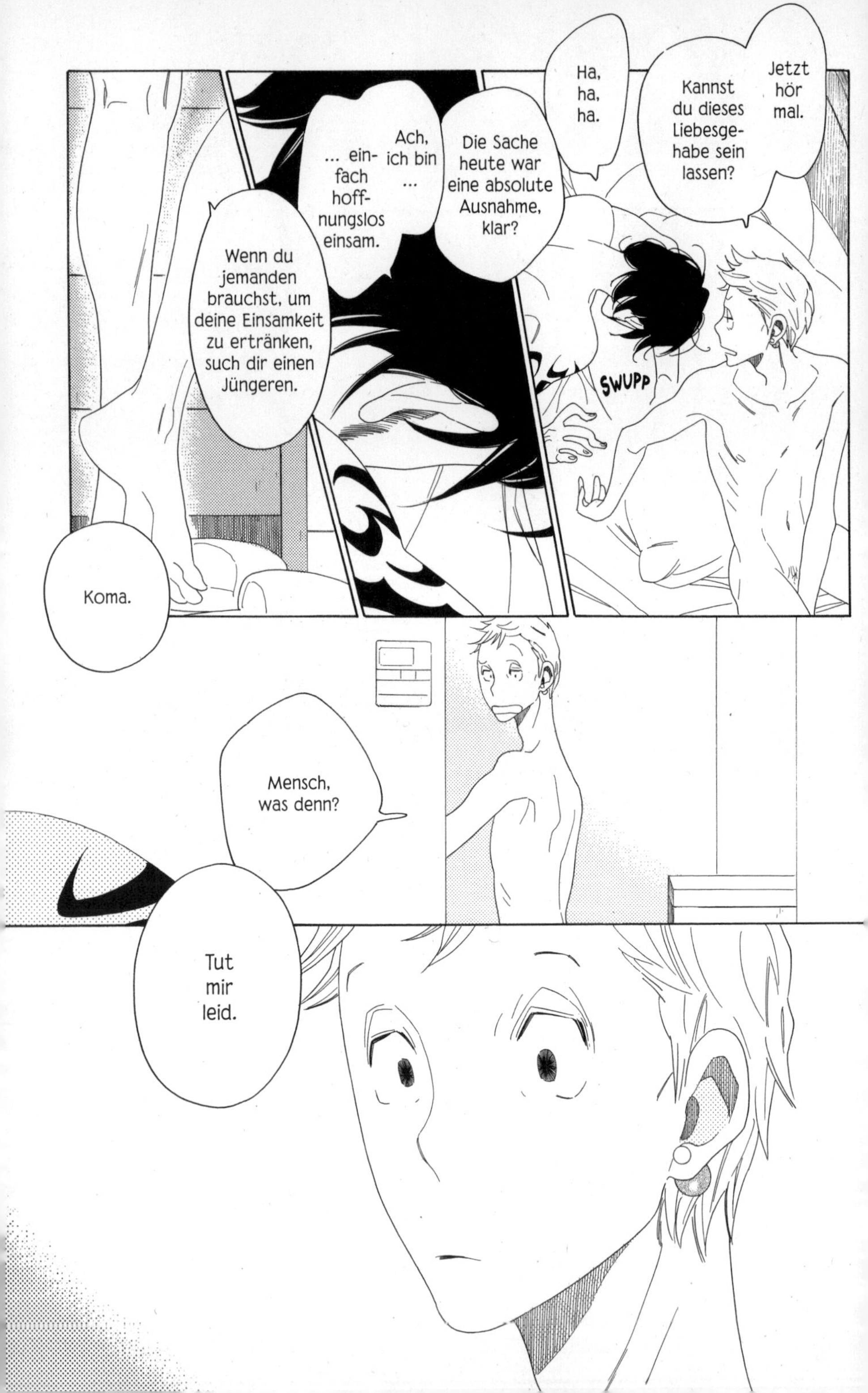

Jetzt hör mal.
Kannst du dieses Liebesgehabe sein lassen?
Ha, ha, ha.
Die Sache heute war eine absolute Ausnahme, klar?
SWUPP
Ach, ich bin ...
... einfach hoffnungslos einsam.
Wenn du jemanden brauchst, um deine Einsamkeit zu ertränken, such dir einen Jüngeren.
Koma.
Mensch, was denn?
Tut mir leid.

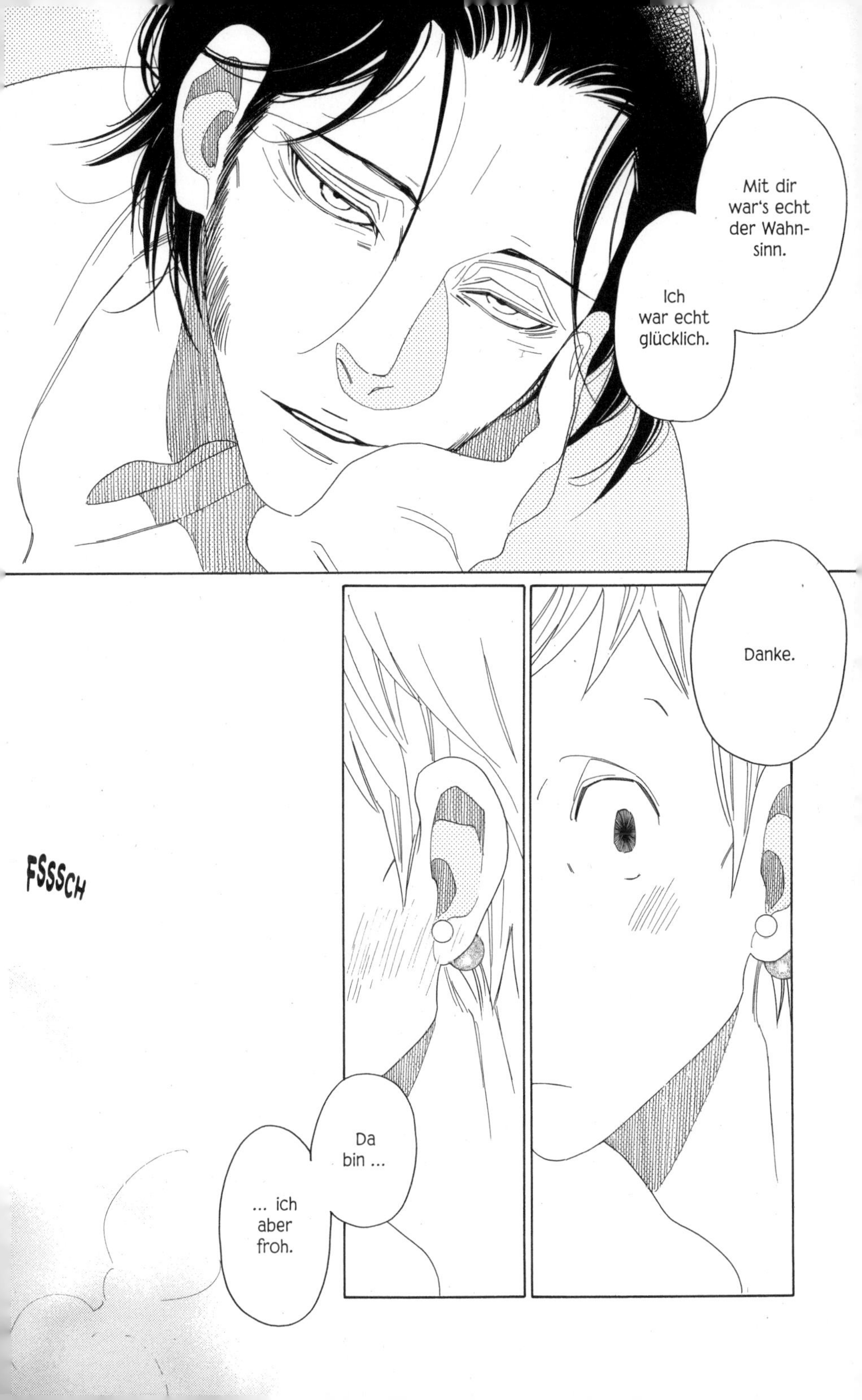

Mit dir war's echt der Wahnsinn.
Ich war echt glücklich.
Danke.
FSSSCH
Da bin ...
... ich aber froh.

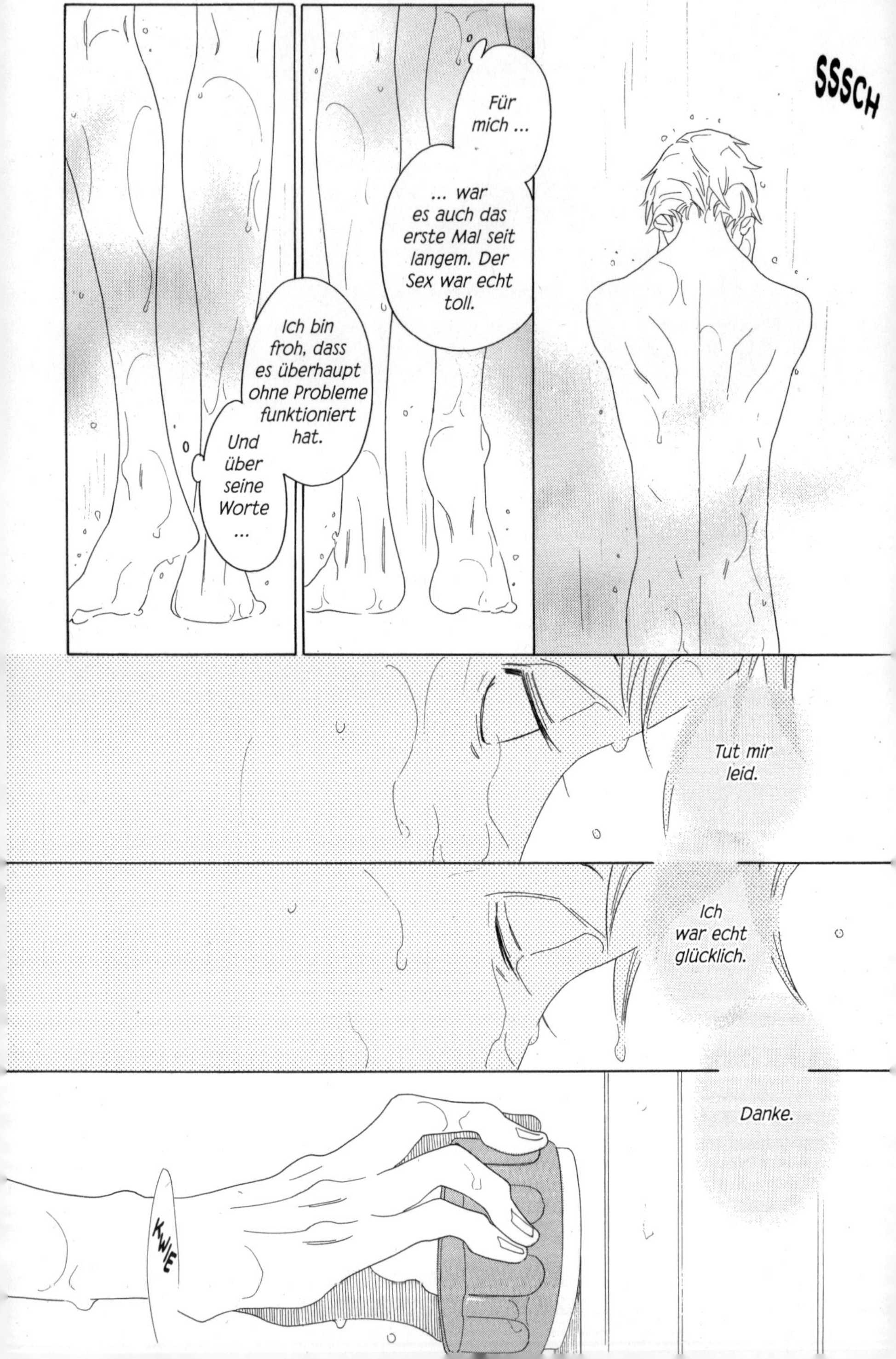
SSSCH
Für mich ...
... war es auch das erste Mal seit langem. Der Sex war echt toll.
Ich bin froh, dass es überhaupt ohne Probleme funktioniert hat.
Und über seine Worte ...
Tut mir leid.
Ich war echt glücklich.
Danke.
KWIE

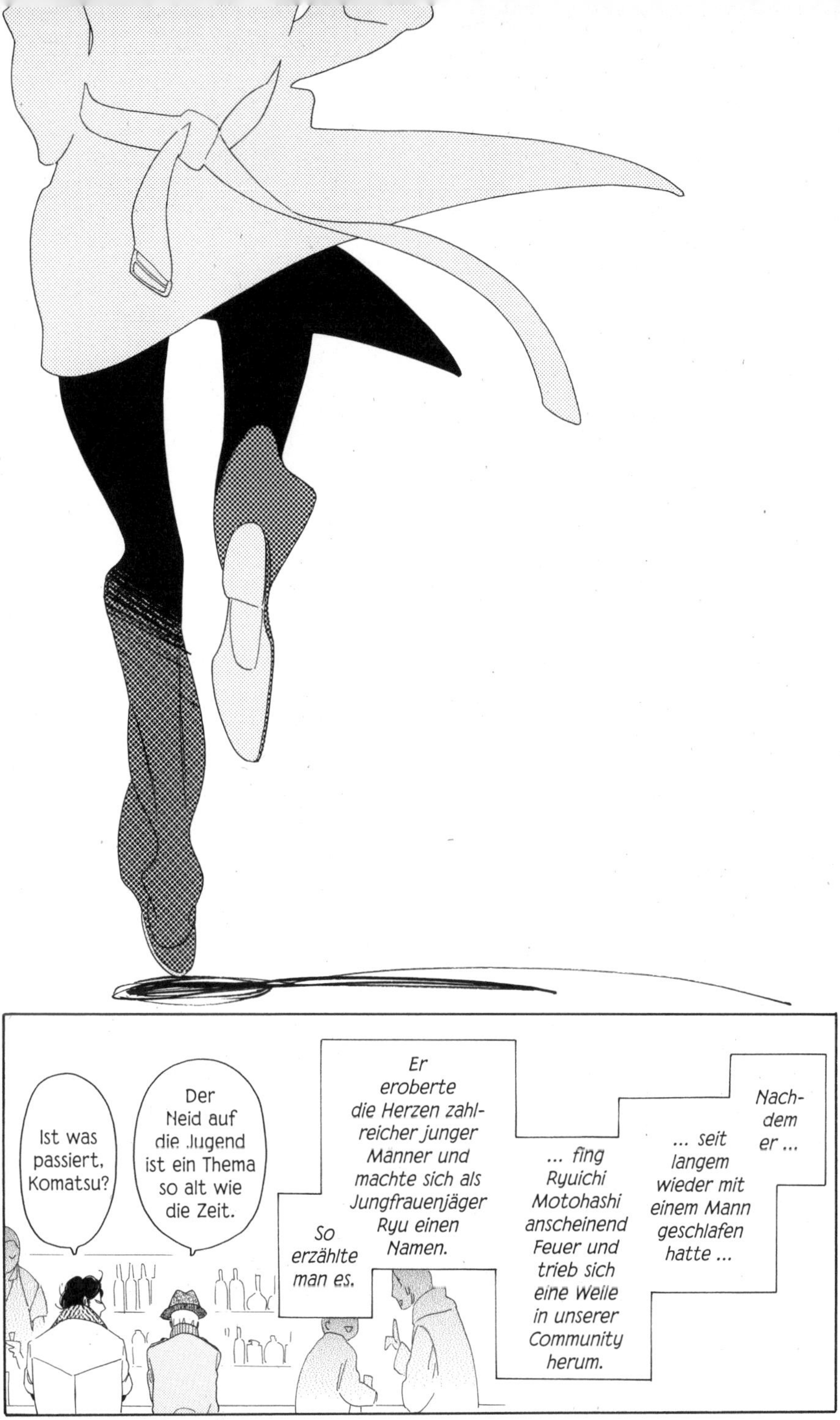

◆ Dou sou sei – #3 – Ende ◆

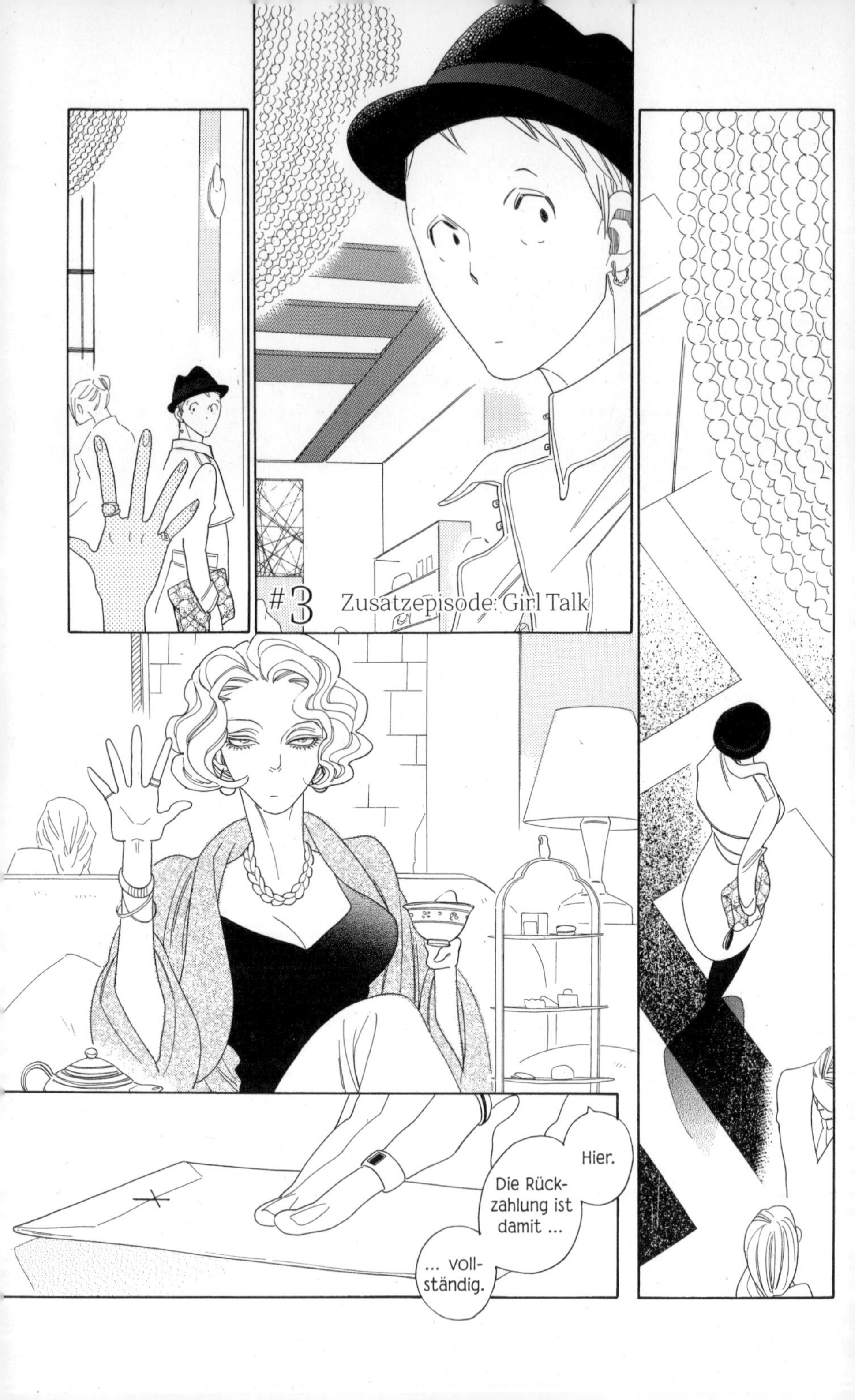
#3 Zusatzepisode: Girl Talk
Hier.
Die Rückzahlung ist damit ...
... vollständig.

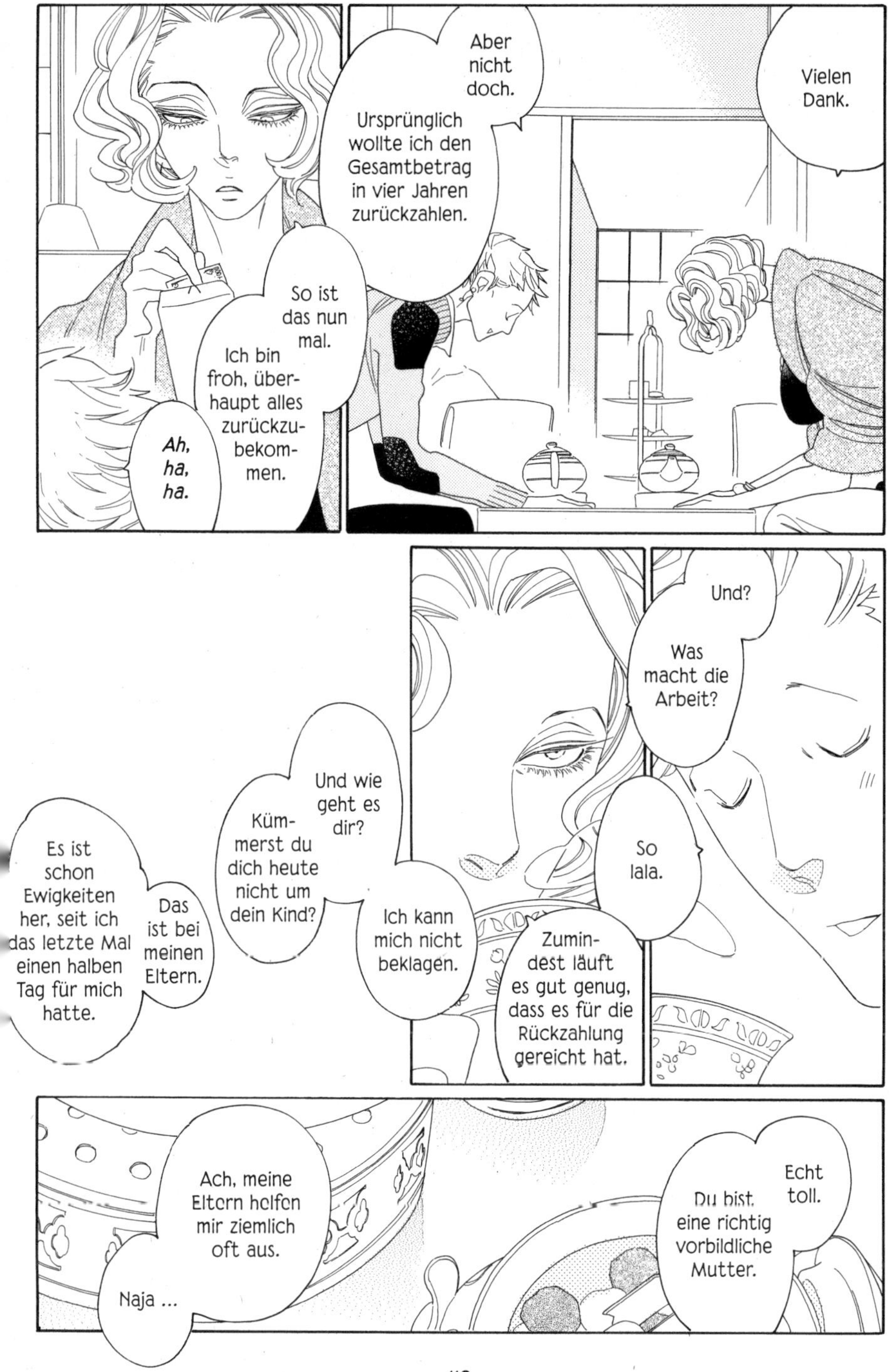
Vielen Dank.
Aber nicht doch.
Ursprünglich wollte ich den Gesamtbetrag in vier Jahren zurückzahlen.
So ist das nun mal.
Ich bin froh, überhaupt alles zurückzubekommen.
Ah, ha, ha.
Und?
Was macht die Arbeit?
So lala.
Zumindest läuft es gut genug, dass es für die Rückzahlung gereicht hat.
Ich kann mich nicht beklagen.
Und wie geht es dir?
Kümmerst du dich heute nicht um dein Kind?
Das ist bei meinen Eltern.
Es ist schon Ewigkeiten her, seit ich das letzte Mal einen halben Tag für mich hatte.
Echt toll.
Du bist eine richtig vorbildliche Mutter.
Ach, meine Eltern helfen mir ziemlich oft aus.
Naja ...

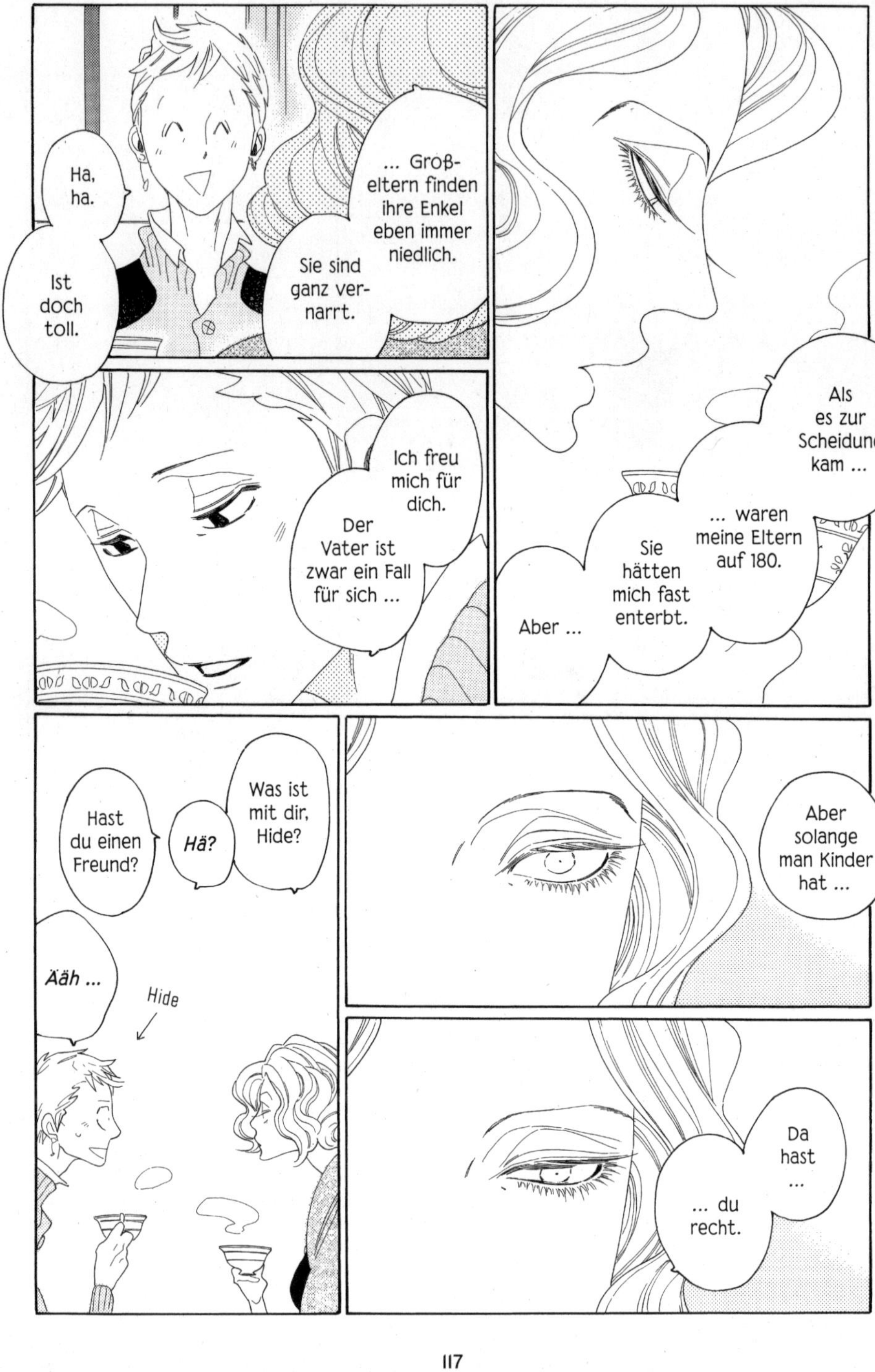

... Groß-eltern finden ihre Enkel eben immer niedlich.
Sie sind ganz ver-narrt.
Ha, ha.
Ist doch toll.
Ich freu mich für dich.
Der Vater ist zwar ein Fall für sich ...
Als es zur Scheidung kam ...
... waren meine Eltern auf 180.
Sie hätten mich fast enterbt.
Aber ...
Aber solange man Kinder hat ...
Da hast ...
... du recht.
Was ist mit dir, Hide?
Hä?
Hast du einen Freund?
Ääh ...
Hide

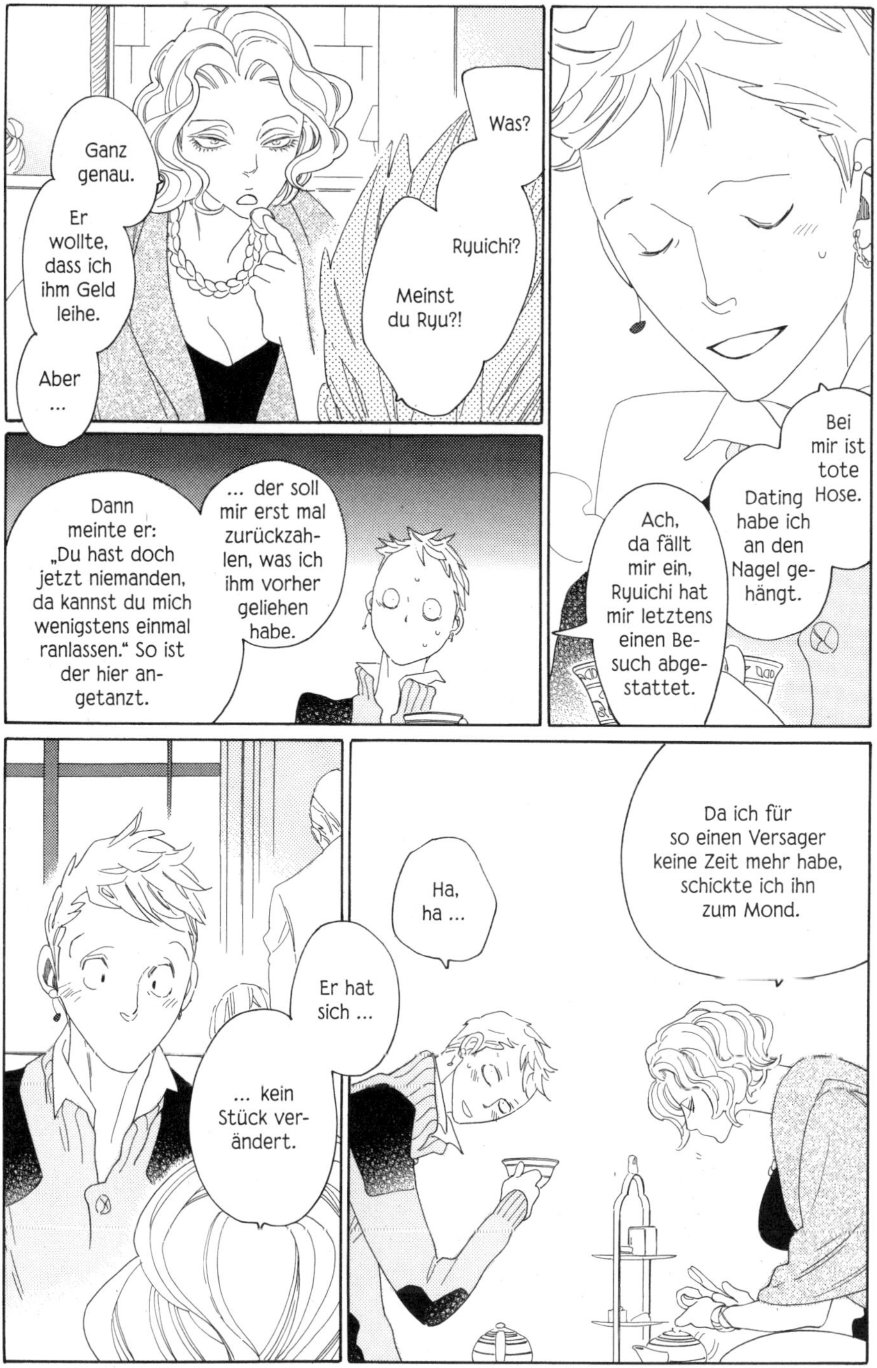
Bei mir ist tote Hose.
Dating habe ich an den Nagel gehängt.
Ach, da fällt mir ein, Ryuichi hat mir letztens einen Besuch abgestattet.
Was?
Ryuichi?
Meinst du Ryu?!
Ganz genau.
Er wollte, dass ich ihm Geld leihe.
Aber ...
... der soll mir erst mal zurückzahlen, was ich ihm vorher geliehen habe.
Dann meinte er: „Du hast doch jetzt niemanden, da kannst du mich wenigstens einmal ranlassen.“ So ist der hier angetanzt.
Da ich für so einen Versager keine Zeit mehr habe, schickte ich ihn zum Mond.
Ha, ha ...
Er hat sich ...
... kein Stück verändert.

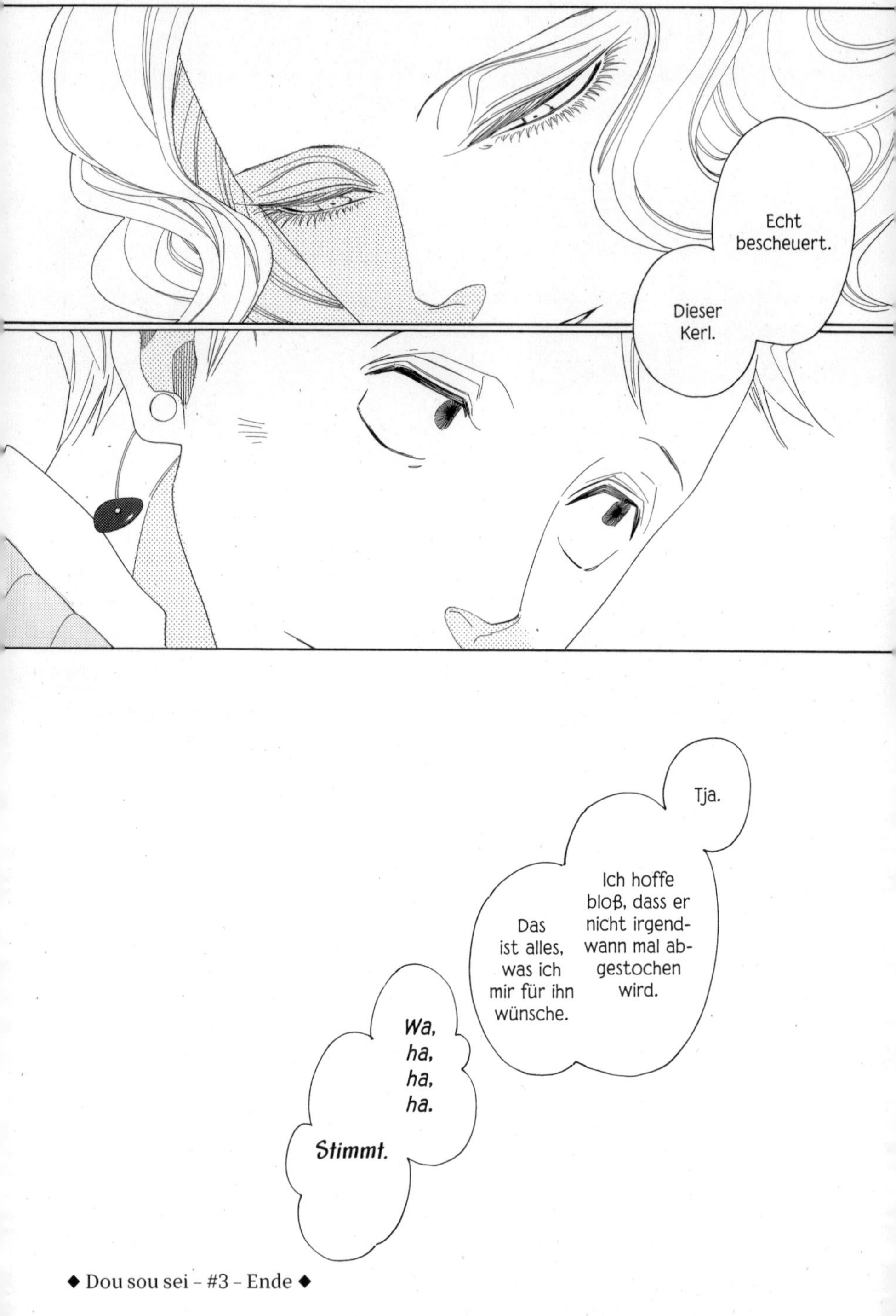

◆ Dou sou sei – #3 – Ende ◆

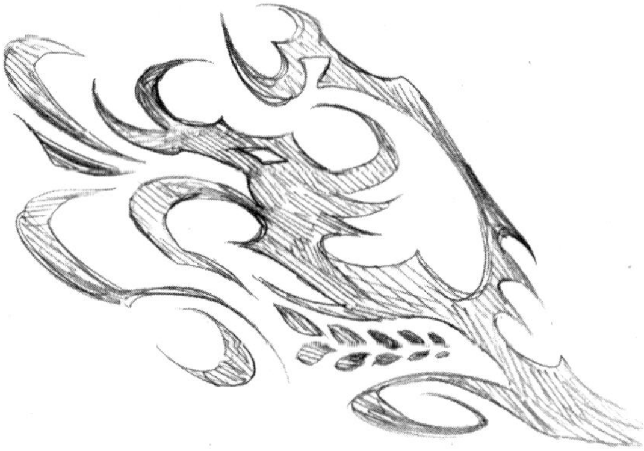

#3.5 Kusakabe und Sajo

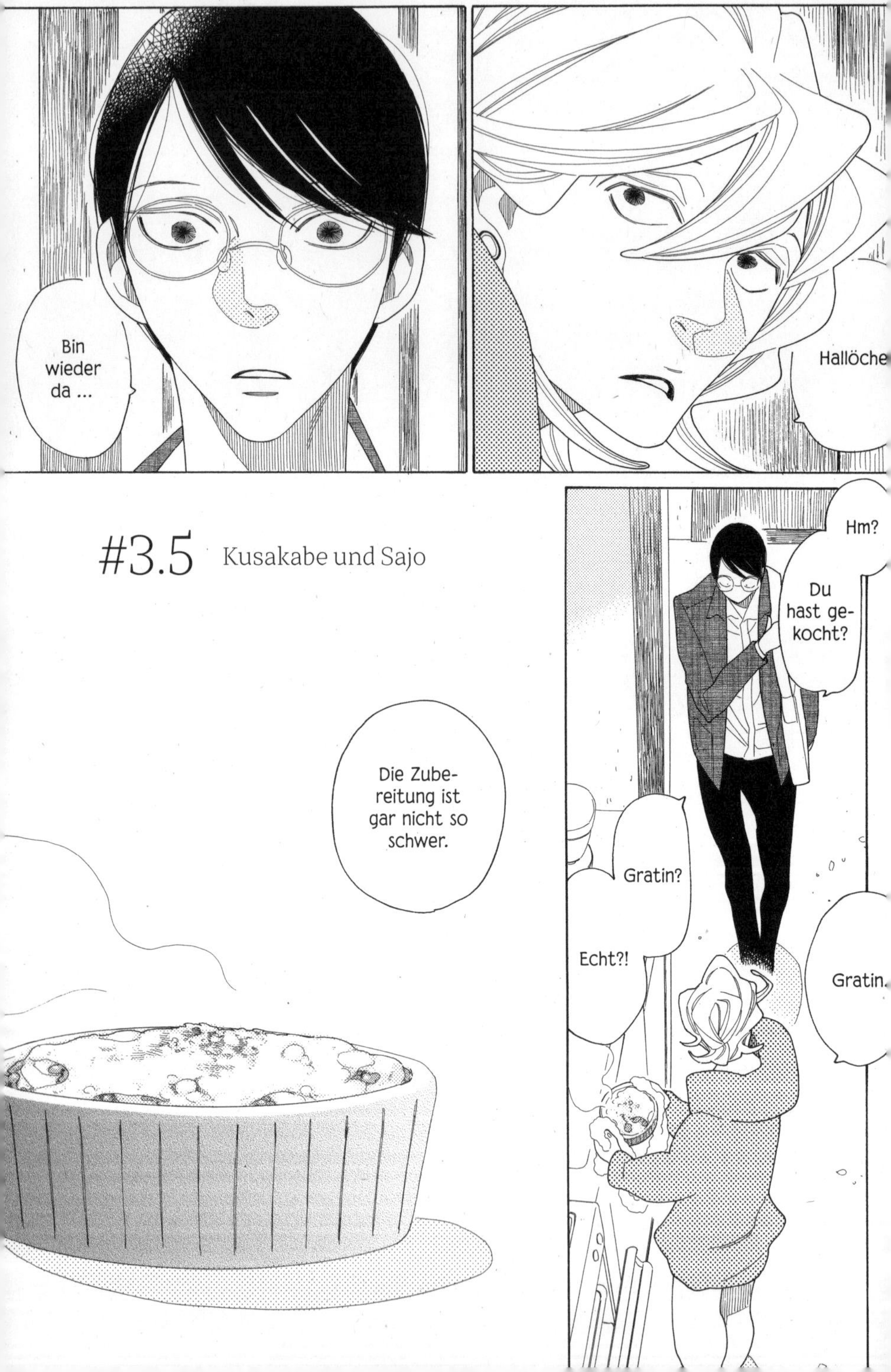

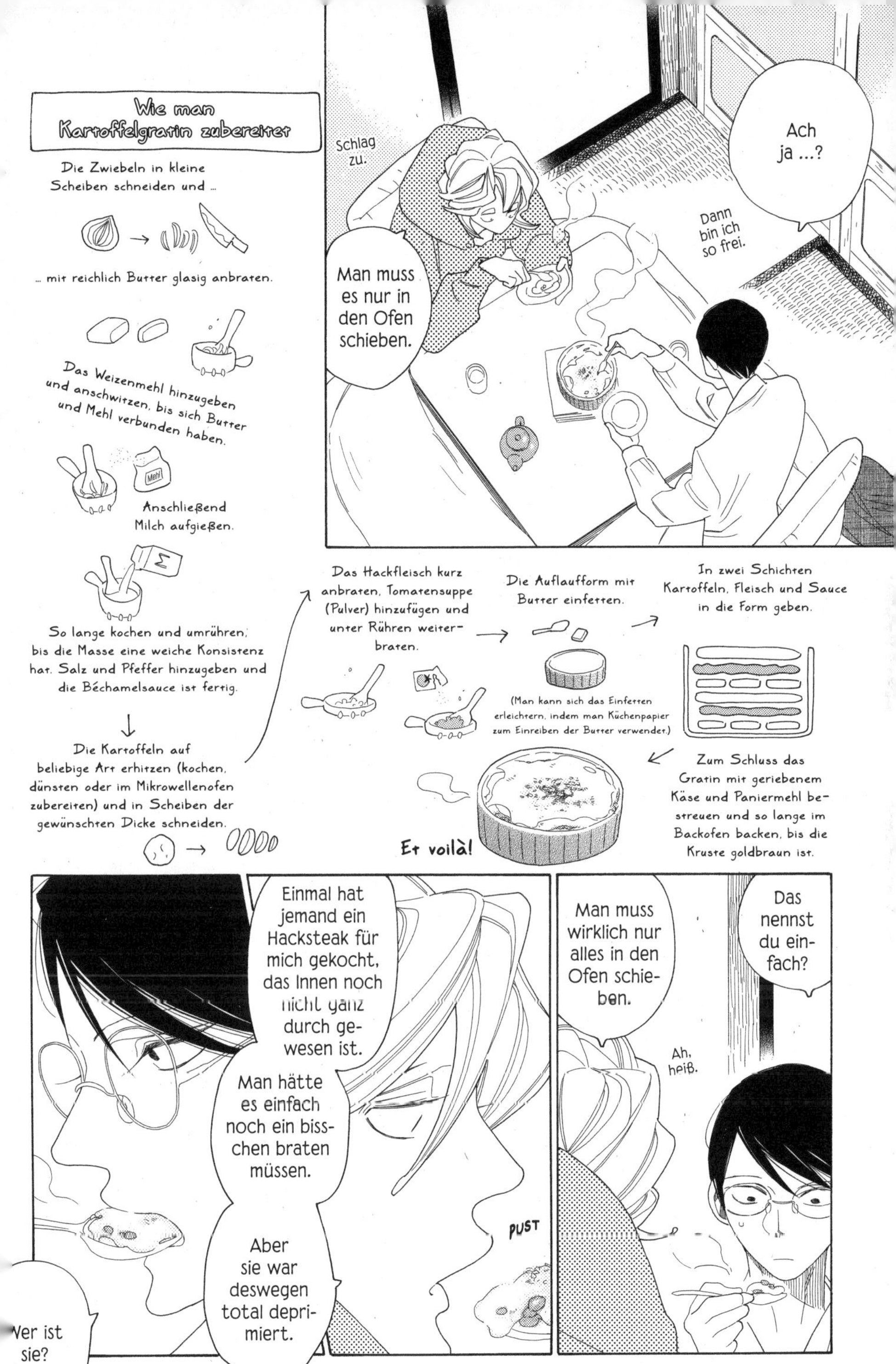

Ach ja ...?
Dann bin ich so frei.
Schlag zu.
Man muss es nur in den Ofen schieben.
Wie man Kartoffelgratin zubereitet
Die Zwiebeln in kleine Scheiben schneiden und ...
... mit reichlich Butter glasig anbraten.
Das Weizenmehl hinzugeben und anschwitzen, bis sich Butter und Mehl verbunden haben.
Mehl
Anschließend Milch aufgießen.
So lange kochen und umrühren, bis die Masse eine weiche Konsistenz hat. Salz und Pfeffer hinzugeben und die Béchamelsauce ist fertig.
Die Kartoffeln auf beliebige Art erhitzen (kochen, dünsten oder im Mikrowellenofen zubereiten) und in Scheiben der gewünschten Dicke schneiden.
Das Hackfleisch kurz anbraten, Tomatensuppe (Pulver) hinzufügen und unter Rühren weiterbraten.
Die Auflaufform mit Butter einfetten.
(Man kann sich das Einfetten erleichtern, indem man Küchenpapier zum Einreiben der Butter verwendet.)
In zwei Schichten Kartoffeln, Fleisch und Sauce in die Form geben.
Zum Schluss das Gratin mit geriebenem Käse und Paniermehl bestreuen und so lange im Backofen backen, bis die Kruste goldbraun ist.
Et voilà!
Das nennst du einfach?
Man muss wirklich nur alles in den Ofen schieben.
Ah, heiß.
Einmal hat jemand ein Hacksteak für mich gekocht, das Innen noch nicht ganz durch gewesen ist.
Man hätte es einfach noch ein bisschen braten müssen.
Aber sie war deswegen total deprimiert.
PUST
Wer ist sie?

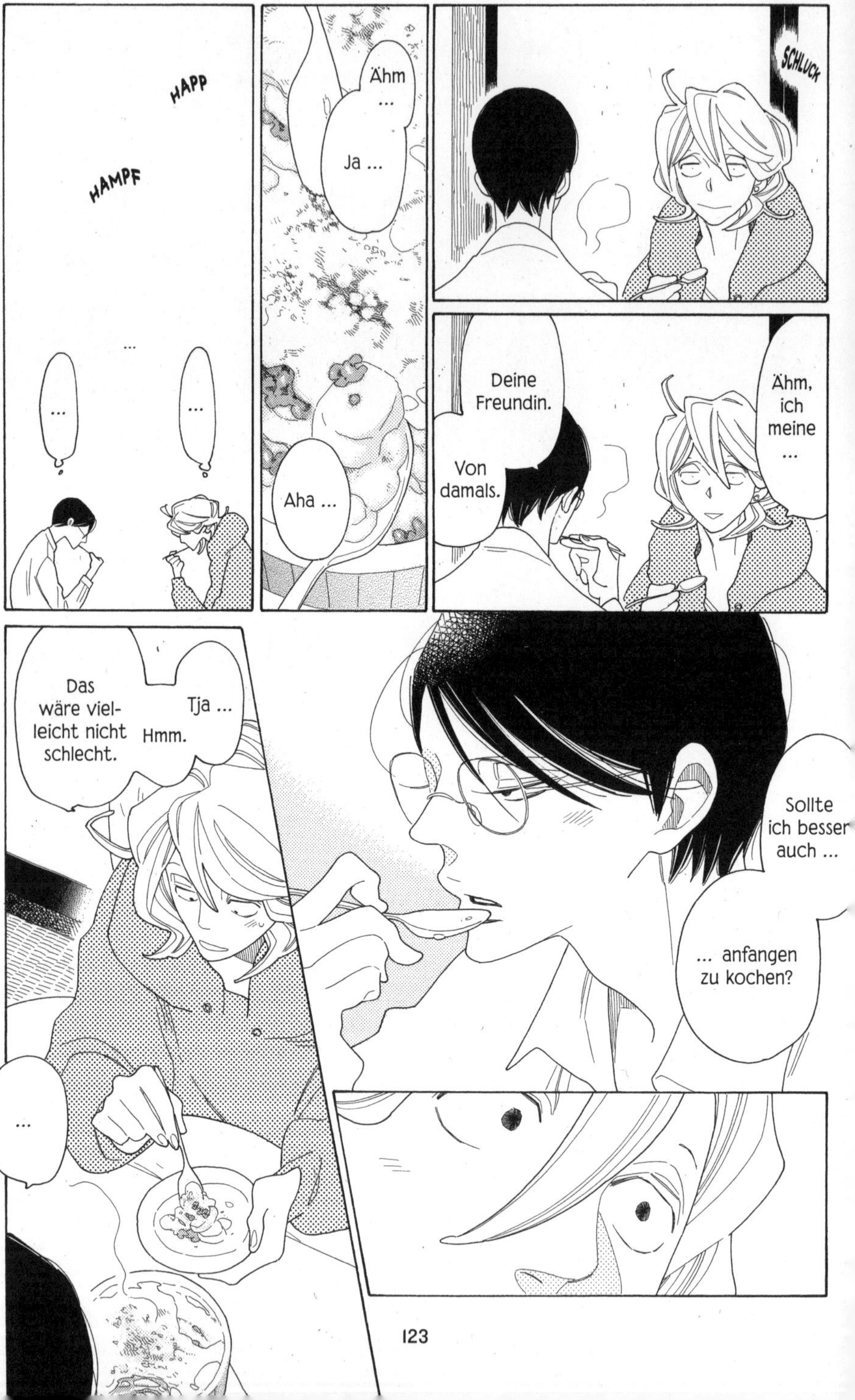
SCHLUCK
Ähm, ich meine ...
Deine Freundin.
Von damals.
Ähm ...
Ja ...
Aha ...
HAPP
HAMPF
...
...
...
Sollte ich besser auch ...
... anfangen zu kochen?
Tja ...
Hmm.
Das wäre viel-leicht nicht schlecht.
...

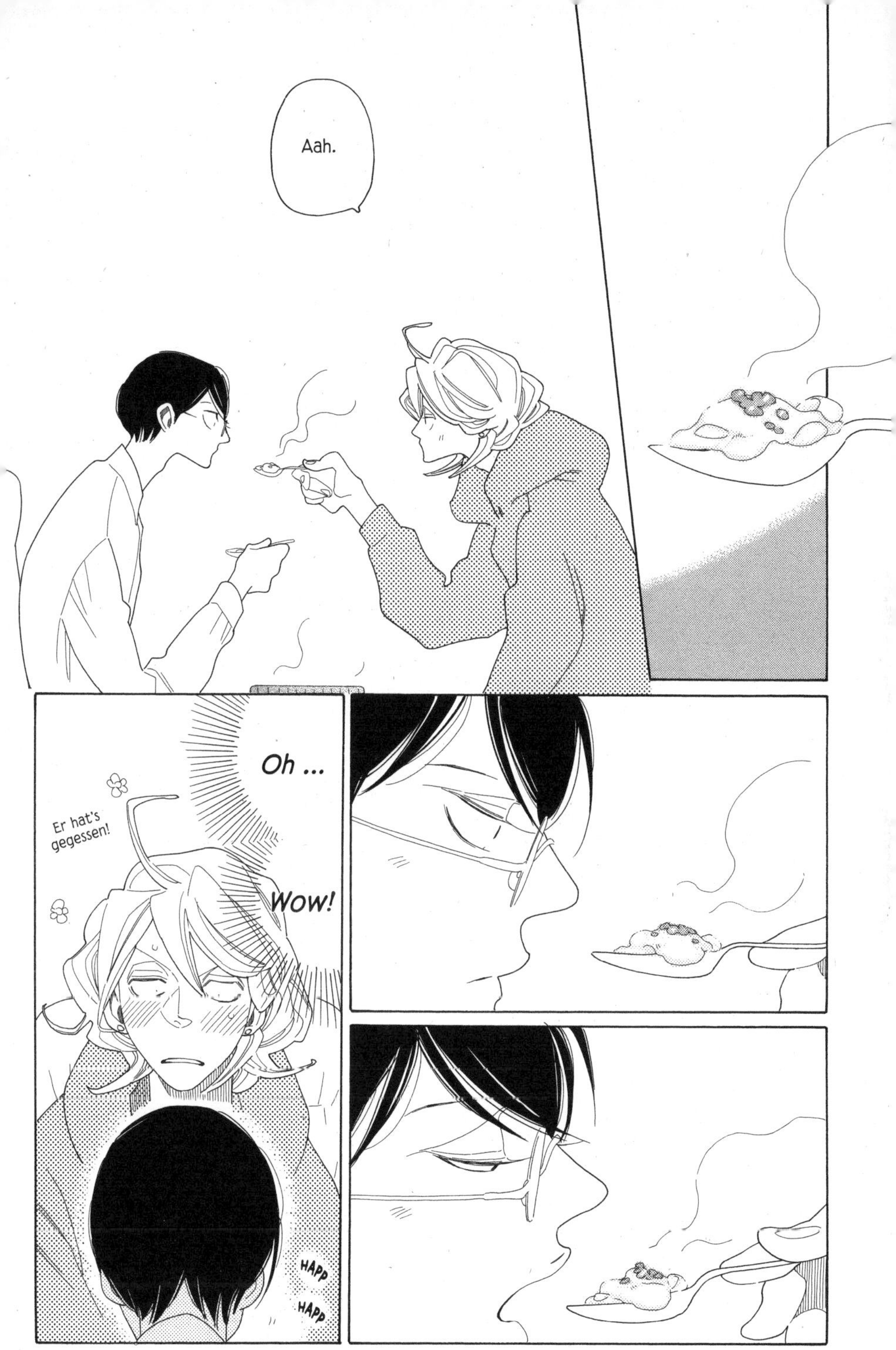
Aah.
Oh ...
Wow!
Er hat's gegessen!
HAPP
HAPP

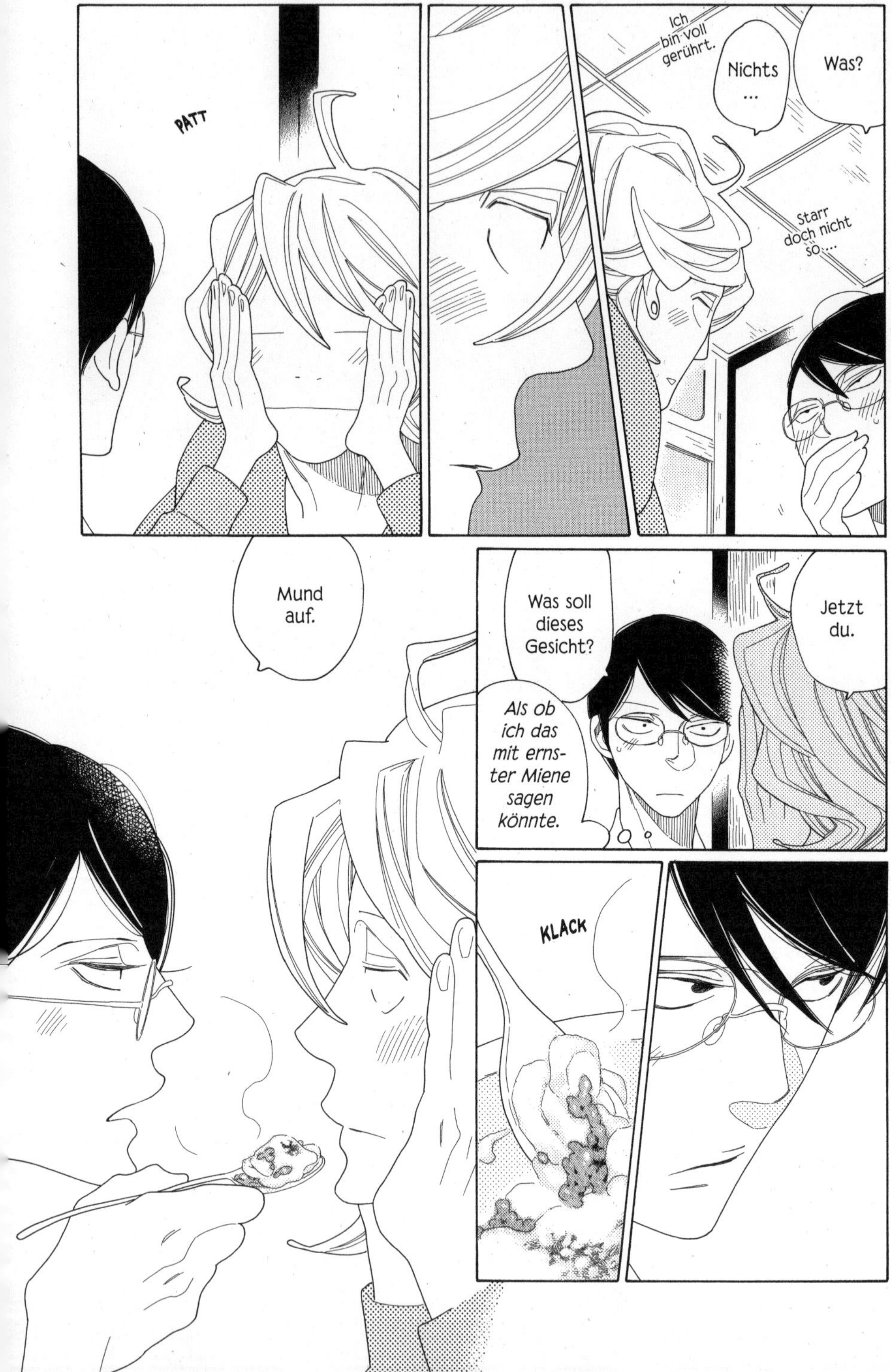
Was?
Nichts ...
Ich bin voll gerührt.
Starr doch nicht so....
PATT
Jetzt du.
Was soll dieses Gesicht?
Als ob ich das mit ernster Miene sagen könnte.
KLACK
Mund auf.

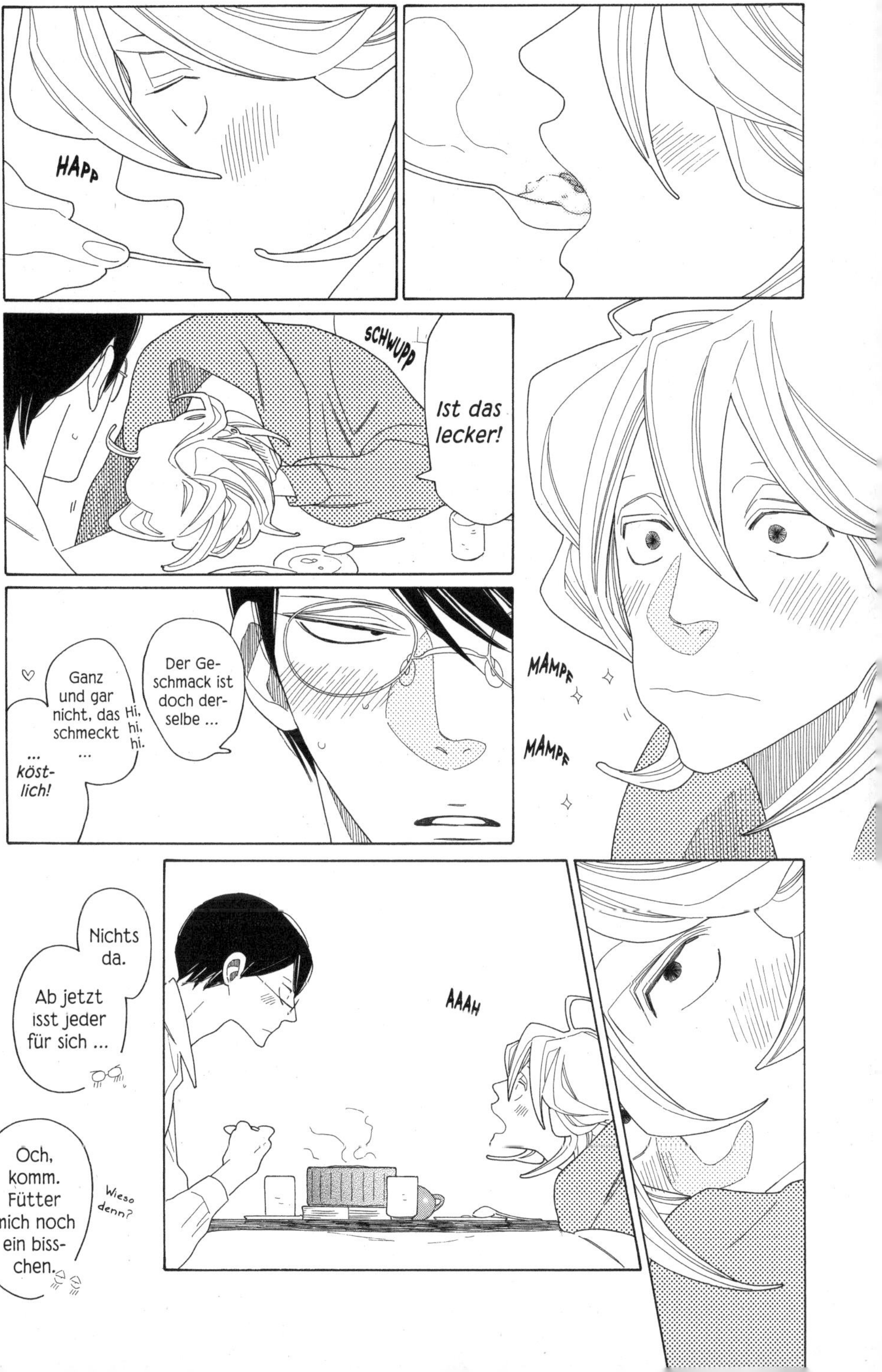

HAPP
SCHWUPP
Ist das lecker!
MAMPF
MAMPF
Der Geschmack ist doch derselbe ...
Ganz und gar nicht, das schmeckt ... ... köstlich!
Hi, hi, hi.
AAAH
Nichts da.
Ab jetzt isst jeder für sich ...
Och, komm. Fütter mich noch ein bisschen.
Wieso denn?

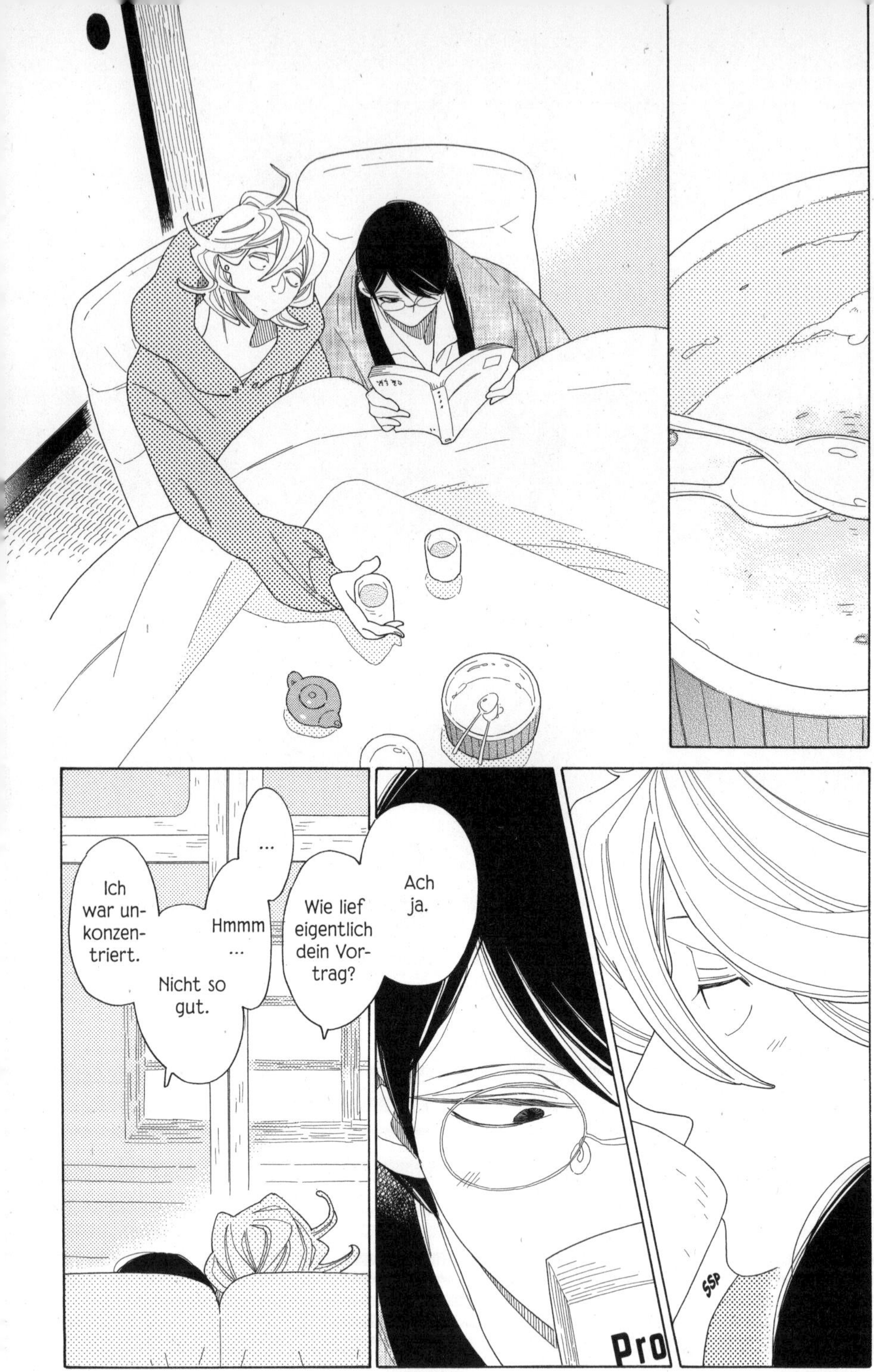
SSP
Pro
Ach ja.
Wie lief eigentlich dein Vortrag?
...
Hmmm ...
Nicht so gut.
Ich war unkonzentriert.

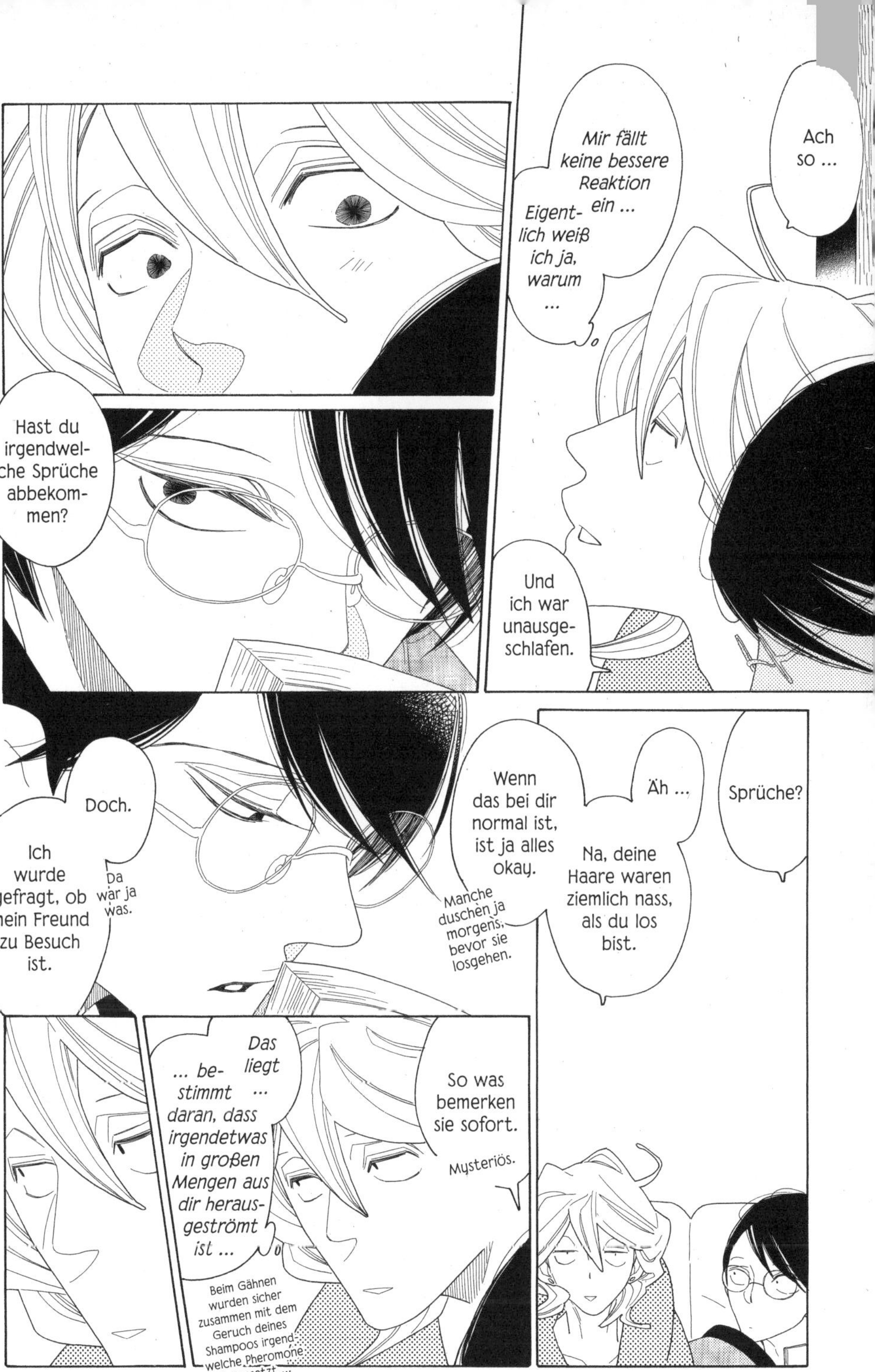
Ach so ...
Mir fällt keine bessere Reaktion ein ...
Eigentlich weiß ich ja, warum ...
Und ich war unausgeschlafen.
Hast du irgendwelche Sprüche abbekommen?
Sprüche?
Äh ...
Na, deine Haare waren ziemlich nass, als du los bist.
Wenn das bei dir normal ist, ist ja alles okay.
Manche duschen ja morgens, bevor sie losgehen.
Doch.
Ich wurde gefragt, ob mein Freund zu Besuch ist.
Da war ja was.
So was bemerken sie sofort.
Mysteriös.
Das liegt ...
... bestimmt daran, dass irgendetwas in großen Mengen aus dir herausgeströmt ist ...
Beim Gähnen wurden sicher zusammen mit dem Geruch deines Shampoos irgendwelche Pheromone freigesetzt ...

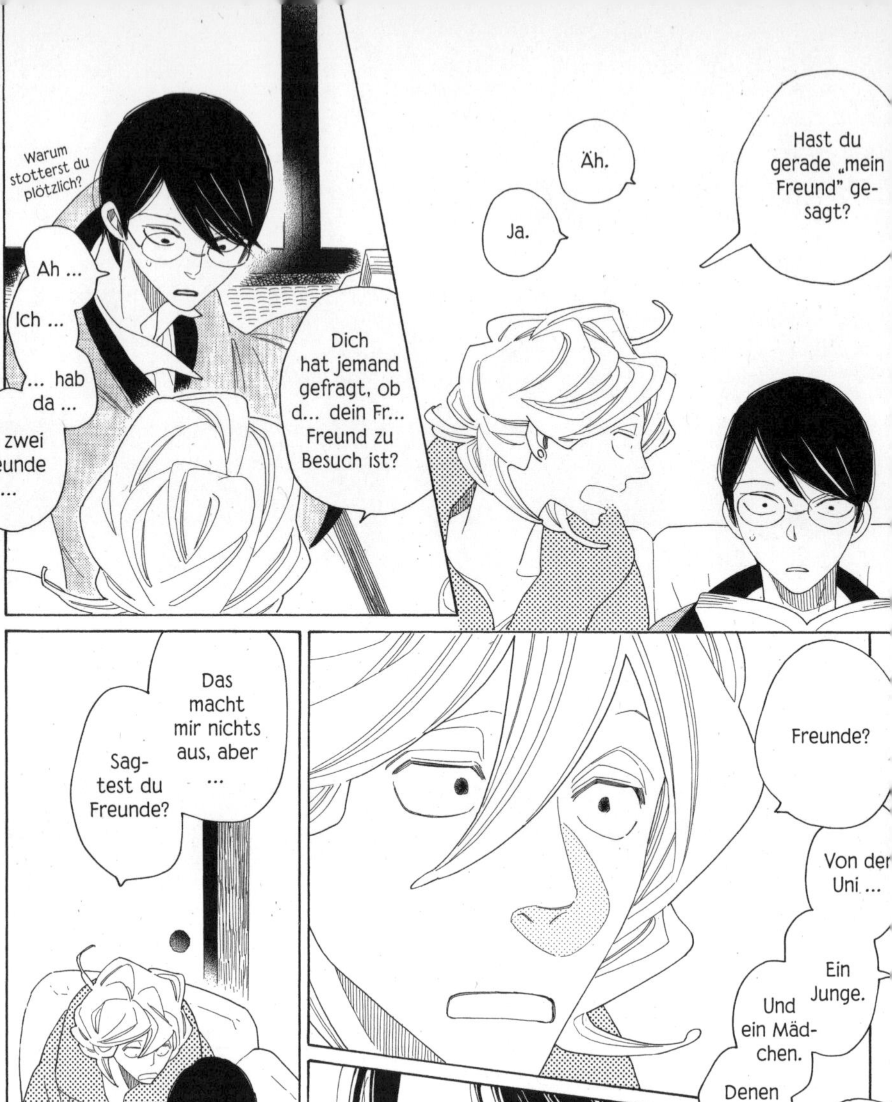
Hast du gerade „mein Freund" gesagt?
Äh.
Ja.
Dich hat jemand gefragt, ob d... dein Fr... Freund zu Besuch ist?
Warum stotterst du plötzlich?
Ah ...
Ich ...
... hab da ...
... zwei Freunde ...
Freunde?
Von der Uni ...
Ein Junge.
Und ein Mäd-chen.
Denen ...
... habe ich gesagt
Entschuldige, dass ich dich nicht zuerst gefragt habe.
Das macht mir nichts aus, aber ...
Sagtest du Freunde?
Äh ...
Ja.
Freunde ...

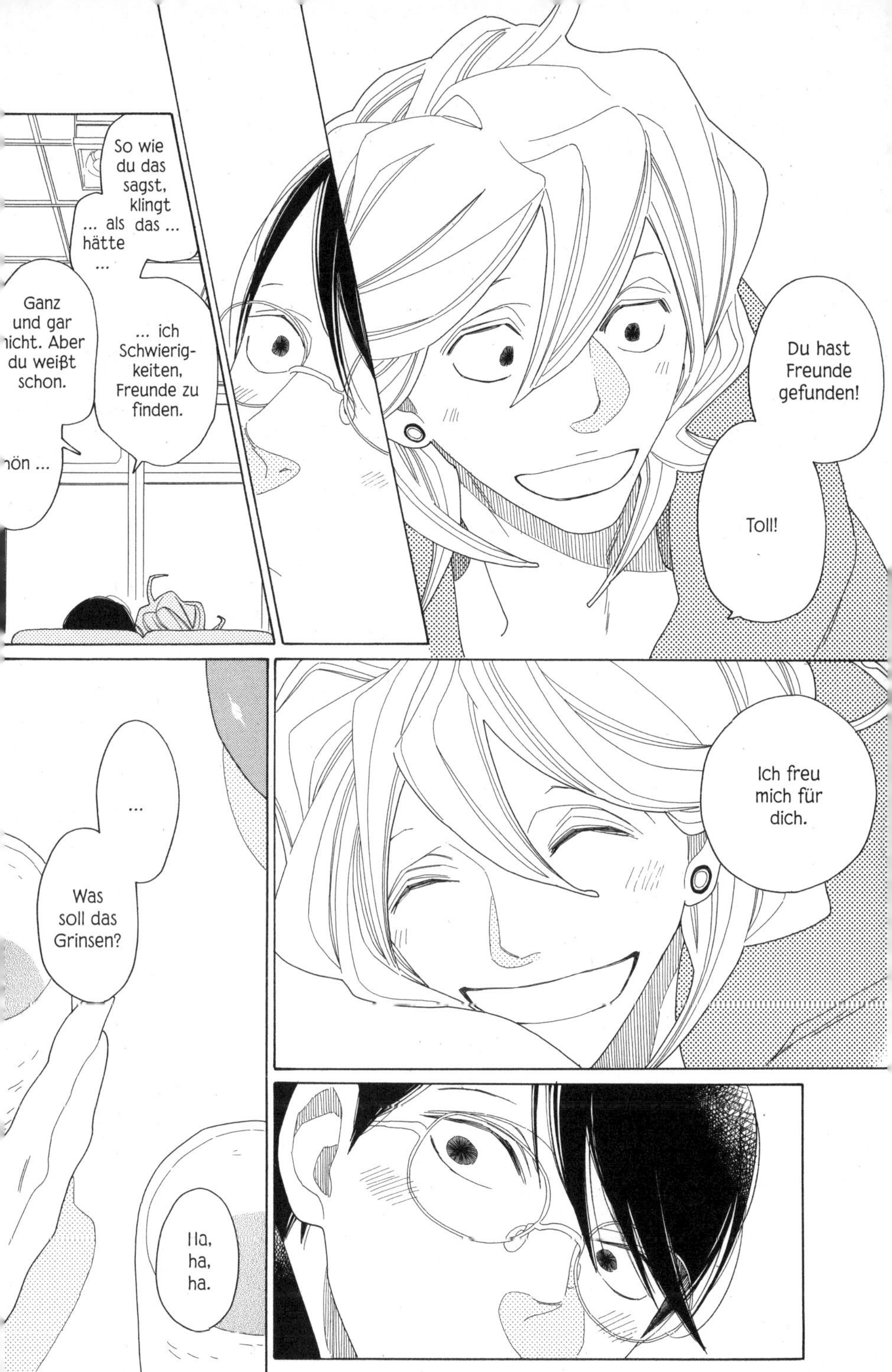
Du hast Freunde gefunden!
Toll!
So wie du das sagst, klingt das ... als hätte ...
... ich Schwierigkeiten, Freunde zu finden.
Ganz und gar icht. Aber du weißt schon.
Ich freu mich für dich.
...
Was soll das Grinsen?
Ha, ha, ha.

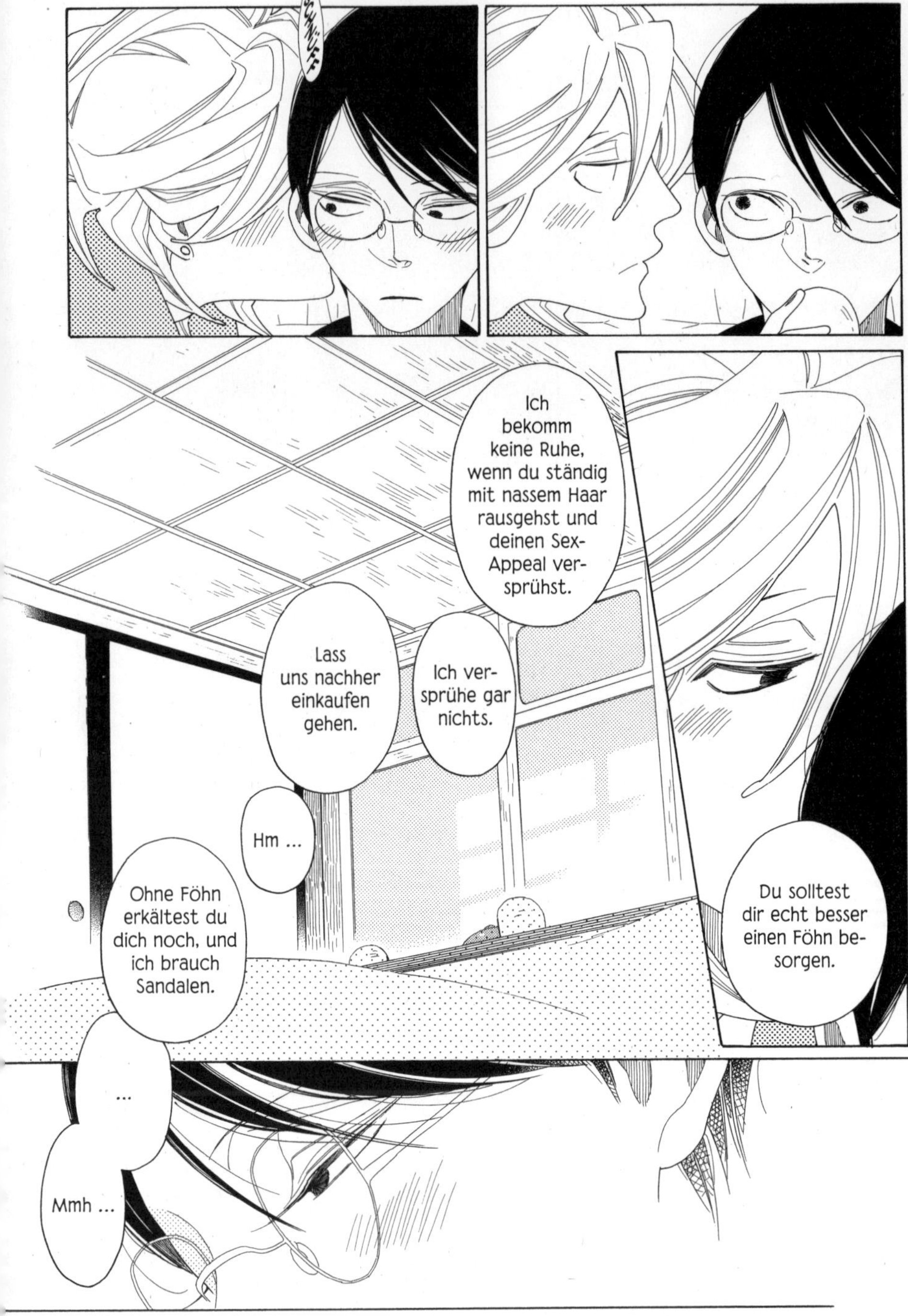
SCHNÜFF
Du solltest dir echt besser einen Föhn besorgen.
Ich bekomm keine Ruhe, wenn du ständig mit nassem Haar rausgehst und deinen Sex-Appeal versprühst.
Ich versprühe gar nichts.
Lass uns nachher einkaufen gehen.
Hm ...
Ohne Föhn erkältest du dich noch, und ich brauch Sandalen.
...
Mmh ...

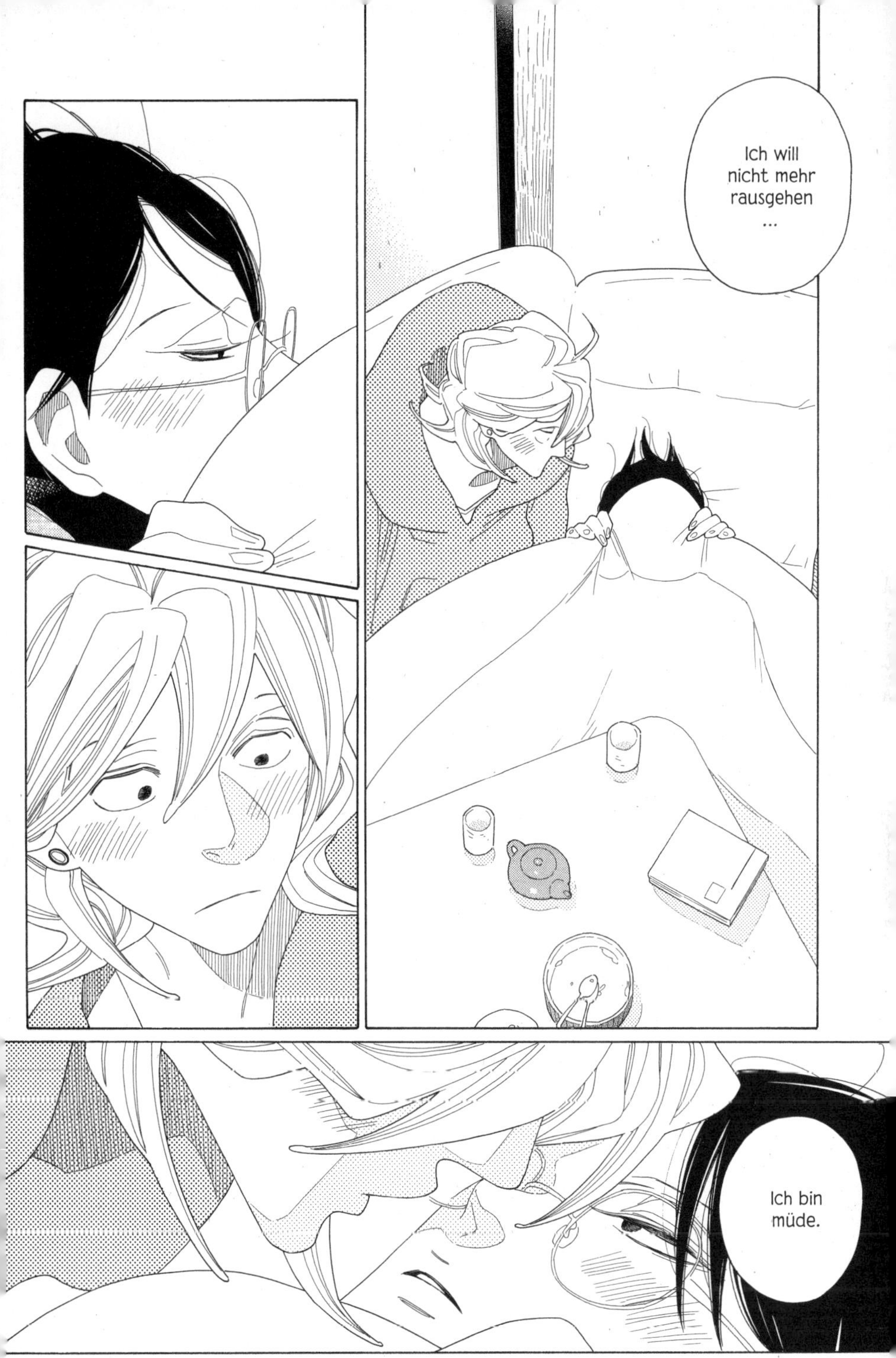
Ich will nicht mehr rausgehen ...
Ich bin müde.

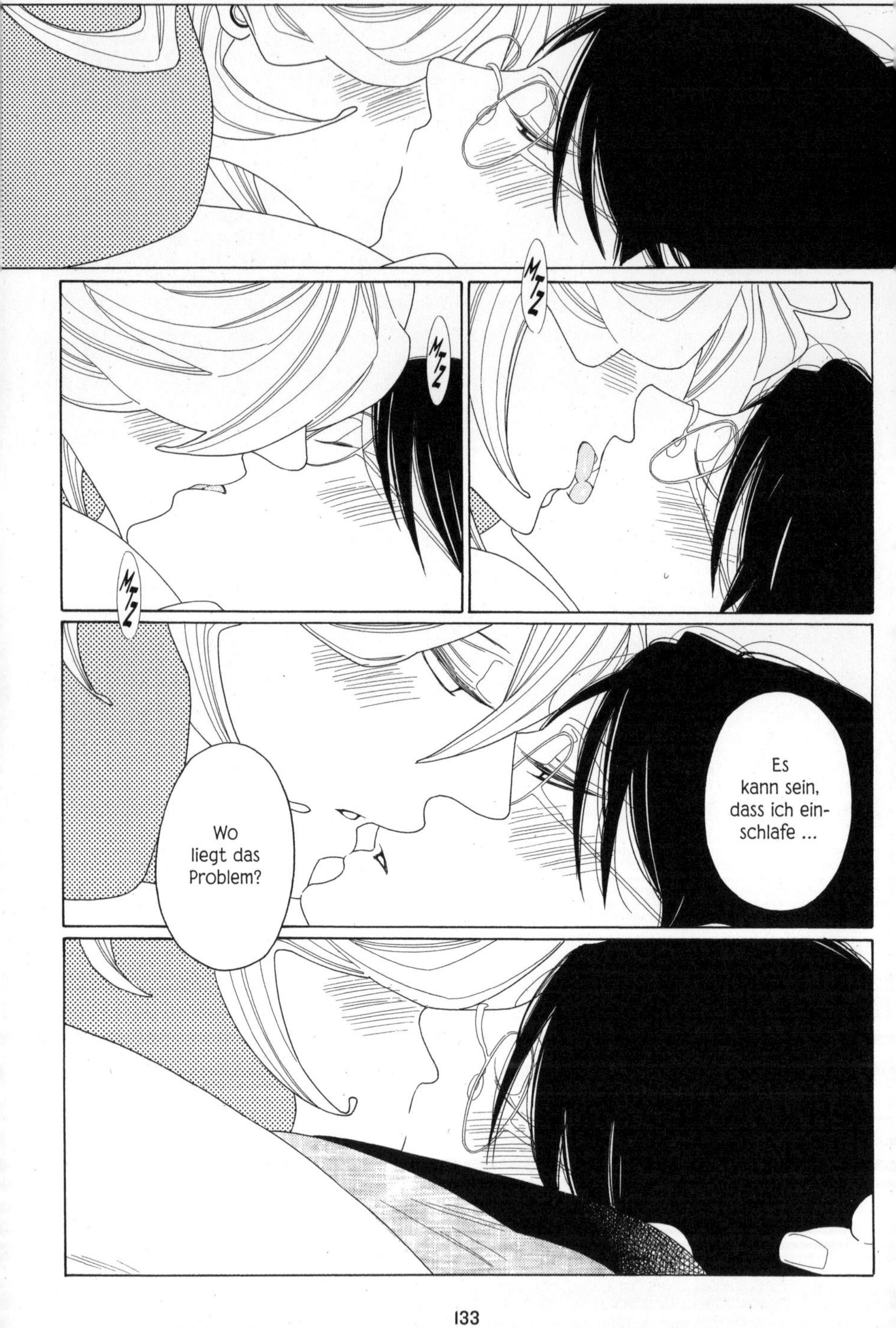
MTZ
MTZ
MTZ
Es kann sein, dass ich einschlafe ...
Wo liegt das Problem?

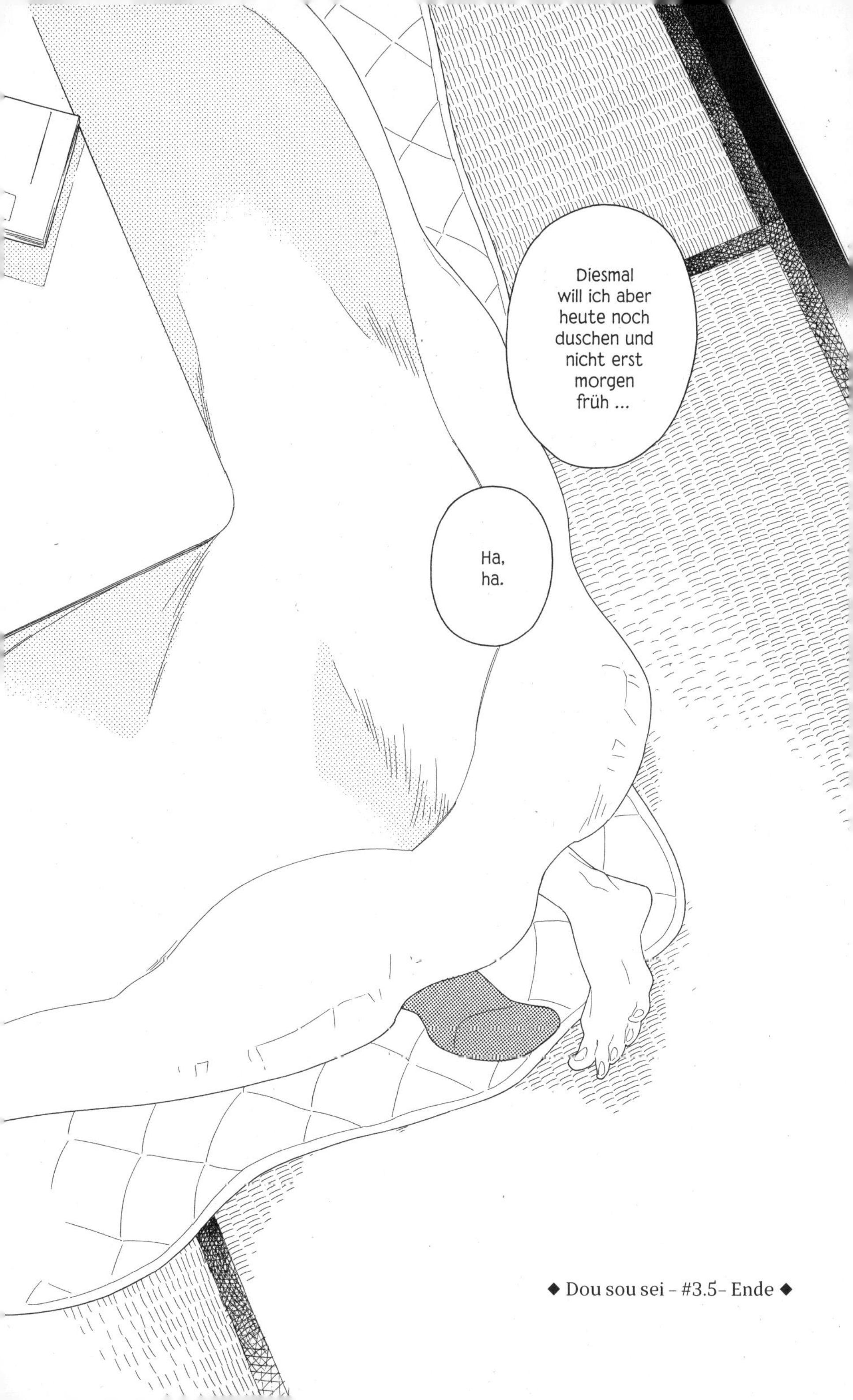

◆ Dou sou sei – #3.5– Ende ◆

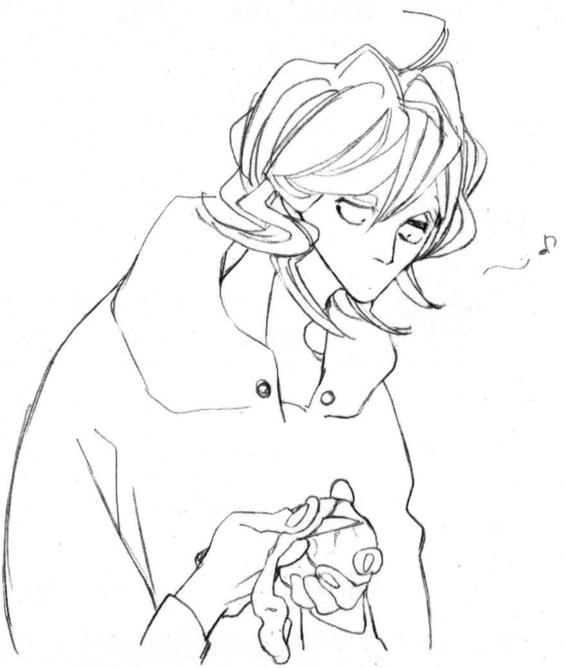

#4 Arisaka und Hibiki (Teil 1)

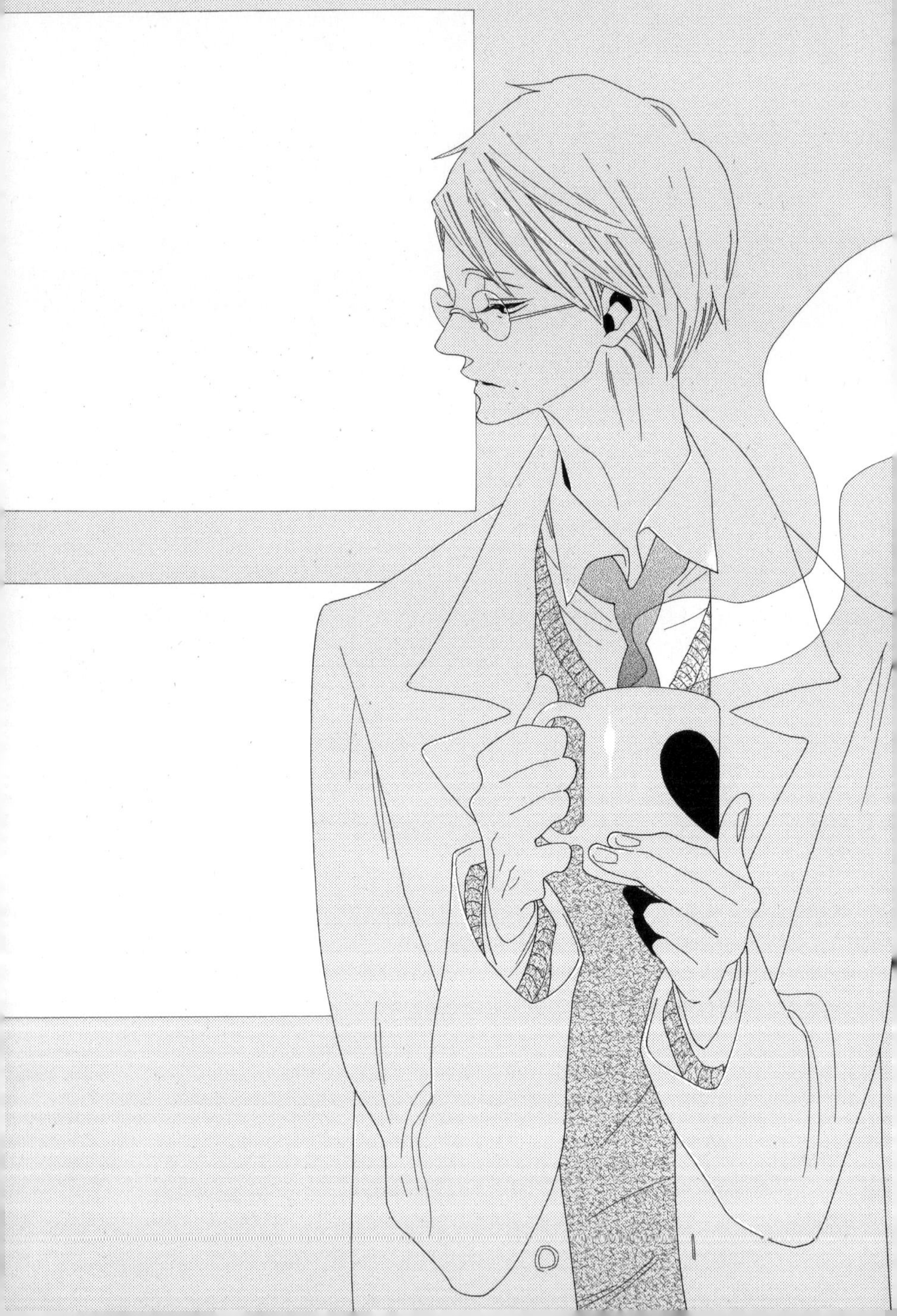

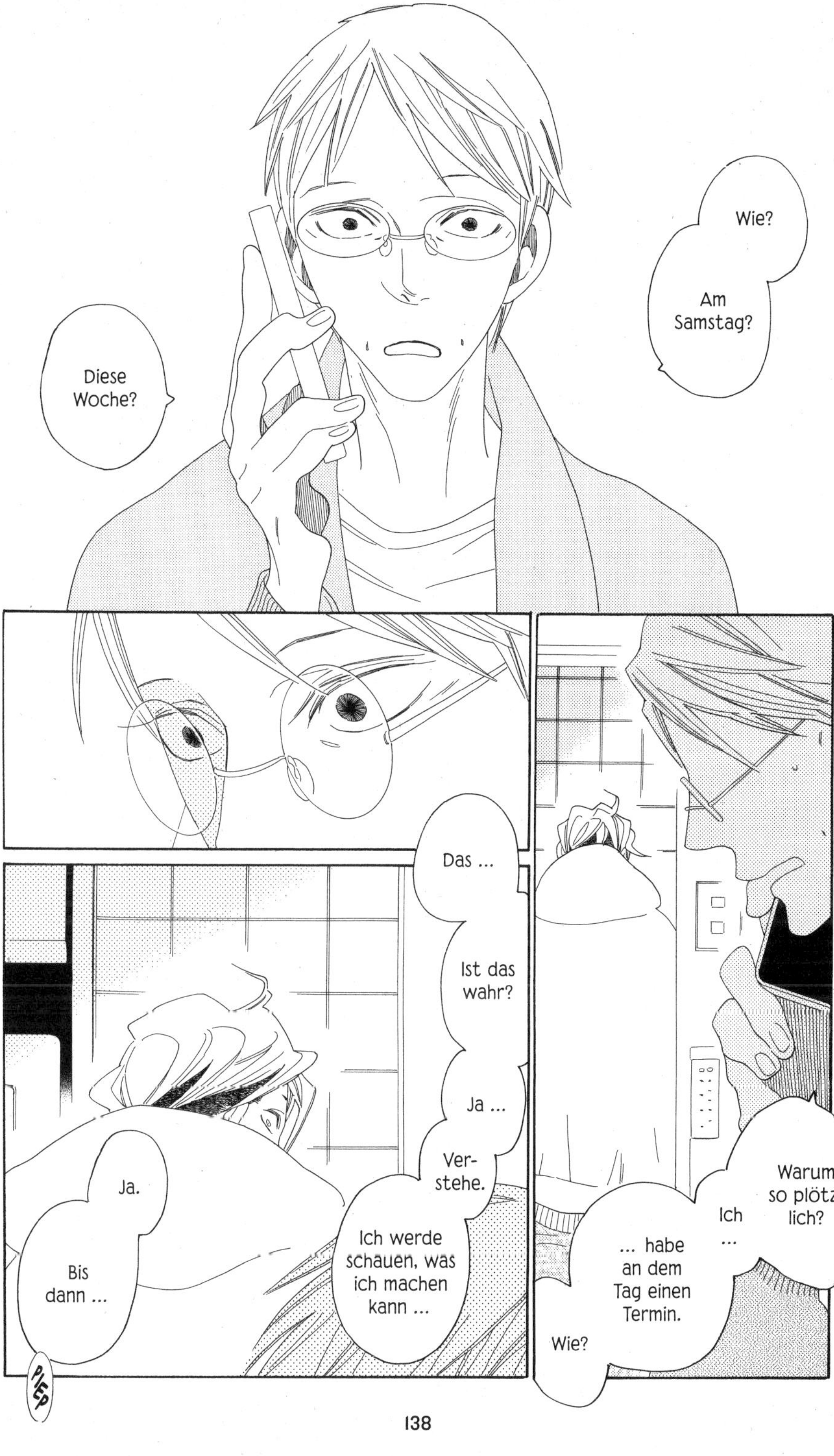
Wie?
Am Samstag?
Diese Woche?
Warum so plötzlich?
Ich ...
... habe an dem Tag einen Termin.
Wie?
Das ...
Ist das wahr?
Ja ...
Verstehe.
Ich werde schauen, was ich machen kann ...
Ja.
Bis dann ...
PIEP

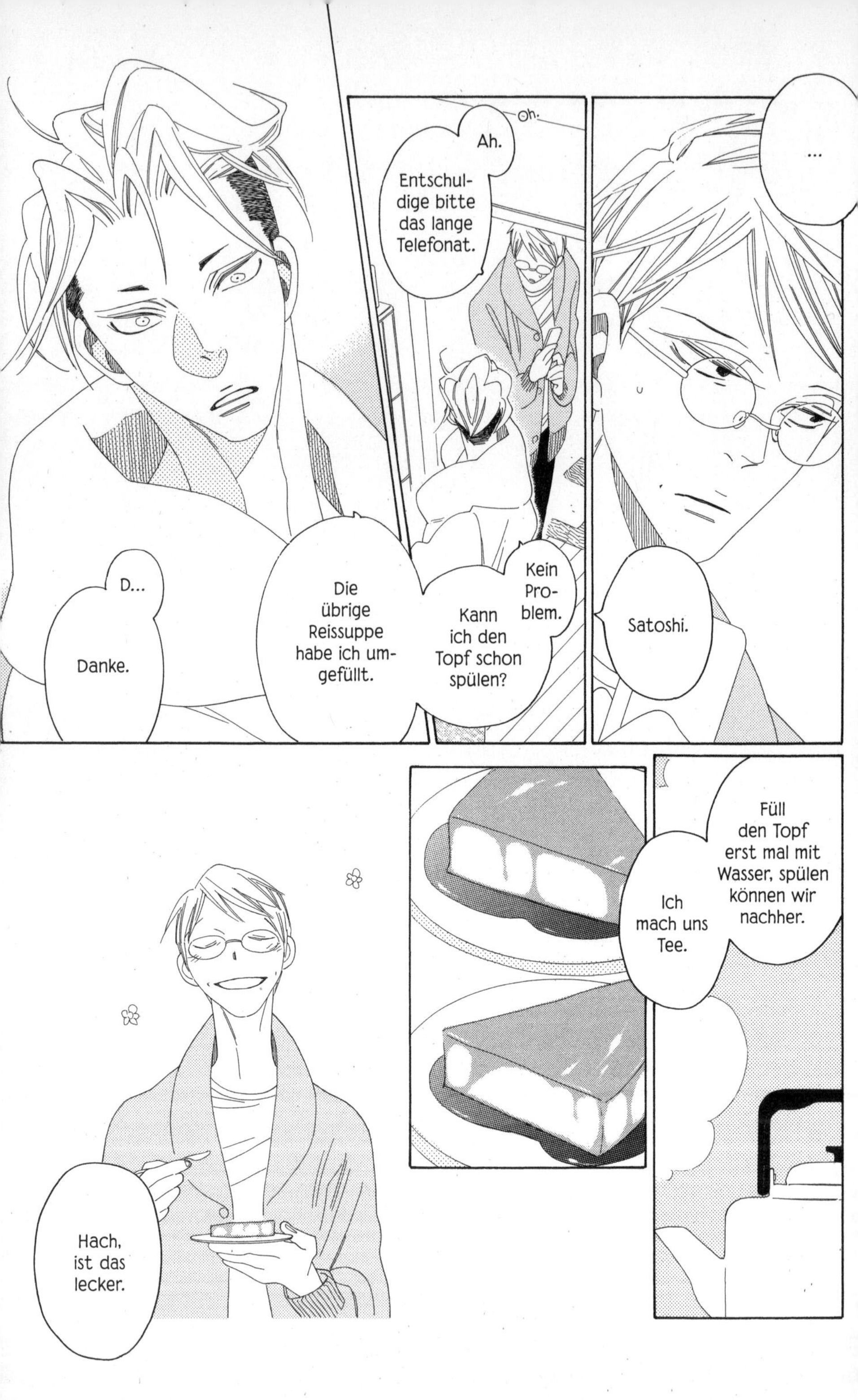
…
Satoshi.
Oh.
Ah. Entschuldige bitte das lange Telefonat.
Kein Problem. Kann ich den Topf schon spülen?
Die übrige Reissuppe habe ich umgefüllt.
D… Danke.
Füll den Topf erst mal mit Wasser, spülen können wir nachher.
Ich mach uns Tee.
Hach, ist das lecker.

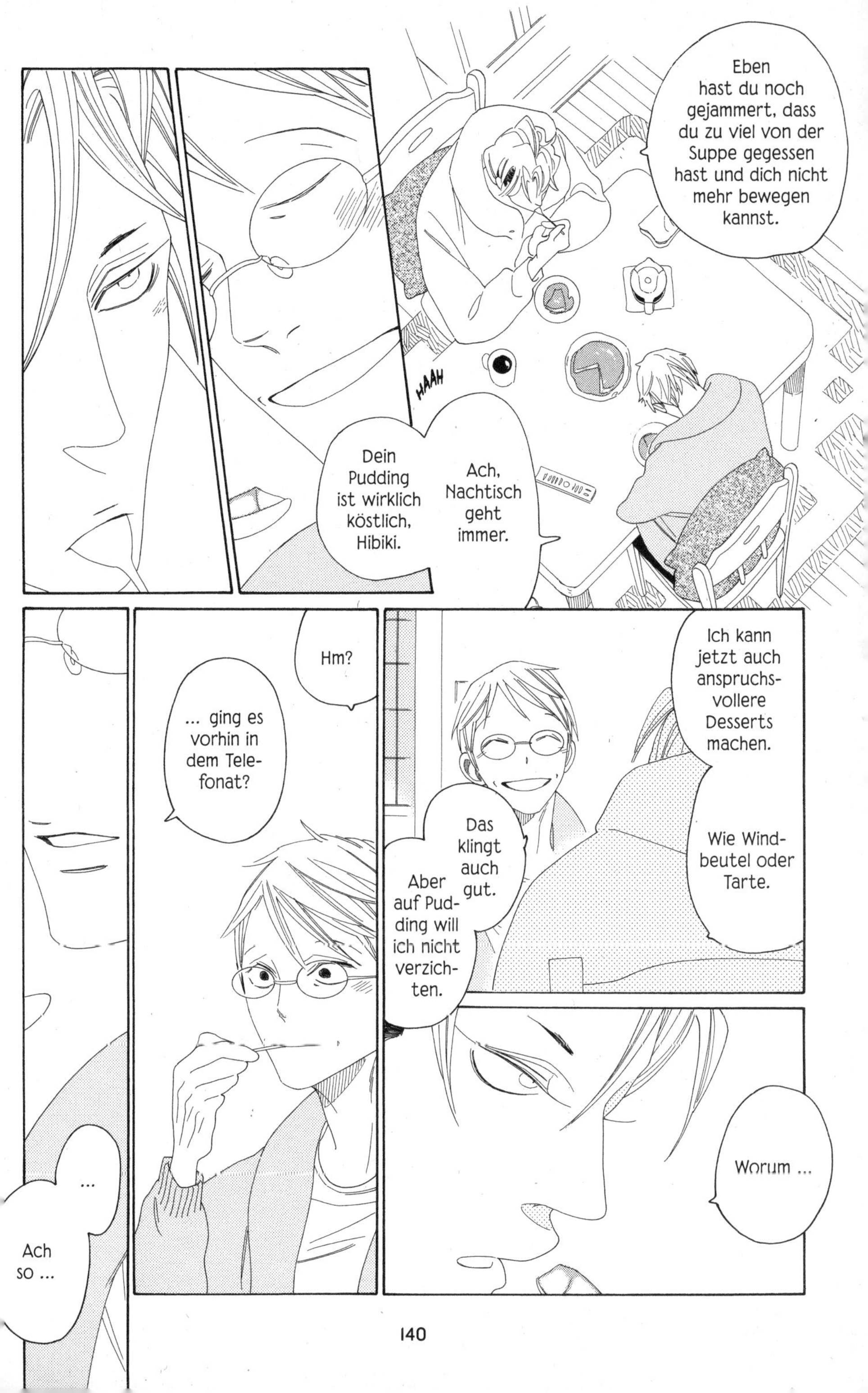
Eben hast du noch gejammert, dass du zu viel von der Suppe gegessen hast und dich nicht mehr bewegen kannst.
Ach, Nachtisch geht immer.
HAAH
Dein Pudding ist wirklich köstlich, Hibiki.
Ich kann jetzt auch anspruchsvollere Desserts machen.
Wie Windbeutel oder Tarte.
Das klingt auch gut.
Aber auf Pudding will ich nicht verzichten.
Worum ...
Hm?
... ging es vorhin in dem Telefonat?
...
Ach so ...

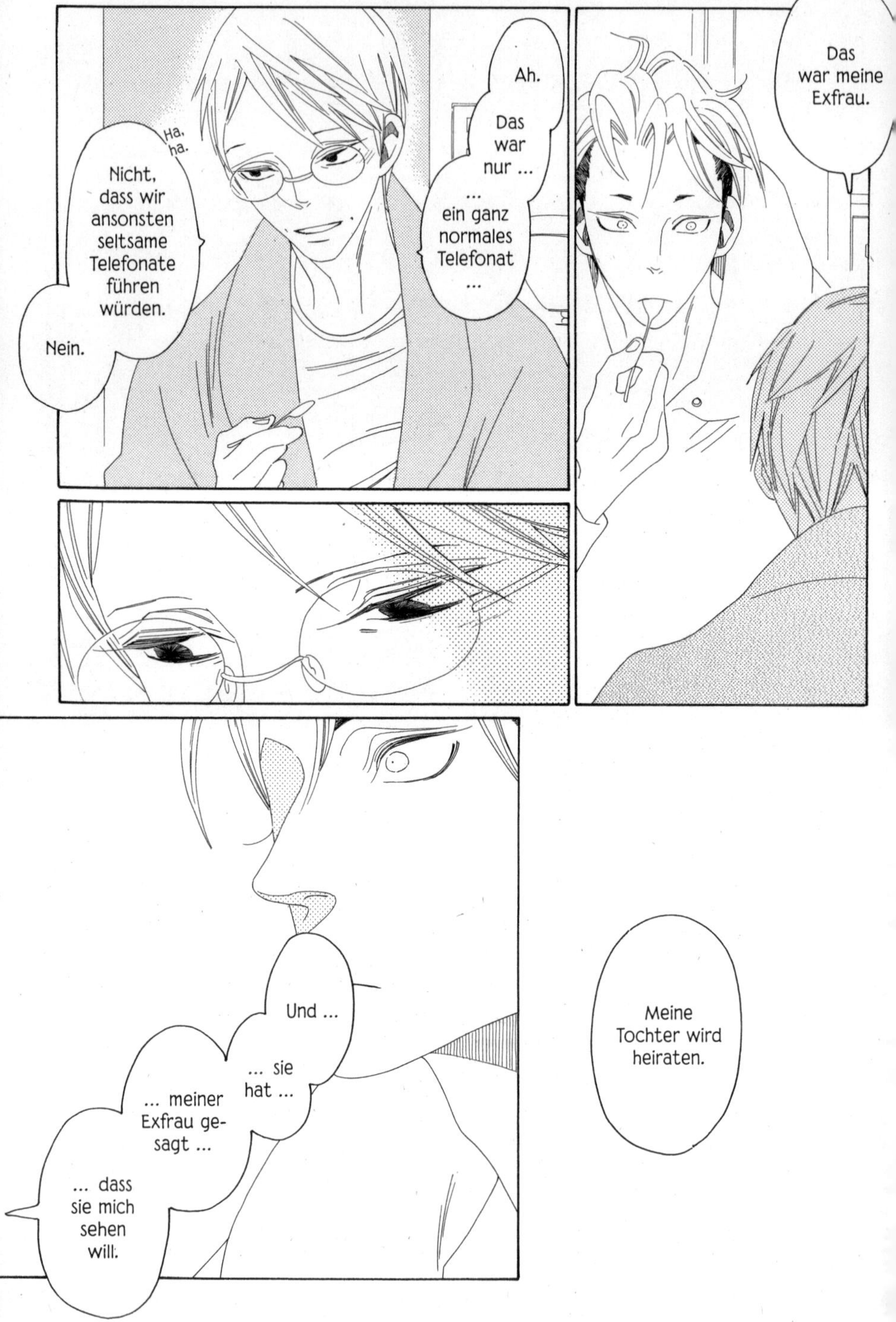
Das war meine Exfrau.
Ah.
Das war nur ...
... ein ganz normales Telefonat ...
Nein.
Nicht, dass wir ansonsten seltsame Telefonate führen würden.
Ha, ha.
Meine Tochter wird heiraten.
Und ...
... sie hat ...
... meiner Exfrau ge-sagt ...
... dass sie mich sehen will.

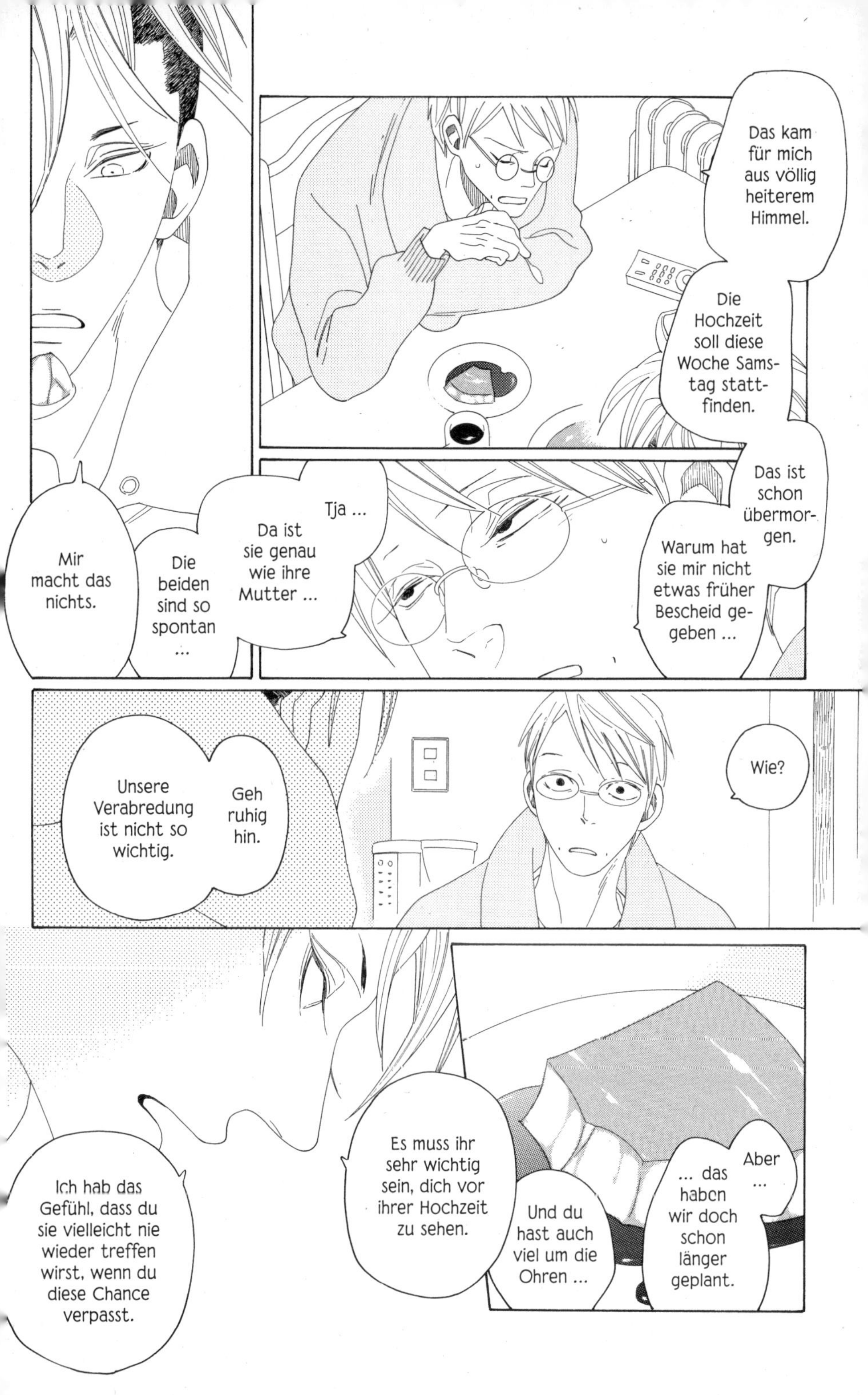

Das kam für mich aus völlig heiterem Himmel.
Die Hochzeit soll diese Woche Samstag stattfinden.
Das ist schon übermorgen.
Warum hat sie mir nicht etwas früher Bescheid gegeben ...
Tja ...
Da ist sie genau wie ihre Mutter ...
Die beiden sind so spontan ...
Mir macht das nichts.
Wie?
Geh ruhig hin.
Unsere Verabredung ist nicht so wichtig.
Aber ...
... das haben wir doch schon länger geplant.
Und du hast auch viel um die Ohren ...
Es muss ihr sehr wichtig sein, dich vor ihrer Hochzeit zu sehen.
Ich hab das Gefühl, dass du sie vielleicht nie wieder treffen wirst, wenn du diese Chance verpasst.

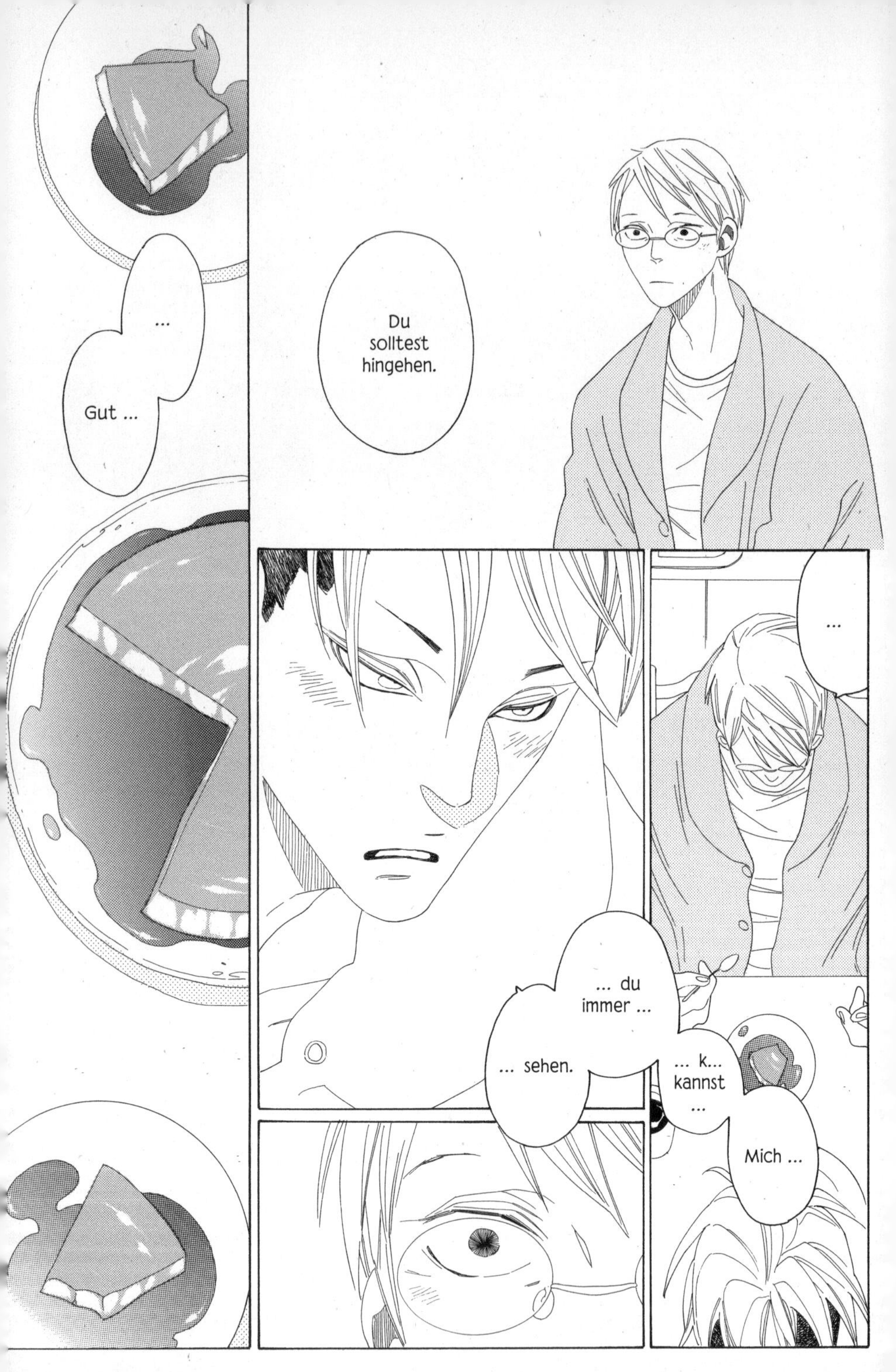
Du solltest hingehen.
...
Gut ...
...
Mich ...
... k... kannst ...
... du immer ...
... sehen.

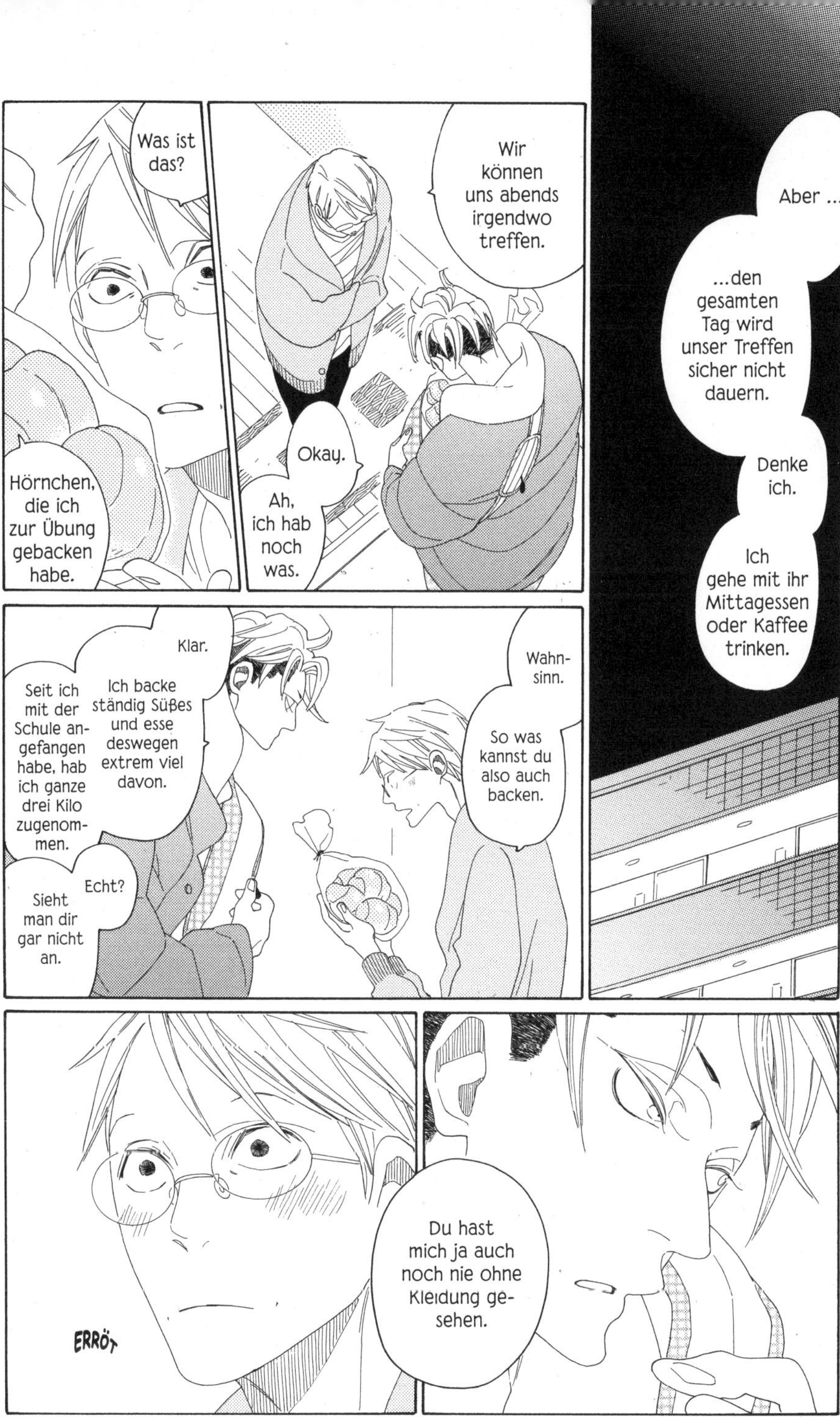
Aber ...
...den gesamten Tag wird unser Treffen sicher nicht dauern.
Denke ich.
Ich gehe mit ihr Mittagessen oder Kaffee trinken.
Wir können uns abends irgendwo treffen.
Okay.
Ah, ich hab noch was.
Was ist das?
Hörnchen, die ich zur Übung gebacken habe.
Wahn-sinn.
So was kannst du also auch backen.
Klar.
Ich backe ständig Süßes und esse deswegen extrem viel davon.
Seit ich mit der Schule an-gefangen habe, hab ich ganze drei Kilo zugenom-men.
Echt?
Sieht man dir gar nicht an.
Du hast mich ja auch noch nie ohne Kleidung ge-sehen.
ERRÖT

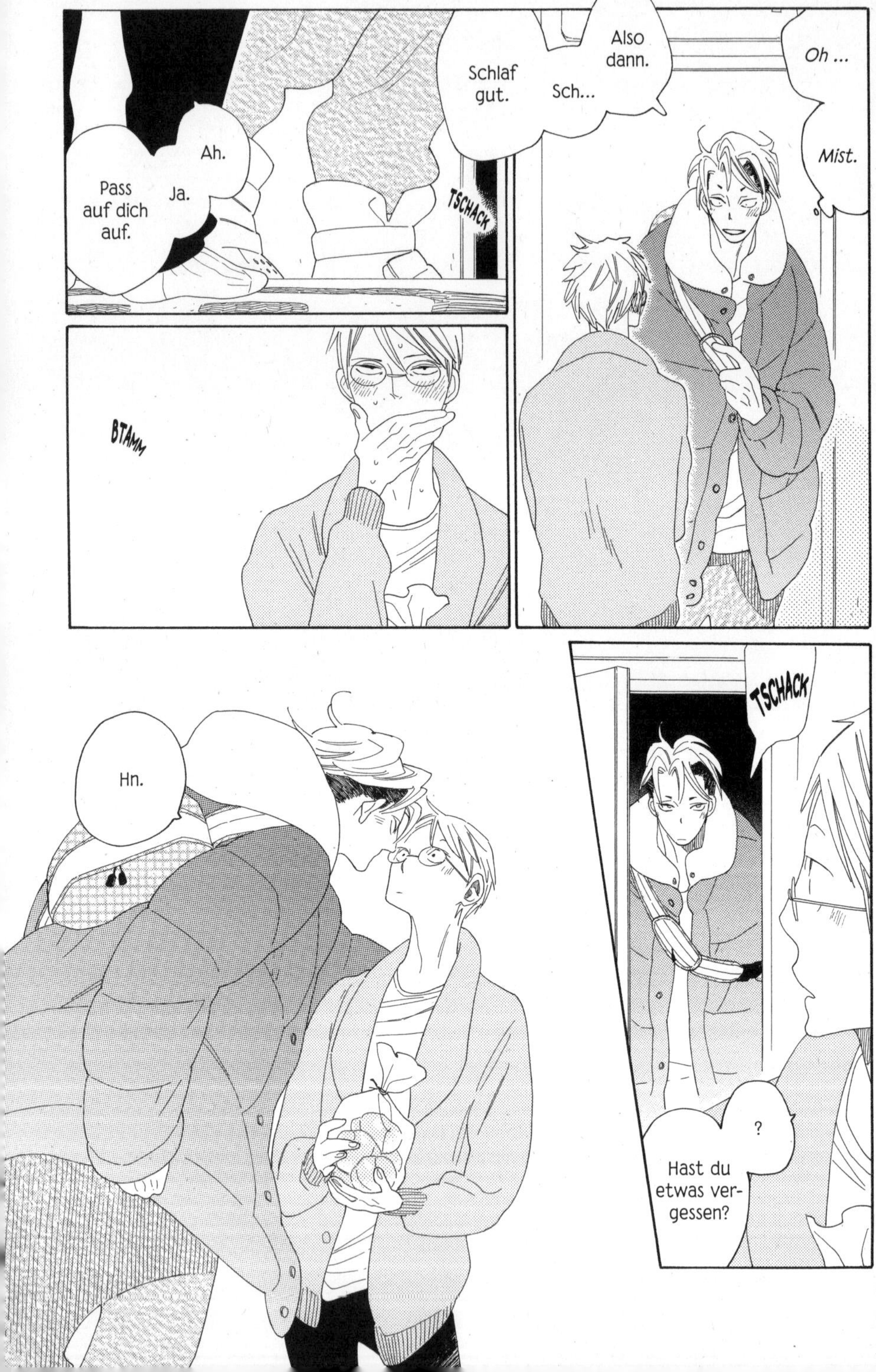
Also dann.
Sch...
Schlaf gut.
Ah.
Ja.
Pass auf dich auf.
TSCHACK
BTAMM
Oh ...
Mist.
TSCHACK
?
Hast du etwas ver-gessen?
Hn.

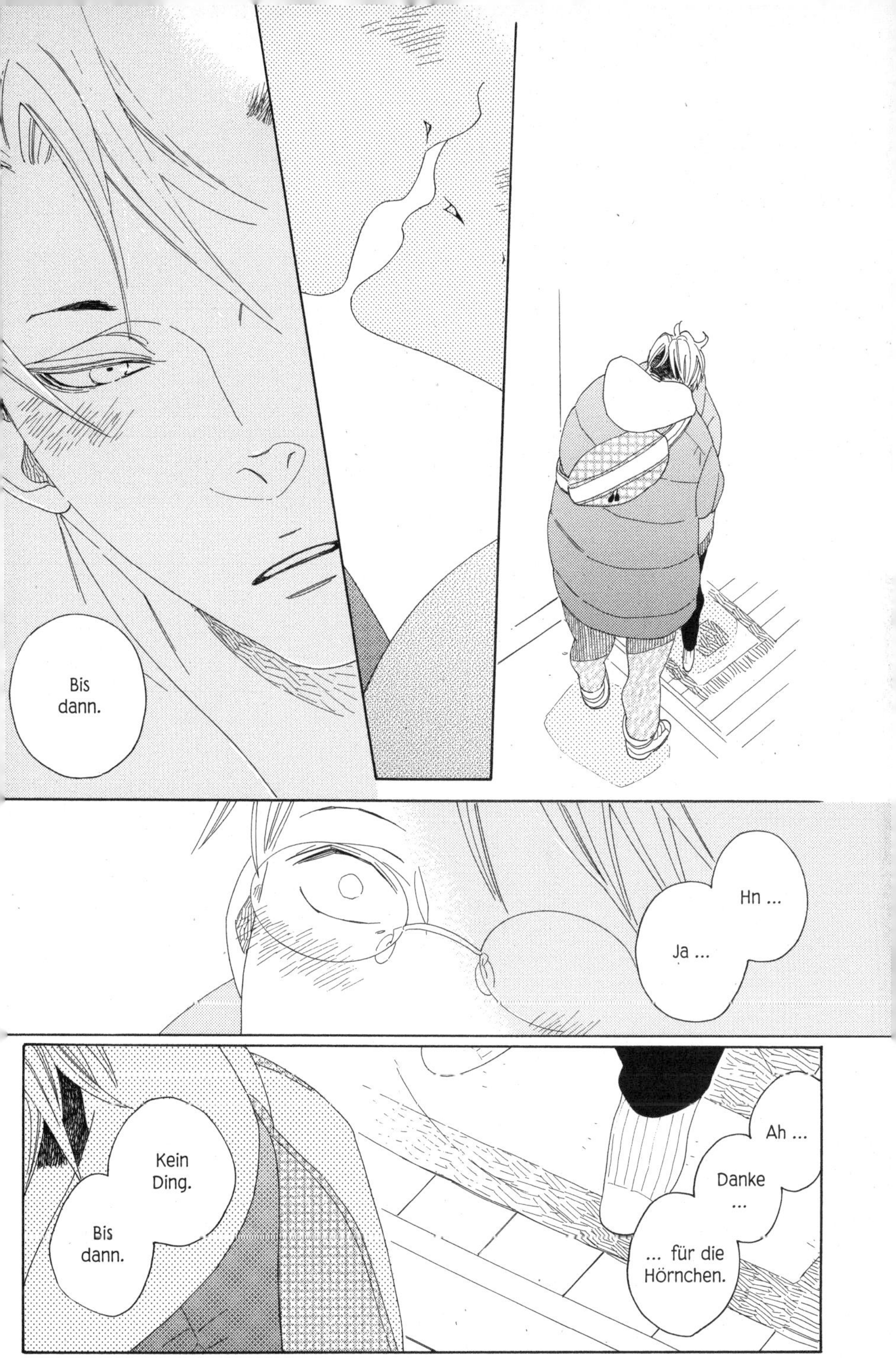
Bis dann.
Hn ...
Ja ...
Ah ...
Danke ...
... für die Hörnchen.
Kein Ding.
Bis dann.

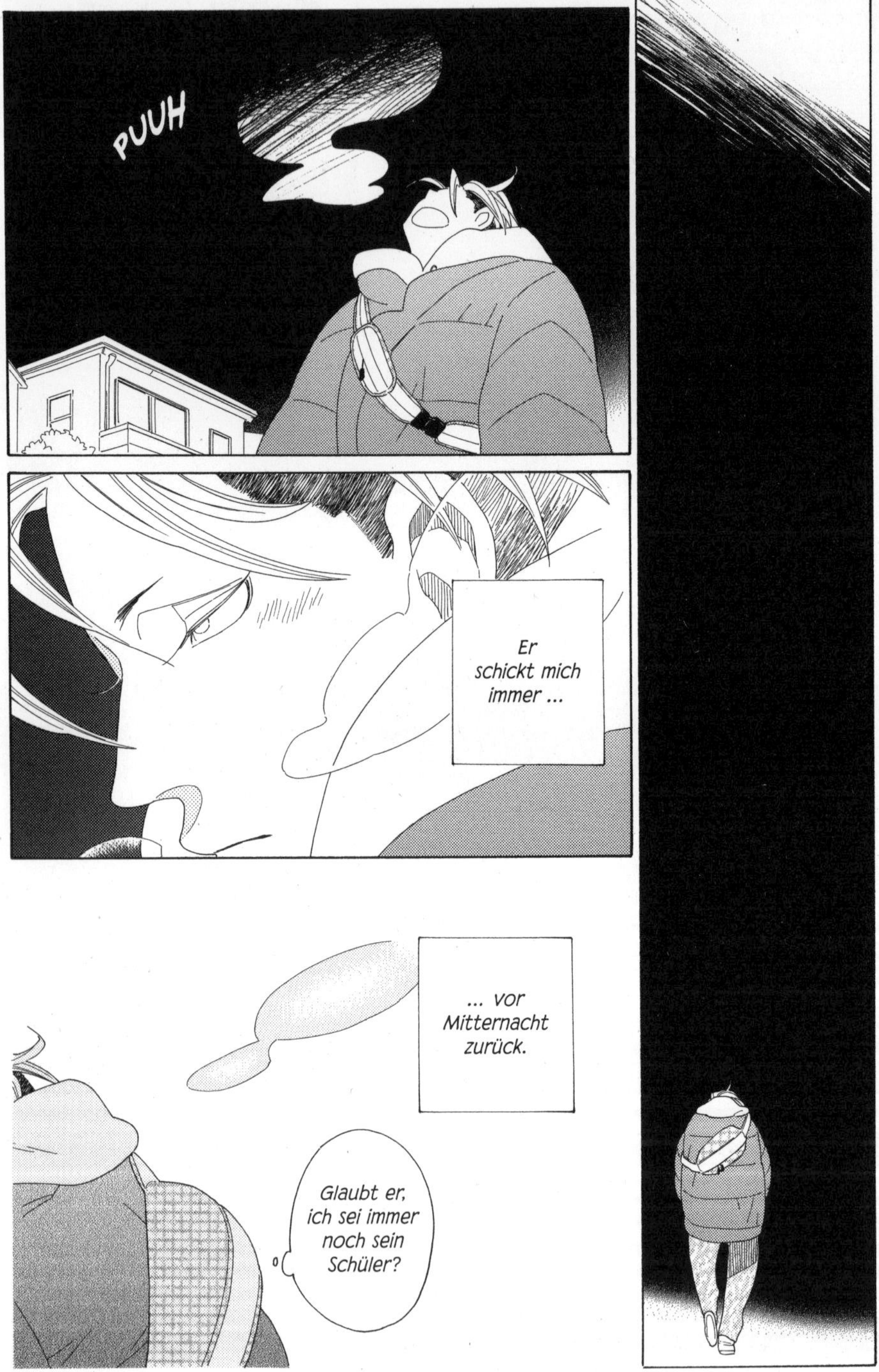
PUUH
Er schickt mich immer ...
... vor Mitternacht zurück.
Glaubt er, ich sei immer noch sein Schüler?

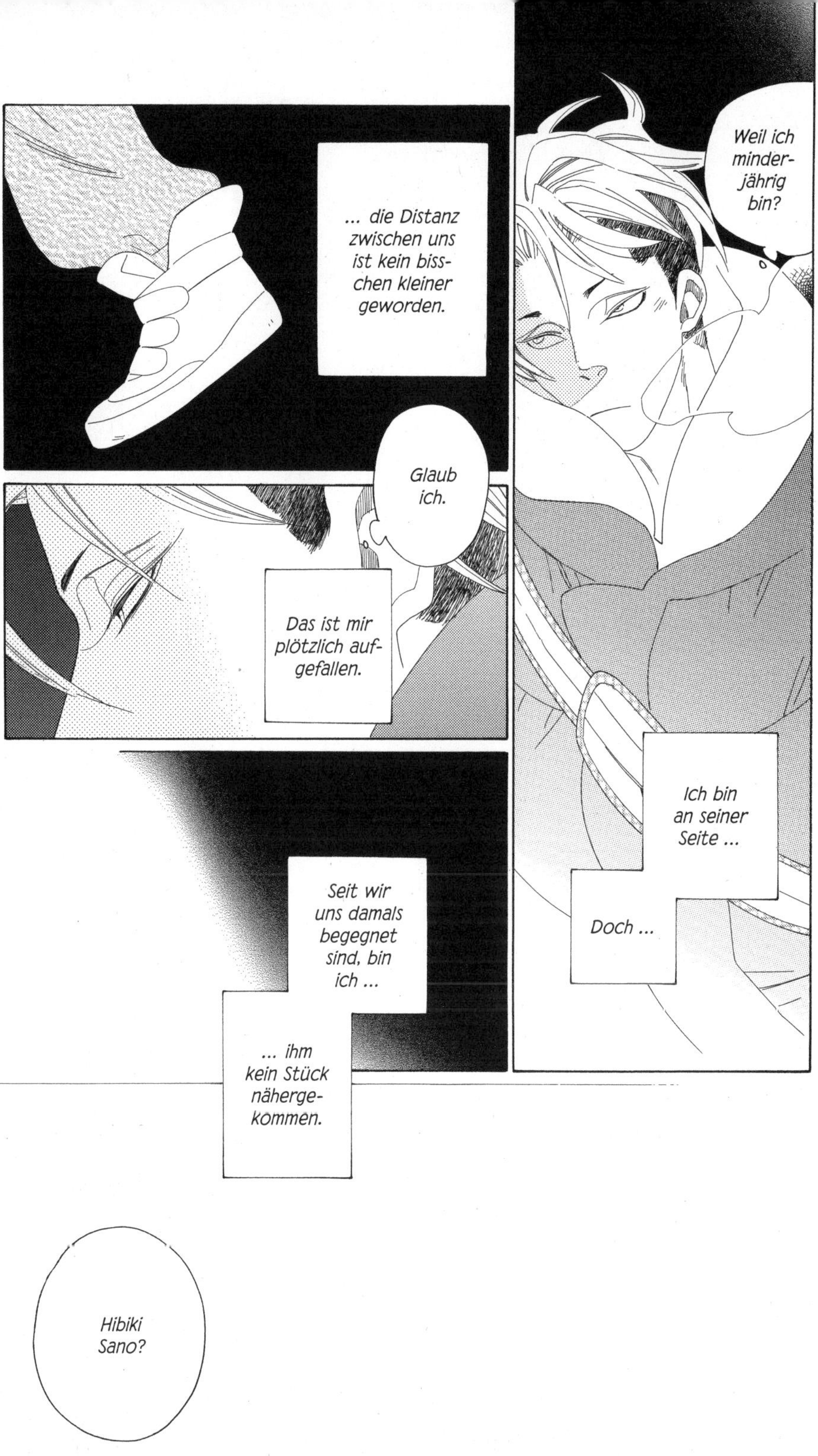
Weil ich minderjährig bin?
Ich bin an seiner Seite ...
Doch ...
... die Distanz zwischen uns ist kein bisschen kleiner geworden.
Glaub ich.
Das ist mir plötzlich aufgefallen.
Seit wir uns damals begegnet sind, bin ich ...
... ihm kein Stück nähergekommen.
Hibiki Sano?

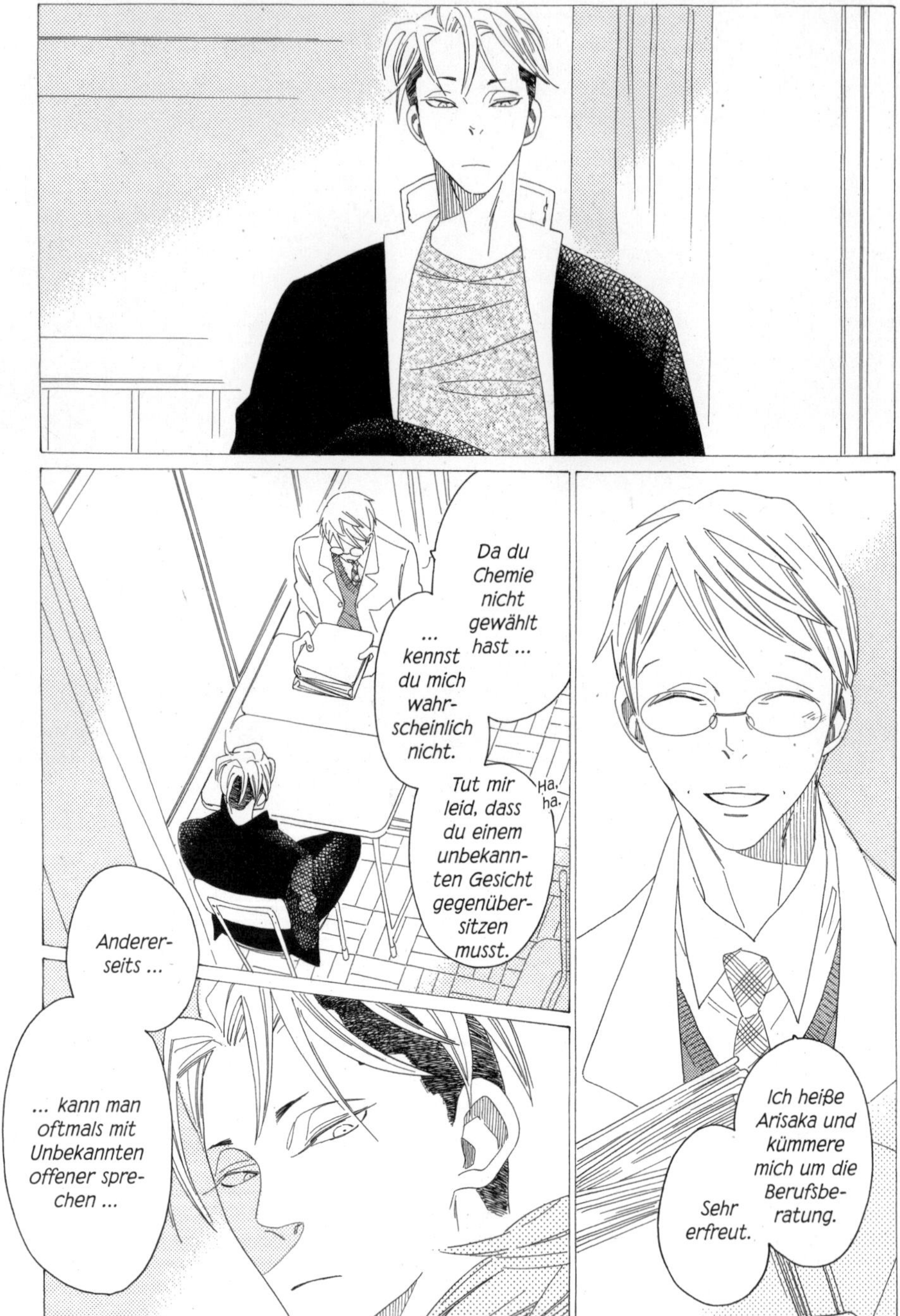
Ich heiße Arisaka und kümmere mich um die Berufsberatung.
Sehr erfreut.
Da du Chemie nicht gewählt hast ...
... kennst du mich wahrscheinlich nicht.
Ha, ha.
Tut mir leid, dass du einem unbekannten Gesicht gegenübersitzen musst.
Andererseits ...
... kann man oftmals mit Unbekannten offener sprechen ...

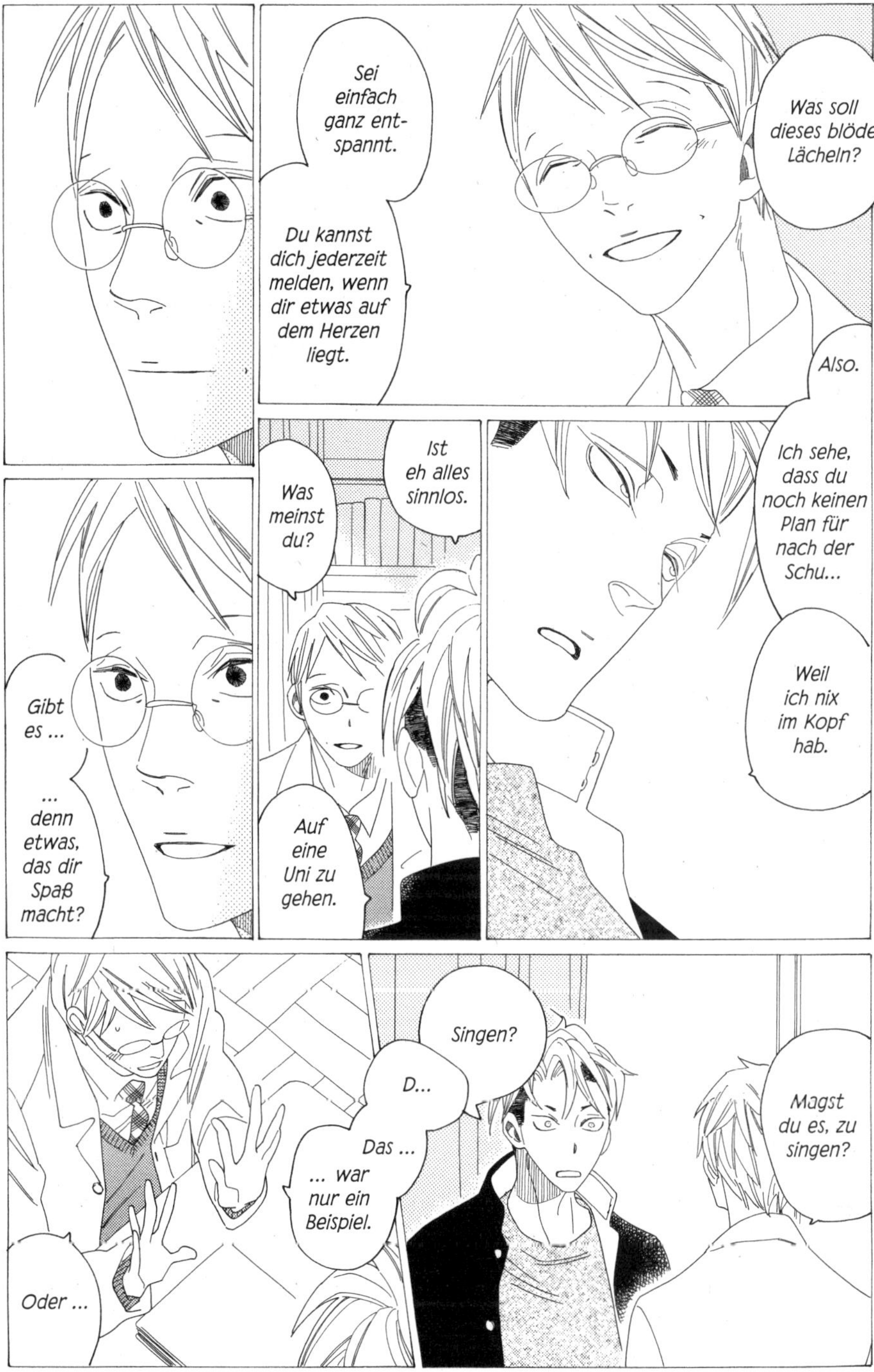
Was soll dieses blöde Lächeln?
Sei einfach ganz entspannt.
Du kannst dich jederzeit melden, wenn dir etwas auf dem Herzen liegt.
Also.
Ich sehe, dass du noch keinen Plan für nach der Schu...
Weil ich nix im Kopf hab.
Ist eh alles sinnlos.
Was meinst du?
Auf eine Uni zu gehen.
Gibt es ...
... denn etwas, das dir Spaß macht?
Magst du es, zu singen?
Singen?
D...
Das ...
... war nur ein Beispiel.
Oder ...

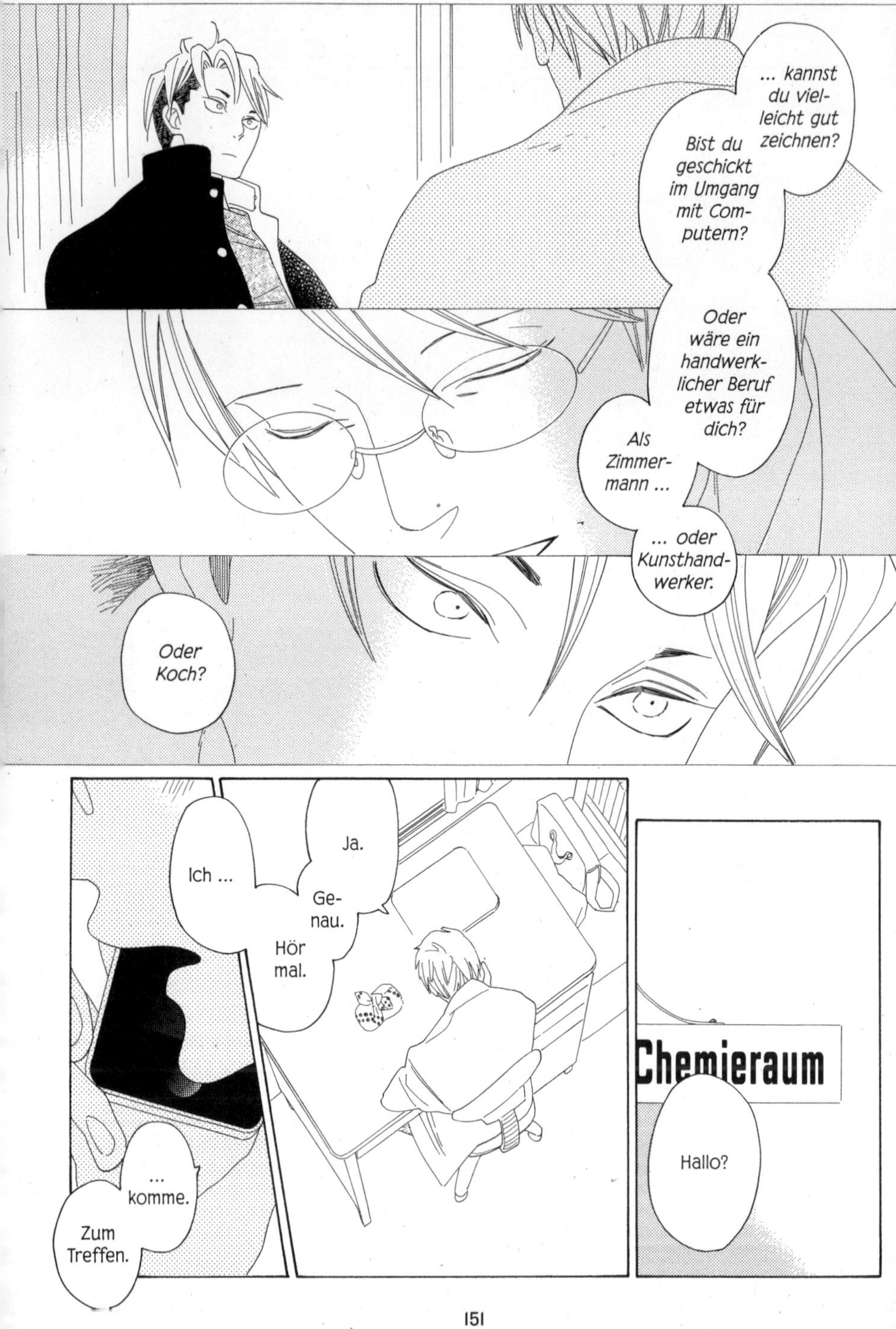
… kannst du vielleicht gut zeichnen?
Bist du geschickt im Umgang mit Computern?
Oder wäre ein handwerklicher Beruf etwas für dich?
Als Zimmermann …
… oder Kunsthandwerker.
Oder Koch?
Chemieraum
Hallo?
Ja.
Genau.
Hör mal.
Ich …
… komme.
Zum Treffen.

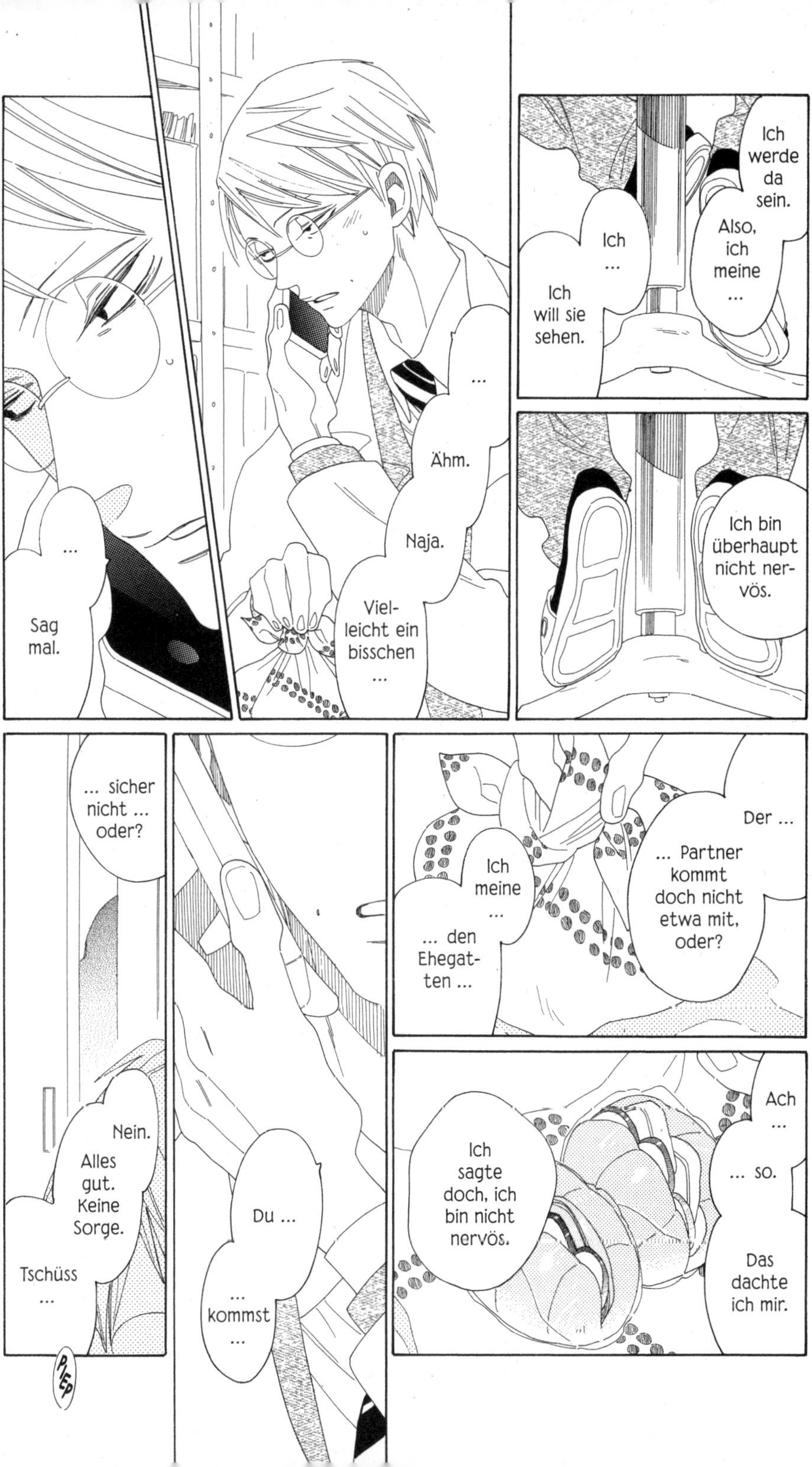
Ich werde da sein.
Also, ich meine ...
Ich ...
Ich will sie sehen.
Ich bin überhaupt nicht nervös.
...
Ähm.
Naja.
Vielleicht ein bisschen ...
...
Sag mal.
Der ...
... Partner kommt doch nicht etwa mit, oder?
Ich meine ...
... den Ehegatten ...
Ach ...
... so.
Das dachte ich mir.
Ich sagte doch, ich bin nicht nervös.
Du ...
... kommst ...
... sicher nicht ... oder?
Nein.
Alles gut. Keine Sorge.
Tschüss ...
PIEP

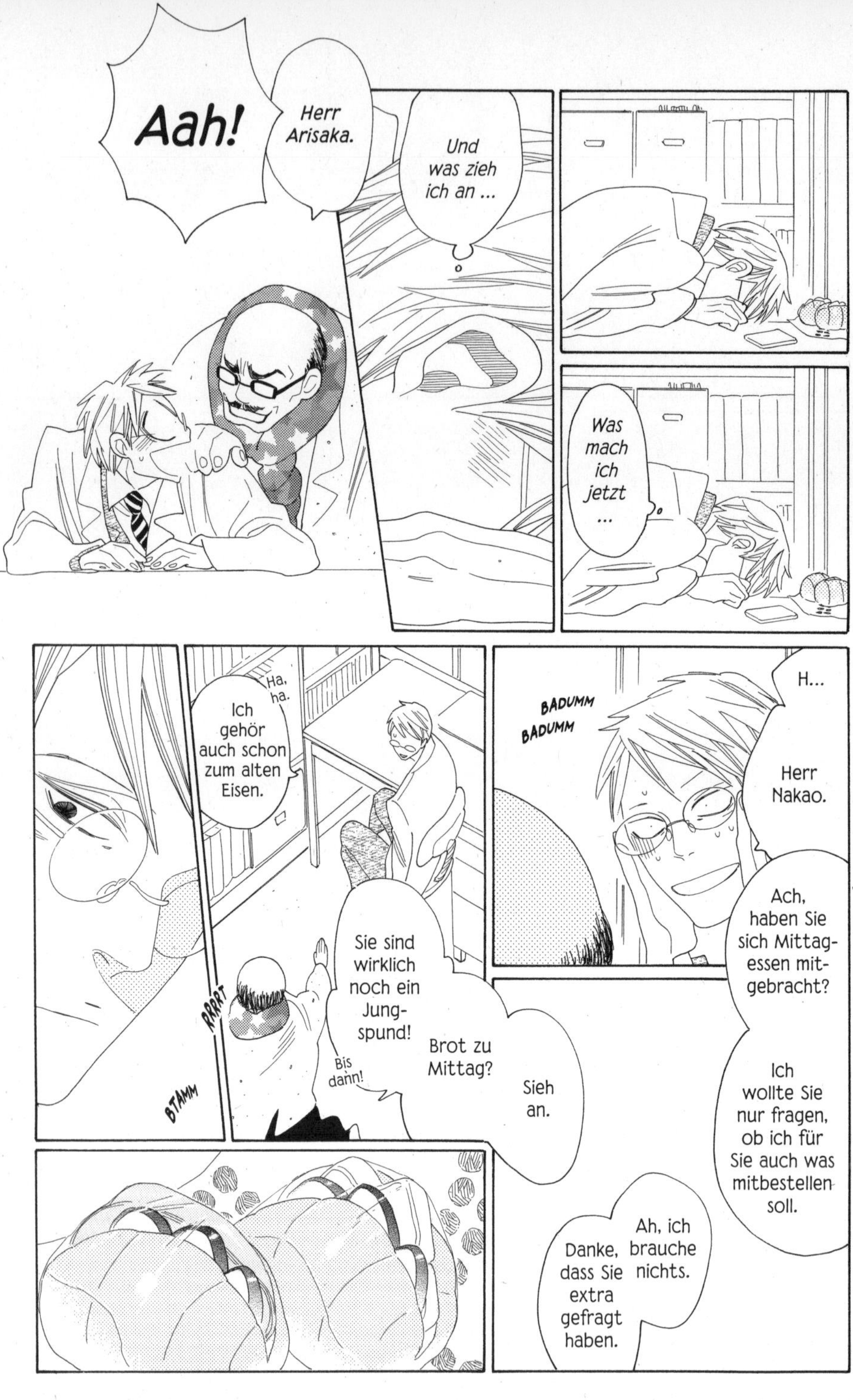
Was mach ich jetzt ...
Und was zieh ich an ...
Herr Arisaka.
Aah!
BADUMM BADUMM
H...
Herr Nakao.
Ach, haben Sie sich Mittagessen mitgebracht?
Ich wollte Sie nur fragen, ob ich für Sie auch was mitbestellen soll.
Ah, ich brauche nichts.
Danke, dass Sie extra gefragt haben.
Ha, ha.
Ich gehör auch schon zum alten Eisen.
Sie sind wirklich noch ein Jungspund!
Bis dann!
RRRT
Brot zu Mittag?
Sieh an.
BTAMM

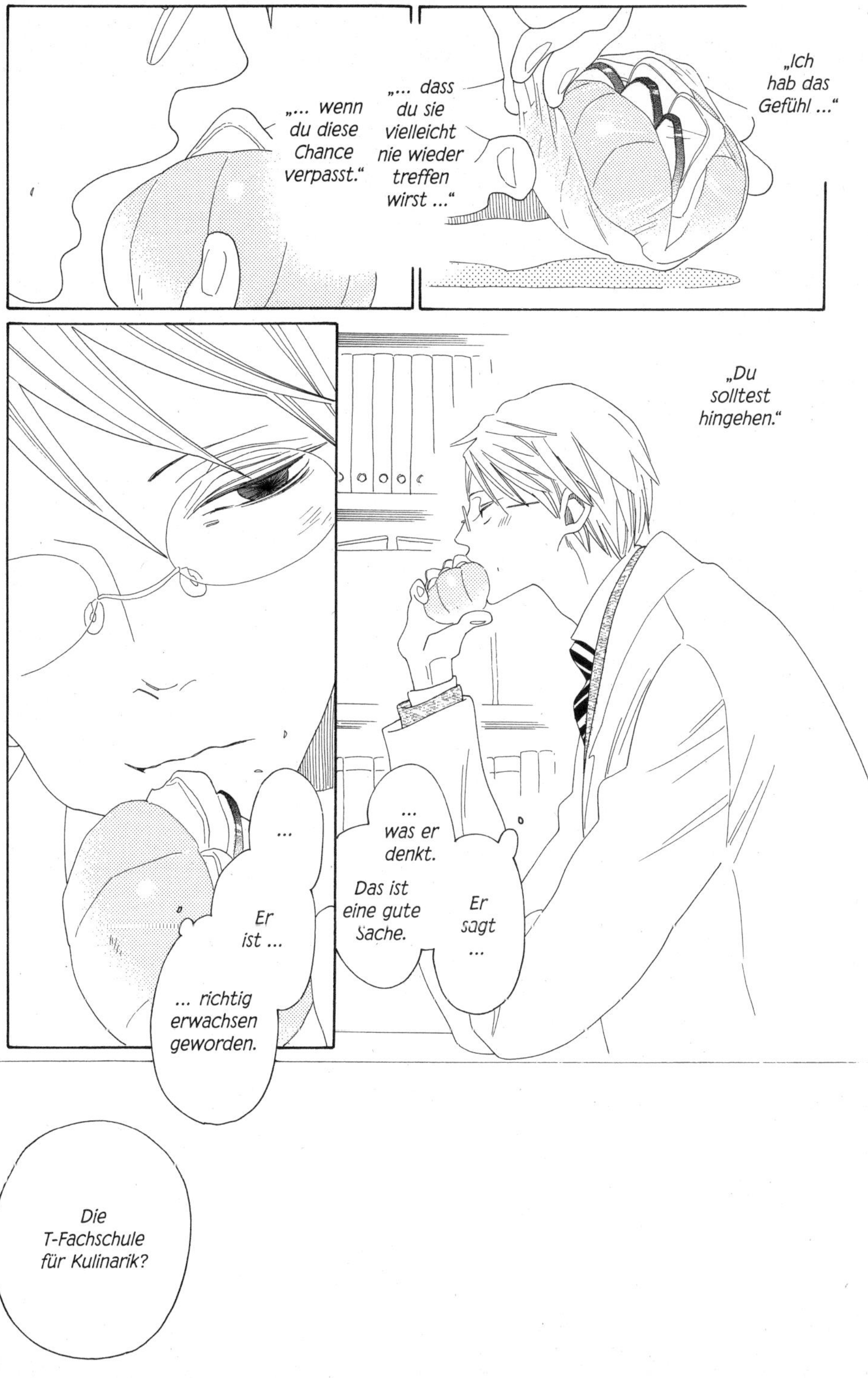
„Ich hab das Gefühl ...“
„... dass du sie vielleicht nie wieder treffen wirst ...“
„... wenn du diese Chance verpasst.“
„Du solltest hingehen.“
Er sagt ...
... was er denkt.
Das ist eine gute Sache.
...
Er ist ...
... richtig erwachsen geworden.
Die T-Fachschule für Kulinarik?

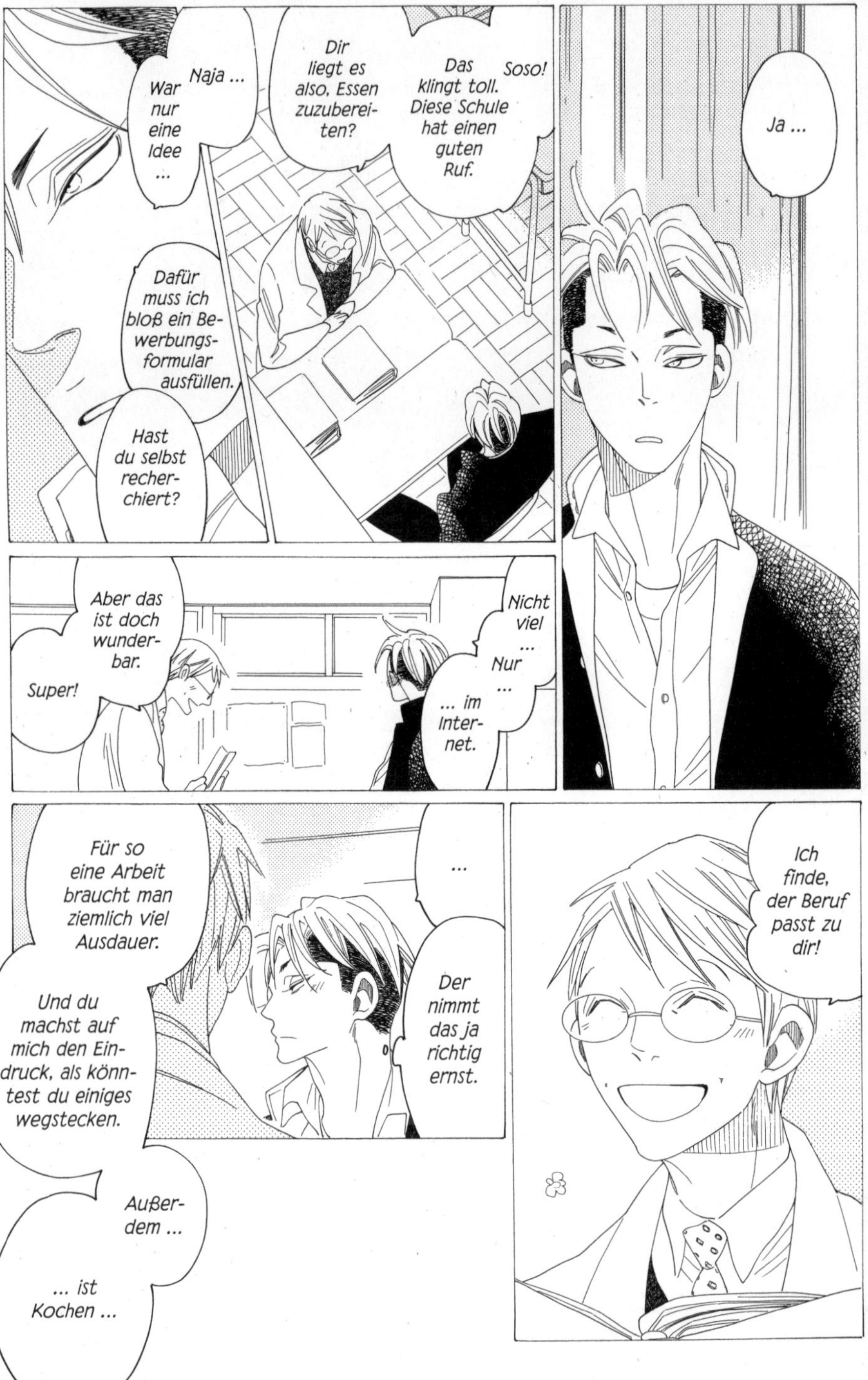
Ja ...
Soso!
Das klingt toll. Diese Schule hat einen guten Ruf.
Dir liegt es also, Essen zuzubereiten?
Naja ...
War nur eine Idee ...
Dafür muss ich bloß ein Bewerbungsformular ausfüllen.
Hast du selbst recherchiert?
Nicht viel ...
Nur ...
... im Internet.
Aber das ist doch wunderbar.
Super!
Ich finde, der Beruf passt zu dir!
...
Der nimmt das ja richtig ernst.
Für so eine Arbeit braucht man ziemlich viel Ausdauer.
Und du machst auf mich den Eindruck, als könntest du einiges wegstecken.
Außerdem ...
... ist Kochen ...

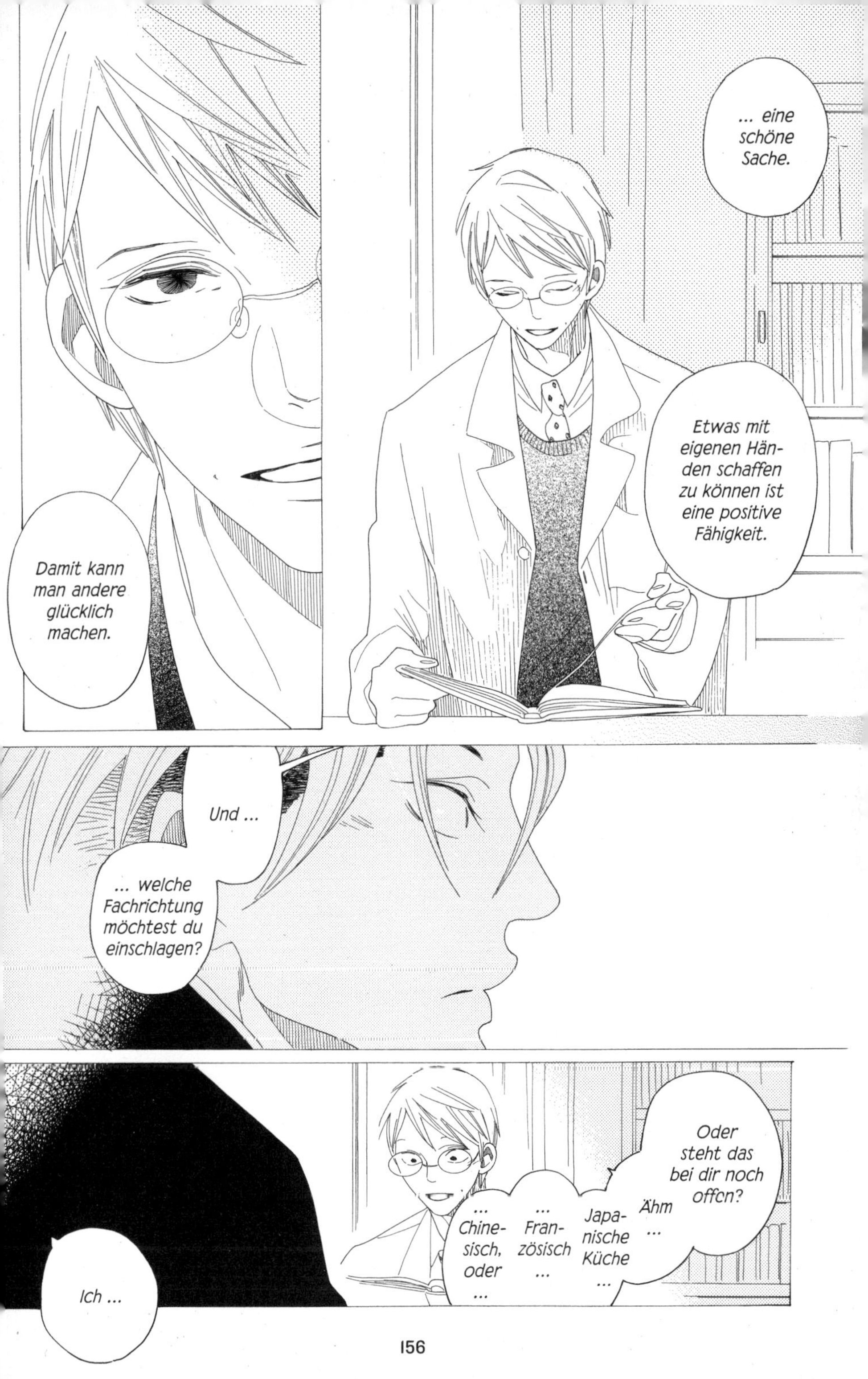

... eine schöne Sache.
Etwas mit eigenen Händen schaffen zu können ist eine positive Fähigkeit.
Damit kann man andere glücklich machen.
Und ...
... welche Fachrichtung möchtest du einschlagen?
Oder steht das bei dir noch offen?
Ähm ...
Japanische Küche ...
... Französisch ...
... Chinesisch, oder ...
Ich ...

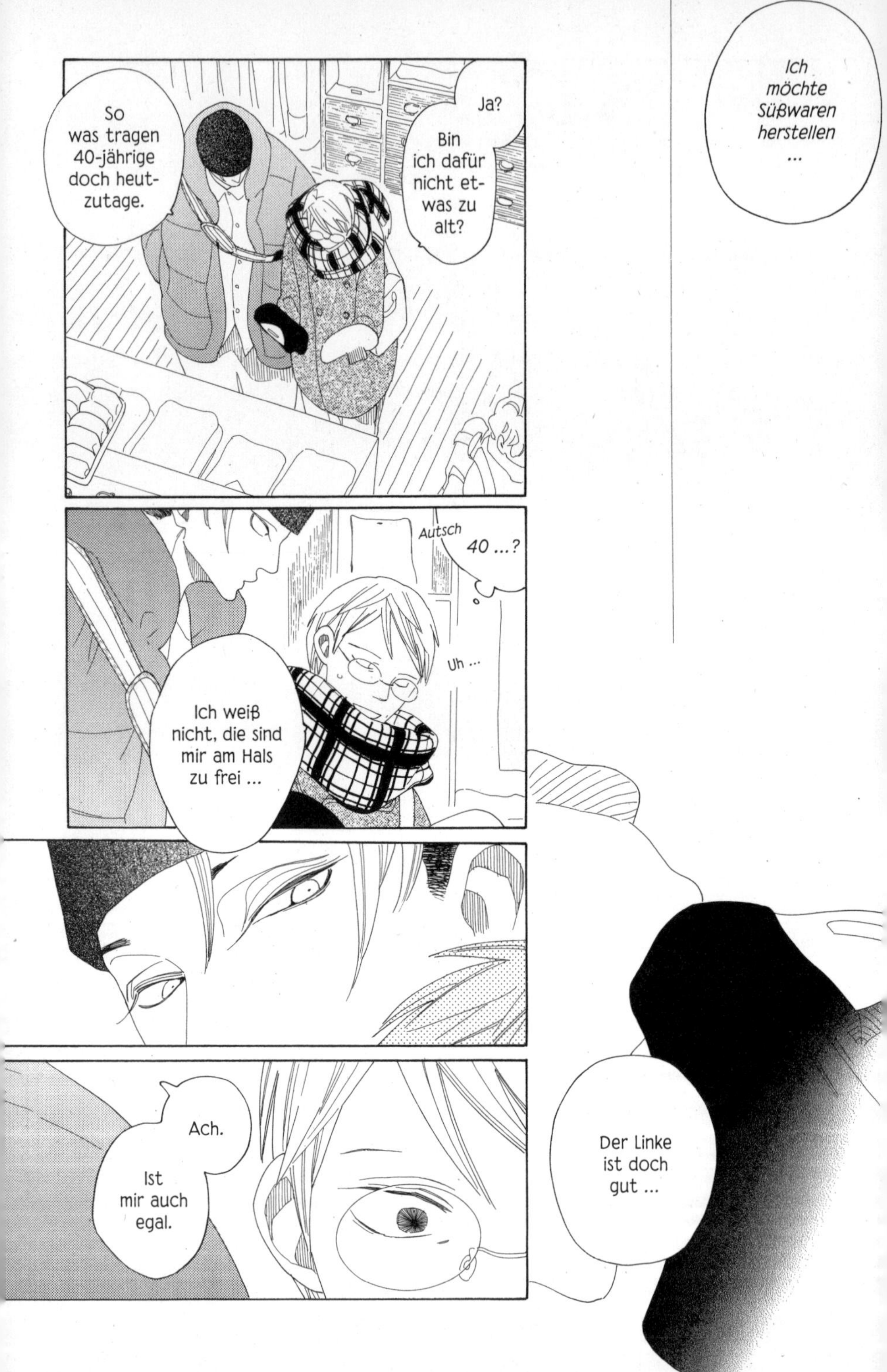
Ich möchte Süßwaren herstellen ...
Ja? Bin ich dafür nicht etwas zu alt?
So was tragen 40-jährige doch heutzutage.
Autsch
40 ...?
Uh ...
Ich weiß nicht, die sind mir am Hals zu frei ...
Der Linke ist doch gut ...
Ach.
Ist mir auch egal.

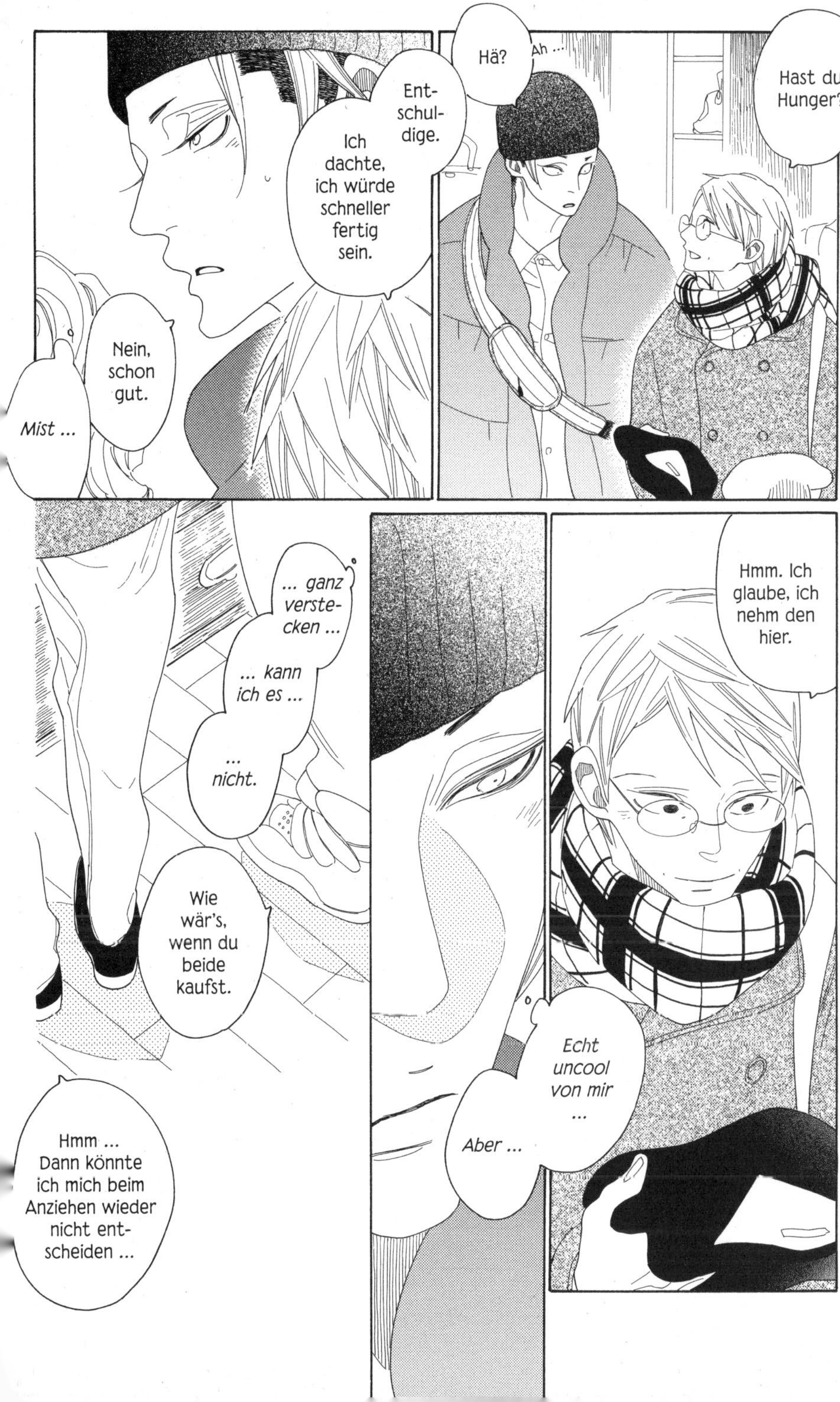
Hast du Hunger?
Ah ...
Hä?
Entschuldige.
Ich dachte, ich würde schneller fertig sein.
Nein, schon gut.
Mist ...
Hmm. Ich glaube, ich nehm den hier.
Echt uncool von mir ...
Aber ...
... ganz verstecken ...
... kann ich es ...
... nicht.
Wie wär's, wenn du beide kaufst.
Hmm ... Dann könnte ich mich beim Anziehen wieder nicht entscheiden ...

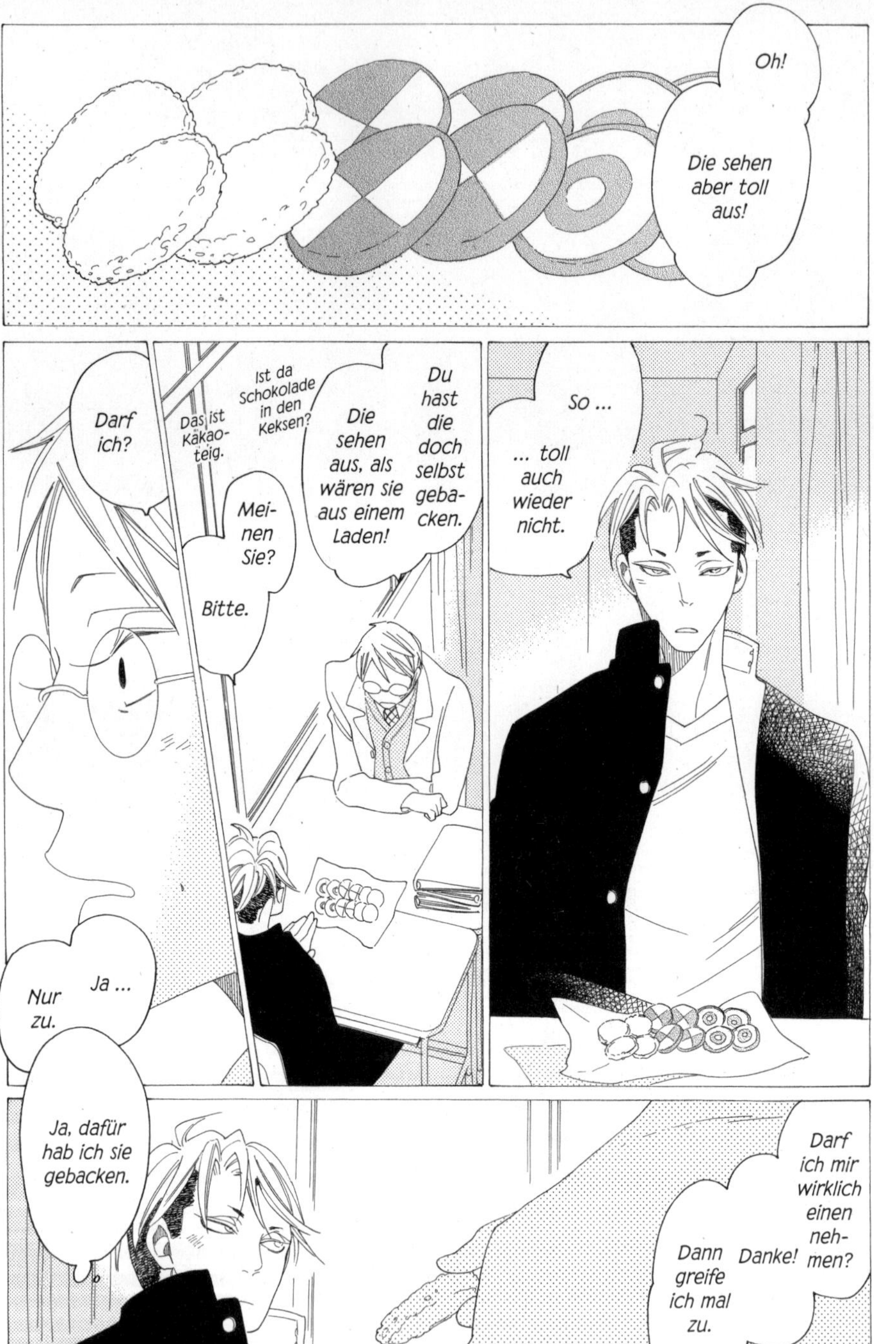
Oh!
Die sehen aber toll aus!
So ...
... toll auch wieder nicht.
Du hast die doch selbst gebacken.
Die sehen aus, als wären sie aus einem Laden!
Ist da Schokolade in den Keksen?
Das ist Kakaoteig.
Meinen Sie?
Bitte.
Darf ich?
Ja ...
Nur zu.
Darf ich mir wirklich einen nehmen?
Danke!
Dann greife ich mal zu.
Ja, dafür hab ich sie gebacken.

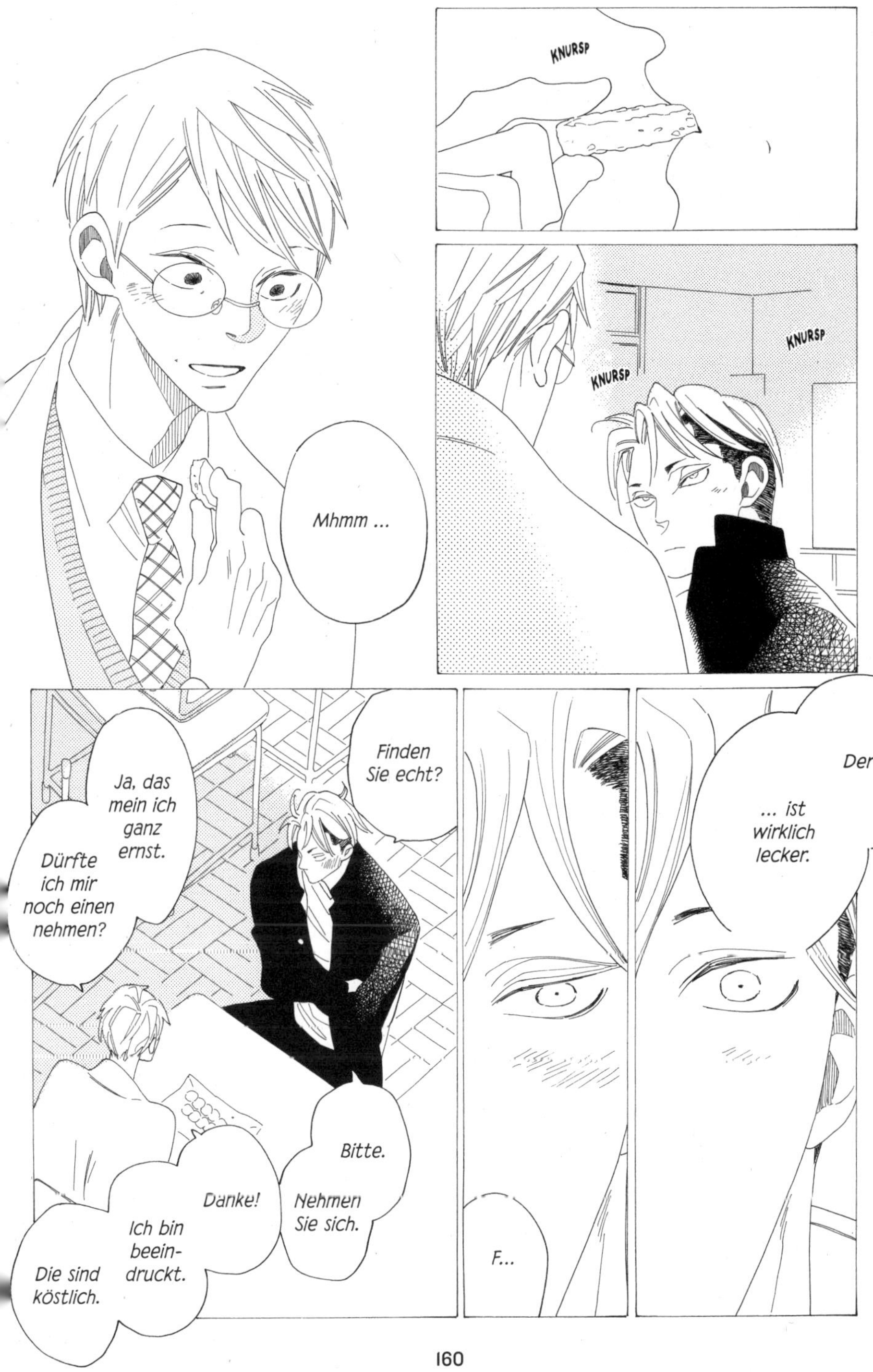
KNURSP
KNURSP
KNURSP
Mhmm ...
Der ...
... ist wirklich lecker.
F...
Finden Sie echt?
Ja, das mein ich ganz ernst.
Dürfte ich mir noch einen nehmen?
Bitte.
Nehmen Sie sich.
Danke!
Ich bin beeindruckt.
Die sind köstlich.

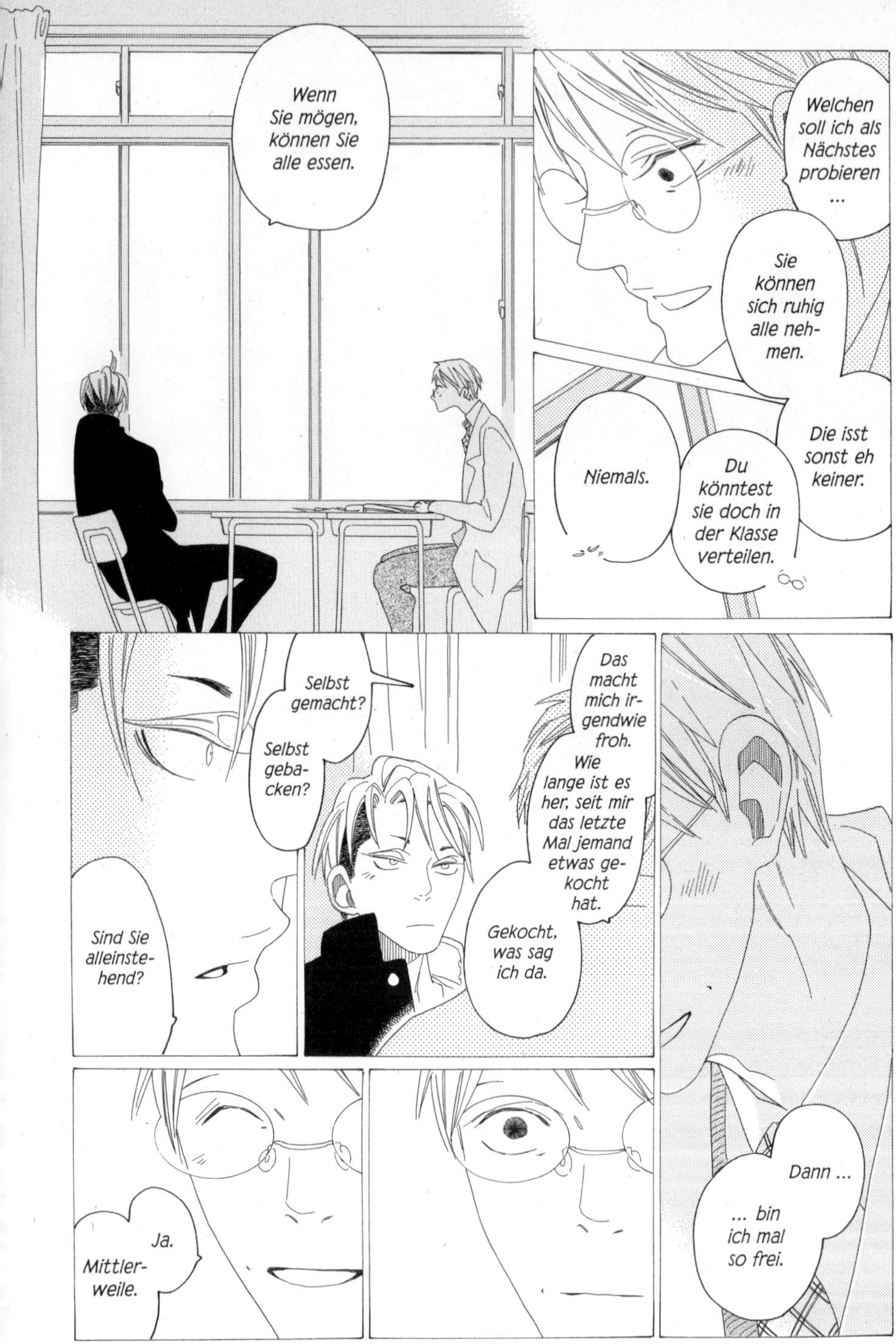
Welchen soll ich als Nächstes probieren ...
Sie können sich ruhig alle nehmen.
Die isst sonst eh keiner.
Du könntest sie doch in der Klasse verteilen.
Niemals.
Wenn Sie mögen, können Sie alle essen.
Dann ...
... bin ich mal so frei.
Das macht mich irgendwie froh.
Wie lange ist es her, seit mir das letzte Mal jemand etwas gekocht hat.
Gekocht, was sag ich da.
Selbst gemacht?
Selbst gebacken?
Sind Sie alleinstehend?
Ja. Mittlerweile.

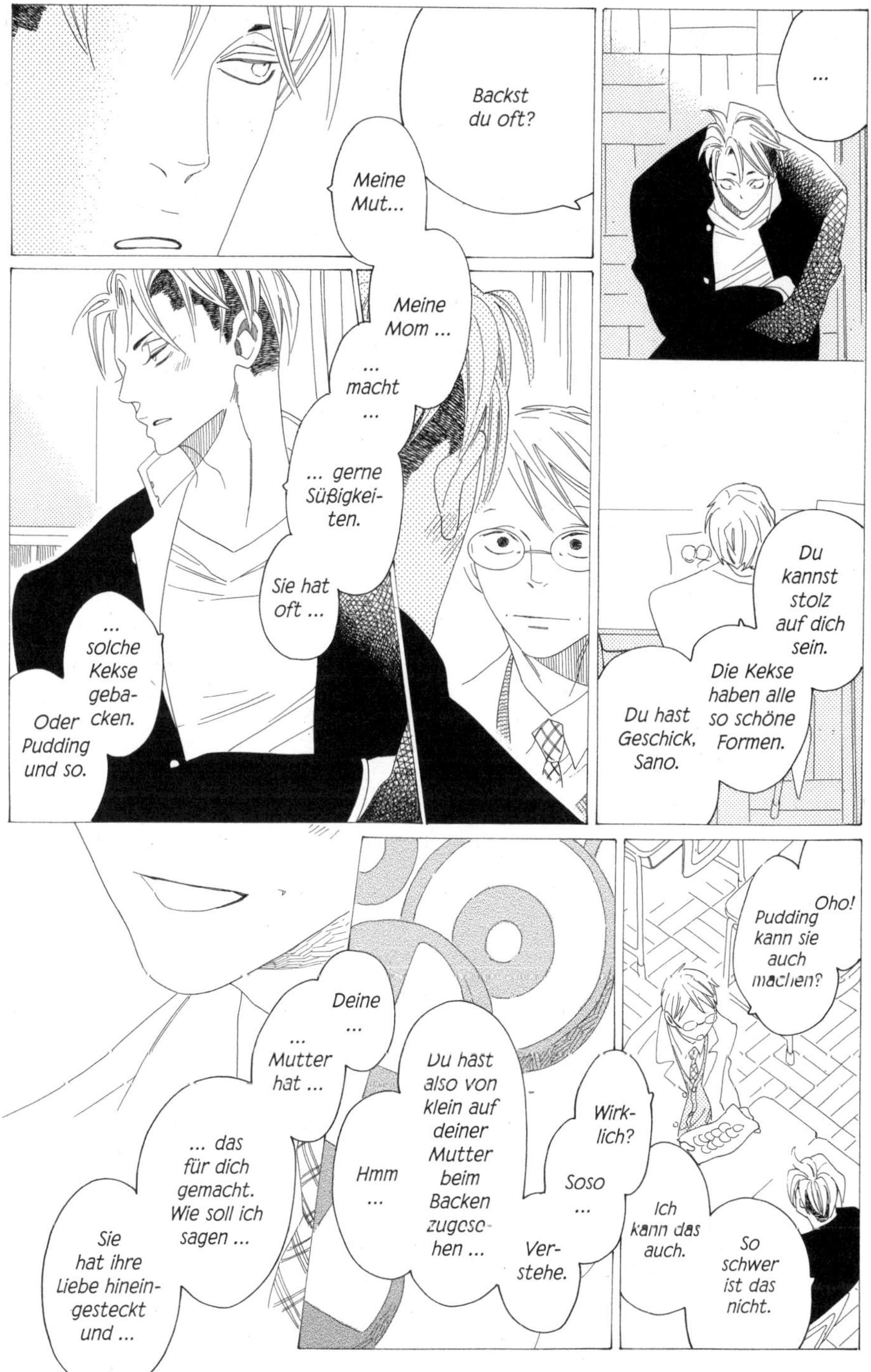
...
Backst du oft?
Meine Mut...
Du kannst stolz auf dich sein.
Die Kekse haben alle so schöne Formen.
Du hast Geschick, Sano.
Meine Mom ...
... macht ...
... gerne Süßigkeiten.
Sie hat oft ...
... solche Kekse gebacken.
Oder Pudding und so.
Oho! Pudding kann sie auch machen?
Ich kann das auch.
So schwer ist das nicht.
Wirklich?
Soso ...
Verstehe.
Du hast also von klein auf deiner Mutter beim Backen zugesehen ...
Hmm ...
Deine ...
... Mutter hat ...
... das für dich gemacht. Wie soll ich sagen ...
Sie hat ihre Liebe hineingesteckt und ...

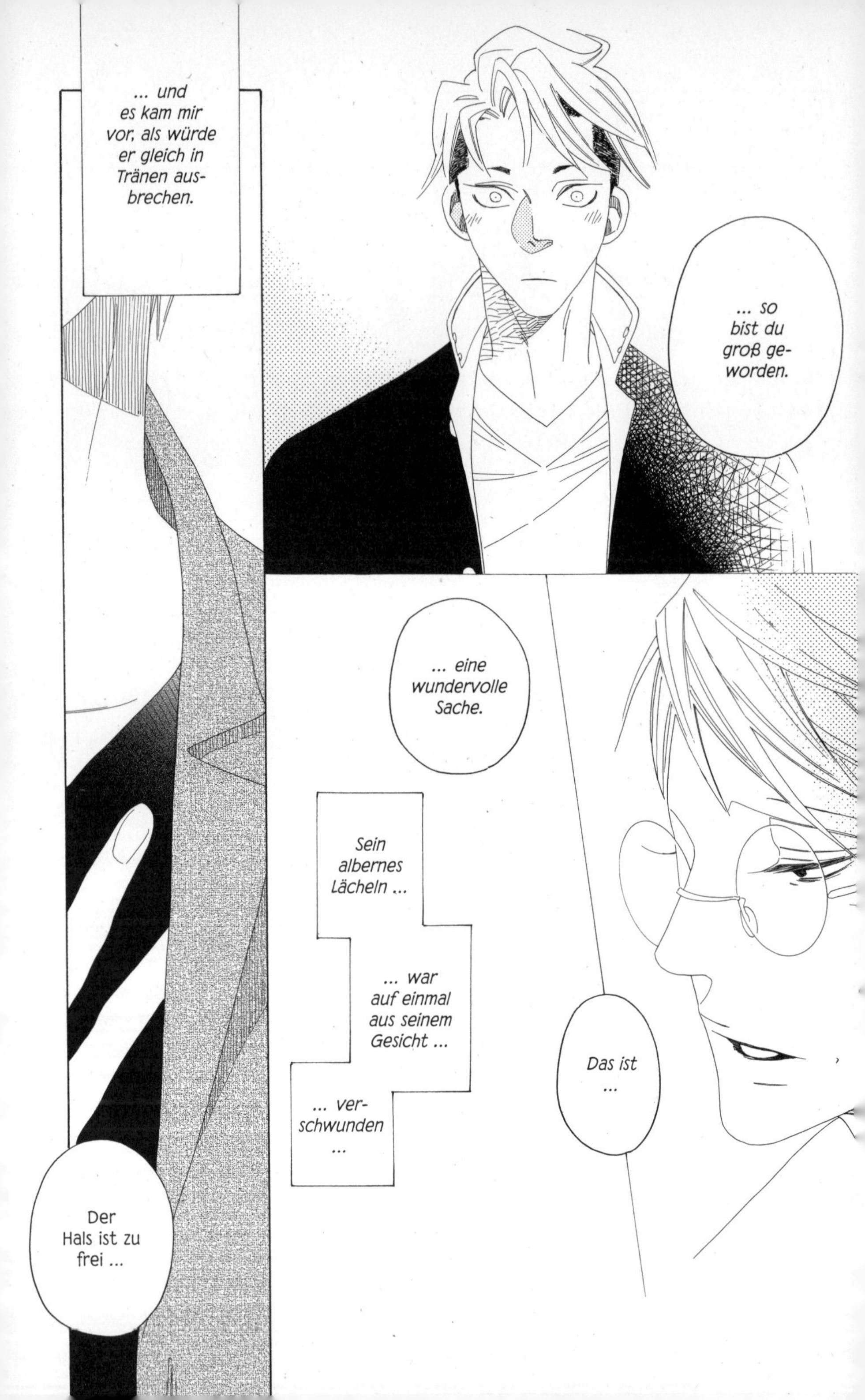

... so bist du groß geworden.
Das ist ...
... eine wundervolle Sache.
Sein albernes Lächeln ...
... war auf einmal aus seinem Gesicht ...
... verschwunden ...
... und es kam mir vor, als würde er gleich in Tränen ausbrechen.
Der Hals ist zu frei ...

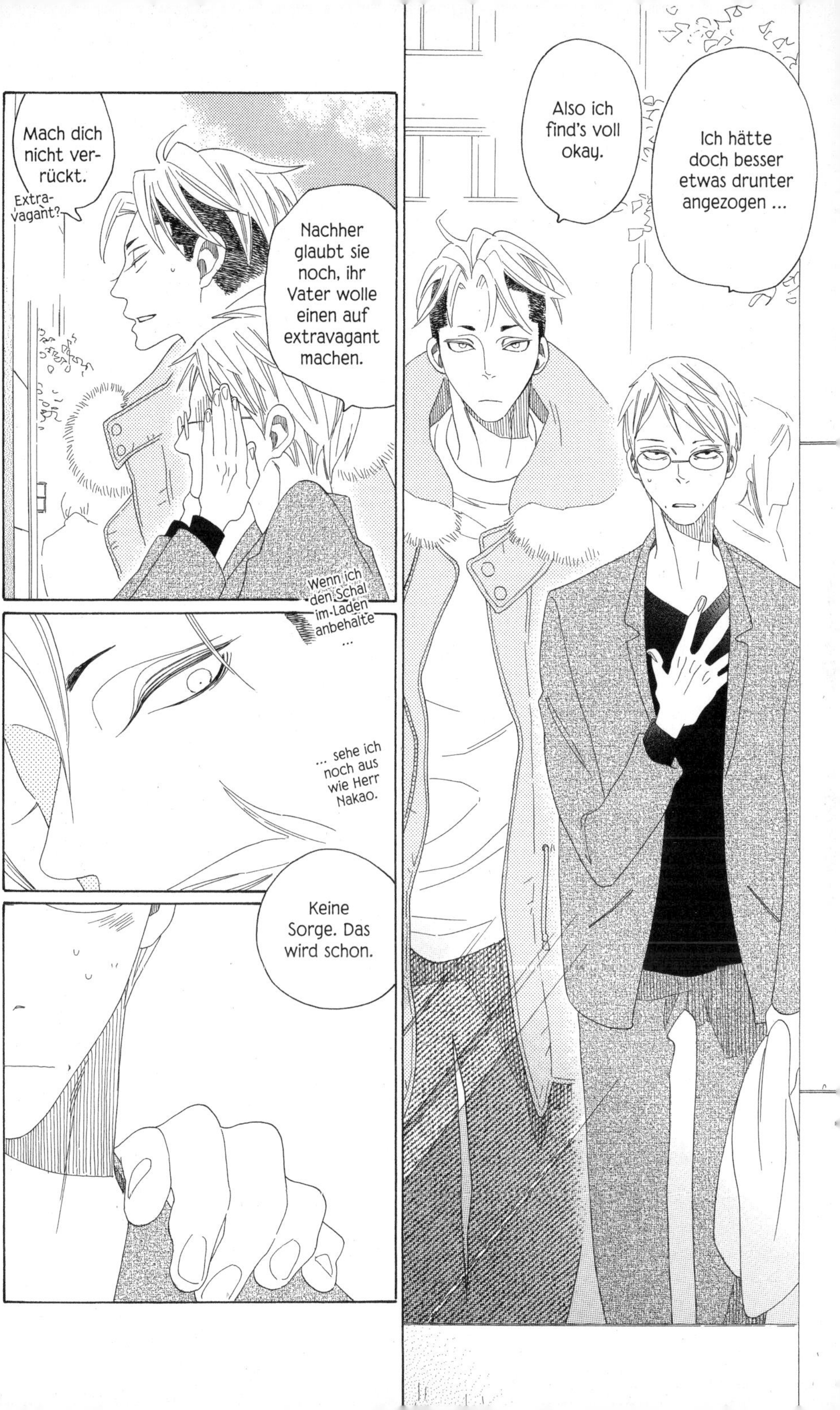
Ich hätte doch besser etwas drunter angezogen ...
Also ich find's voll okay.
Mach dich nicht verrückt.
Extravagant?
Nachher glaubt sie noch, ihr Vater wolle einen auf extravagant machen.
Wenn ich den Schal im Laden anbehalte ...
... sehe ich noch aus wie Herr Nakao.
Keine Sorge. Das wird schon.

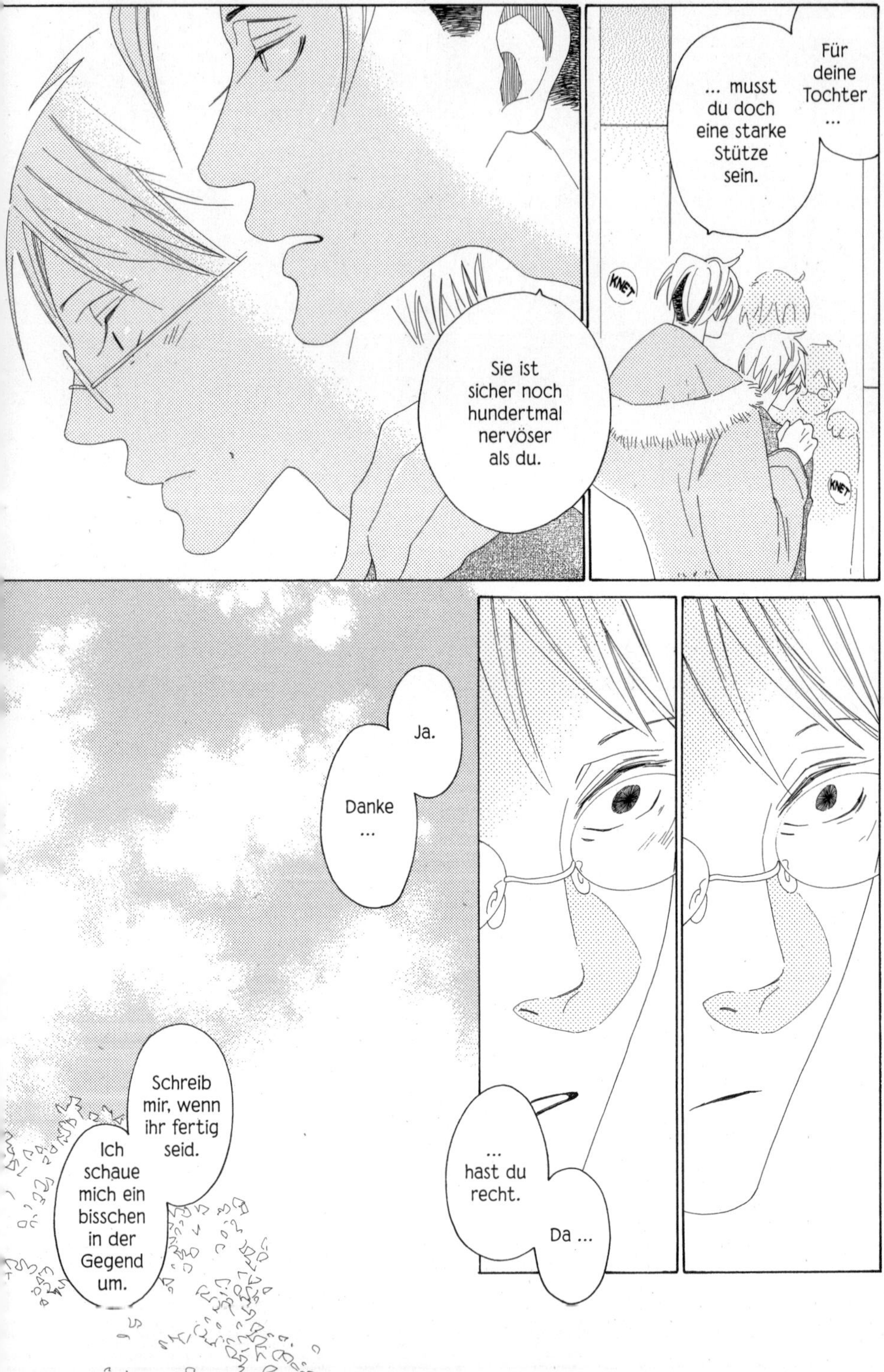
Für deine Tochter ...
... musst du doch eine starke Stütze sein.
KNET
KNET
Sie ist sicher noch hundertmal nervöser als du.
Da ...
... hast du recht.
Ja.
Danke ...
Schreib mir, wenn ihr fertig seid.
Ich schaue mich ein bisschen in der Gegend um.

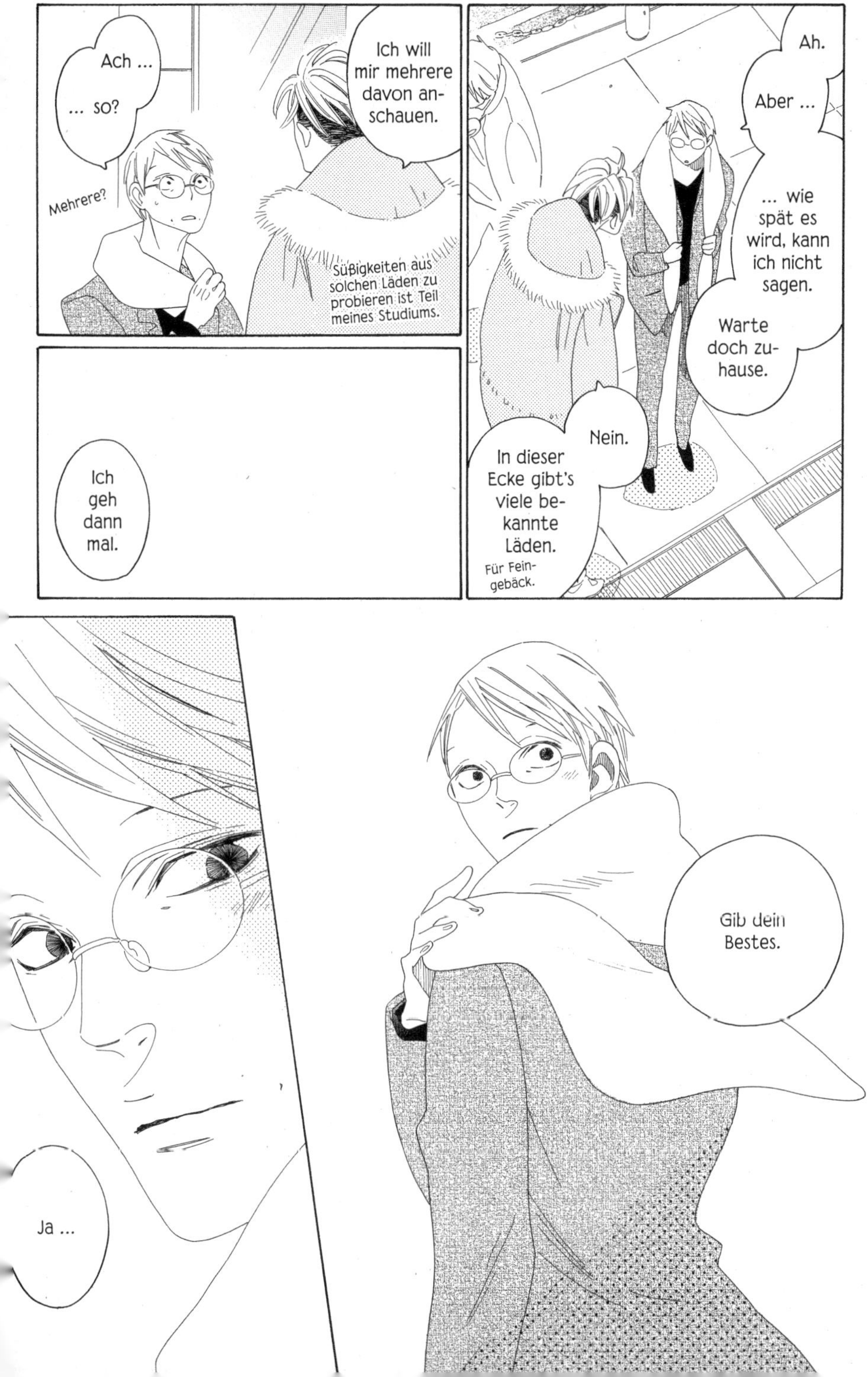
Ach ...
... so?
Mehrere?
Ich will mir mehrere davon anschauen.
Süßigkeiten aus solchen Läden zu probieren ist Teil meines Studiums.
Ah.
Aber ...
... wie spät es wird, kann ich nicht sagen.
Warte doch zuhause.
Nein.
In dieser Ecke gibt's viele bekannte Läden.
Für Feingebäck.
Ich geh dann mal.
Gib dein Bestes.
Ja ...

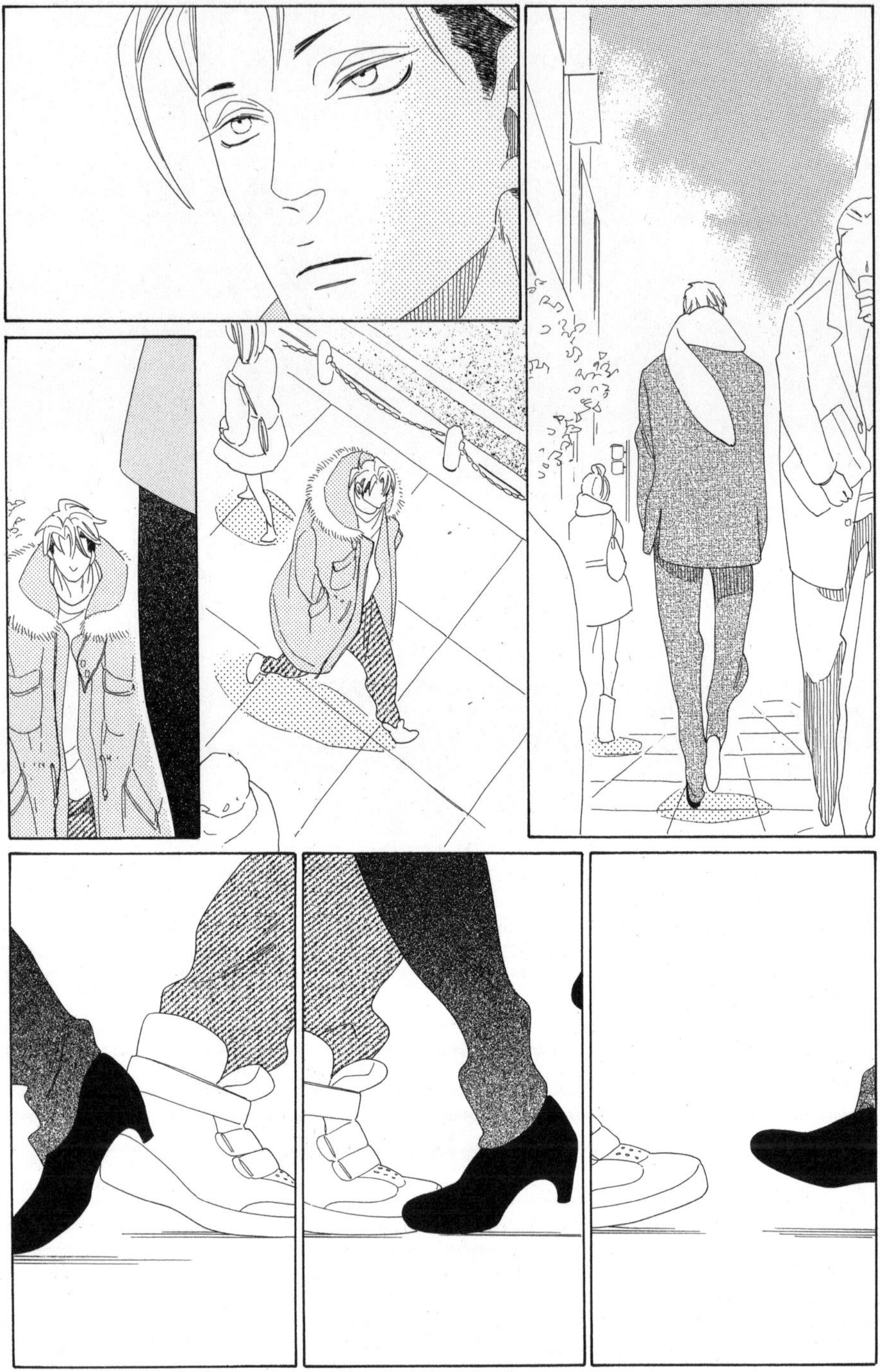

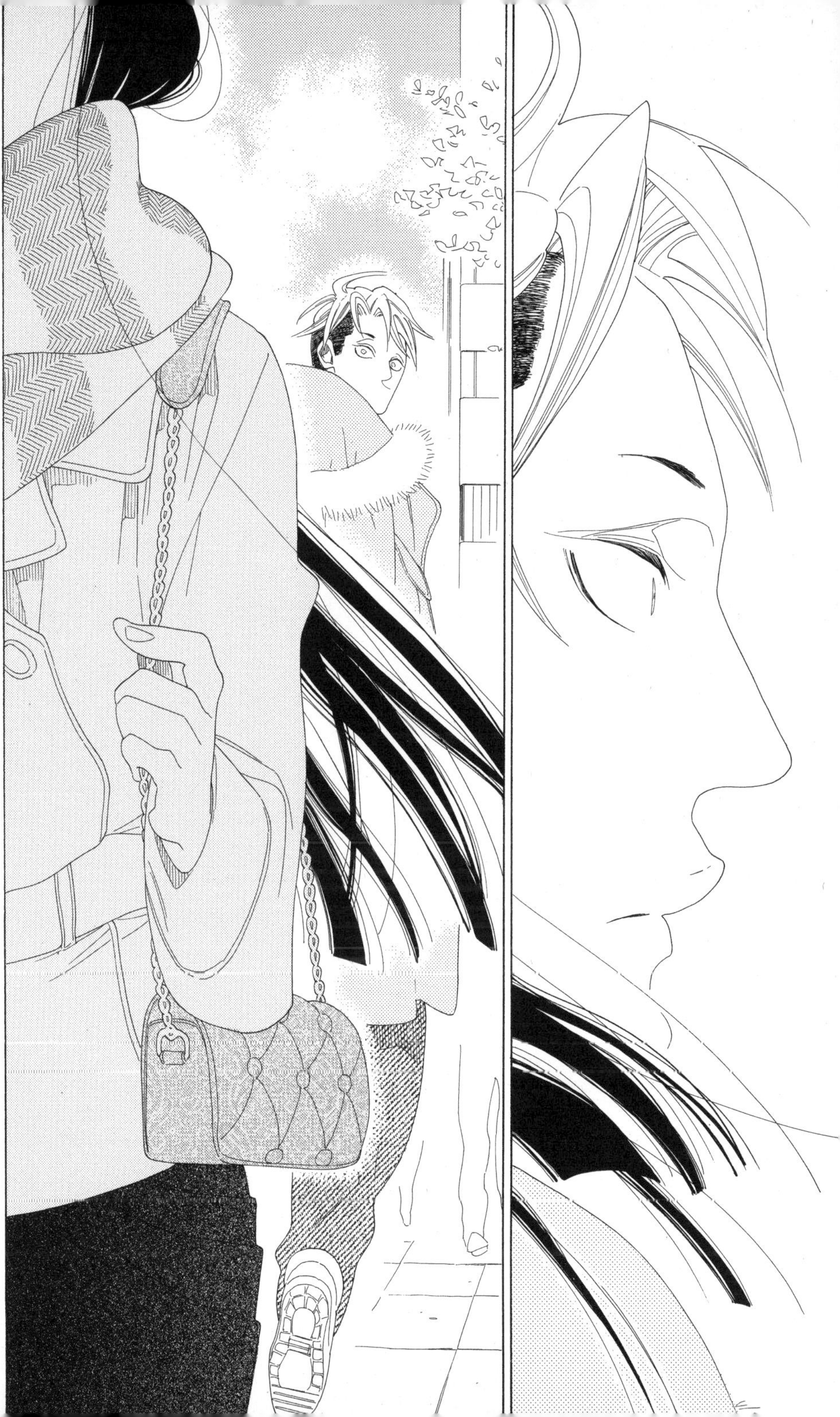

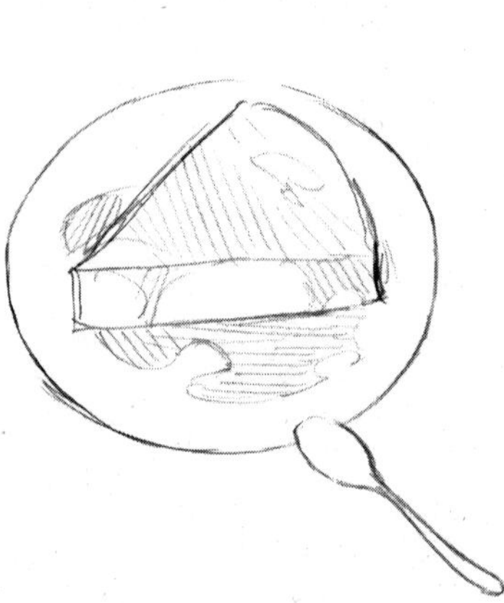

manga 漫画 cult

manga 漫画 Cult

MANGA CULT Checkliste ☑

CELLS AT WORK!
An die Arbeit, Blutplättchen!
von Yuko Kakihara & Yasu & Akane Shimizu
☐ Band 01-04
14x21 | SC | Comedy | 13+
€ 7,99 (D) | **Abgeschlossen**

CELLS AT WORK! BLACK
von Shigemitsu Harada & Issey Hatsuyoshiya & Akane Shimizu
☐ Band 01-08
14x21 | SC | Action | Science | 16+
€ 10,– (D) | **Abgeschlossen**

COFFEE MOON **NEU**
von Mochito Bota
☐ Band 01 ISBN: 978-3-7573-0354-9
August 2024
14x21 | SC | Mystery | 15+
€ 10,– (D)

COLORLESS
von KENT
☐ Band 01 ISBN: 978-3-96433-797-9
☐ Band 02 ISBN: 978-3-96433-798-6
☐ Band 03 ISBN: 978-3-96433-799-3
☐ Band 04 ISBN: 978-3-96433-800-6
☐ Band 05 ISBN: 978-3-96433-801-3
☐ Band 06 ISBN: 978-3-96433-802-0
Juni 2024
☐ Band 07 ISBN: 978-3-96433-803-7
August 2024
14x21 | SC | Science-Fiction | 16+
€ 12,– (D)

CUTIE AND THE BEAST
von Yuhi Azumi
☐ Band 01 ISBN: 978-3-96433-390-2
☐ Band 02 ISBN: 978-3-96433-391-9
☐ Band 03 ISBN: 978-3-96433-392-6
14x21 | SC | Romance | 13+
€ 7,99 (D)

DAI DARK
von Q-Hayashida
☐ Band 01 ISBN: 978-3-96433-779-5
☐ Band 02 ISBN: 978-3-96433-780-1
☐ Band 03 ISBN: 978-3-96433-781-8
☐ Band 04 ISBN: 978-3-96433-782-5
☐ Band 05 ISBN: 978-3-96433-783-2
☐ Band 06 ISBN: 978-3-7573-0282-5
☐ Band 07 ISBN: 978-3-7573-0292-4
August 2024
14x21 | SC | Science-Fiction | 16+
€ 10,– (D)

DARLING IN THE FRANXX **NEU**
von Code:000 & Kentaro Yabuki
☐ Band 01 ISBN: 978-3-7573-0316-7
August 2024
14x21 | SC | Science-Fiction | 16+
€ 10,– (D)

DAS LAND DER JUWELEN
von Haruko Ichikawa
☐ Band 01-11
☐ Band 12 ISBN: 978-3-7573-0062-3
14x21 | SC mit Klappen | Fantasy | 12+
€ 10,– (D)

☐ Band 14 ISBN: 978-3-96433-508-1
Juli 2024
14x21 | SC mit Schutzumschlag | Action | 16+
€ 25,– (D)

BLAME! 0: NOiSE
Master Edition
von Tsutomu Nihei
☐ Einzelband ISBN: 978-3-96433-140-3
16x24 | HC | Science-Fiction | 16+
€ 20,– (D) | **Abgeschlossen**

BLAME!
Master Edition
von Tsutomu Nihei
☐ Band 01-06
16x24 | HC | Science-Fiction | 16+
€ 28,– (D) | **Abgeschlossen**

BLAME! +:
Die Flucht der Elektrofischer
Master Edition
von Koutarou Sekine & Tsutomu Nihei & BLAME! Production Committee
☐ Einzelband ISBN: 978-3-96433-320-9
16x24 | HC | Science-Fiction | 16+
€ 20,– (D) | **Abgeschlossen**

BLOOD ON THE TRACKS
von Shuzo Oshimi
☐ Band 01-05
☐ Band 06 ISBN: 978-3-96433-688-0
☐ Band 07 ISBN: 978-3-96433-689-7
☐ Band 08 ISBN: 978-3-96433-690-3
☐ Band 09 ISBN: 978-3-96433-691-0
☐ Band 10 ISBN: 978-3-96433-692-7
☐ Band 11 ISBN: 978-3-96433-693-4
☐ Band 12 ISBN: 978-3-96433-694-1
Juli 2024 | € 12,– (D)
☐ Band 13 ISBN: 978-3-7573-0295-5
September 2024 | € 12,– (D)
14x21 | SC | Drama | 16+
Band 01-08 € 10,– (D) | Band 09-13 € 12,– (D)

BLUE PERIOD
von Tsubasa Yamaguchi
☐ Band 01-10
☐ Band 11 ISBN: 978-3-96433-683-5
☐ Band 12 ISBN: 978-3-96433-819-8
☐ Band 13 ISBN: 978-3-96433-820-4
☐ Band 14 ISBN: 978-3-96433-821-1
August 2024 | € 12,– (D)
14x21 | SC | Special | 15+
Band 01-12 € 10,– (D) | Band 13-14 € 12,– (D)

BRUTAL – Bekenntnisse eines Mordermittlers
von Kei Koga & Ryo Izawa
☐ Band 01 ISBN: 978-3-96433-773-3
☐ Band 02 ISBN: 978-3-96433-774-0
☐ Band 03 ISBN: 978-3-96433-775-7
☐ Band 04 ISBN: 978-3-96433-776-4
☐ Band 05 ISBN: 978-3-96433-777-1
14x21 | SC | Thriller | 18+
€ 12,– (D)

CELLS AT WORK!
von Akane Shimizu
☐ Band 01-06
14x21 | SC mit Klappen | Comedy | Science | 13+
€ 10,– (D) | **Abgeschlossen**

6TH BULLET
von Yusuke Osawa
☐ Einzelband ISBN: 978-3-96433-088-8
14x21 | SC | Science-Fiction | 16+
€ 15,– (D) | **Abgeschlossen**

A MAN AND HIS CAT
von Umi Sakurai
☐ Band 01-10
☐ Band 11 ISBN: 978-3-96433-817-4
☐ Band 12 ISBN: 978-3-96433-818-1
August 2024
14x21 | SC | Slice of Life | 15+
€ 10,– (D)

A MAN AND HIS CAT:
Fukumaru und das Sternenschiff des Glücks
von Umi Sakurai
☐ Einzelband ISBN: 978-3-98743-087-9
14x21 | HC mit Schutzumschlag | Slice of Life | 3+
€ 15,– (D) | **Abgeschlossen**

ABARA
Master Edition
von Tsutomu Nihei
☐ Einzelband ISBN: 978-3-96433-717-7
16x24 | HC | Science-Fiction | 16+
€ 28,– (D) | **Abgeschlossen**

AFTERIMAGE SLOW MOTION
von Jyanome
☐ Einzelband ISBN: 978-3-96433-503-6
14x21 | SC | Boys Love | 16+
€ 10,– (D) | **Abgeschlossen**

ALMA
von Shinji Mito
☐ Band 01 ISBN: 978-3-7573-0342-6
☐ Band 02 ISBN: 978-3-7573-0343-3
Juni 2024
☐ Band 03 ISBN: 978-3-7573-0344-0
August 2024
14x21 | SC | Science-Fiction | 16+
€ 12,– (D)

APOSIMZ – Das Land der Puppen
von Tsutomu Nihei
☐ Band 01-09
14x21 | SC mit Klappen | Science-Fiction
15+ | € 10,– (D) | **Abgeschlossen**

APOSIMZ
Full Color Master Edition
von Tsutomu Nihei
☐ Band 01 ISBN: 978-3-96433-324-7
16x24 | HC | Farbe | Science-Fiction | 15+
€ 30,– (D)

AYANASHI
von Yukihiro Kajimoto
☐ Band 01-04
14x21 | SC | Science-Fiction | Action | 12+
€ 10,– (D) | **Abgeschlossen**

BLADE OF THE IMMORTAL
2in1 Perfect Edition
von Hiroaki Samura
☐ Band 01-10
☐ Band 11 ISBN: 978-3-96433-505-0
☐ Band 12 ISBN: 978-3-96433-506-7
☐ Band 13 ISBN: 978-3-96433-507-4

MANGA CULT Checkliste ☑

EVERYDAY ESCAPE
von Shouichi Taguchi
☐ Band 01-04
14x21 | SC | Slice of Life | 13+
€ 7,99 (D) | **Abgeschlossen**

EX-ARM
von HiRock & Shin-ya Komi
☐ Band 01-14
14x21 | SC mit Klappen | Science-Fiction | 16+
Band 01-12 € 10,– (D) | Band 13-14 € 12,– (D)
Abgeschlossen

FIST OF THE NORTH STAR
Master Edition
von Buronson & Tetsuo Hara
☐ Band 01-05
☐ Band 06 ISBN: 978-3-96433-753-5
☐ Band 06 ISBN: 978-3-96433-997-3
+ Schuber € 34,– (D)
☐ Band 07 ISBN: 978-3-96433-754-2
Juni 2024
☐ Band 08 ISBN: 978-3-96433-755-9
September 2024
16x24 | HC | Action | 16+
€ 28,– (D)

FROM THE RED FOG
von Mosae Nohara
☐ Band 01 ISBN: 978-3-96433-961-4
☐ Band 02 ISBN: 978-3-96433-962-1
☐ Band 03 ISBN: 978-3-96433-963-8
☐ Band 04 ISBN: 978-3-96433-964-5
☐ Band 05 ISBN: 978-3-7573-0286-3
Juni 2024
14x21 | SC | Mystery | 16+
€ 10,– (D)

GANTZ – 3in1 Perfect Edition
von Hiroya Oku
☐ Band 01-12
14x21 | SC mit Klappen | Science-Fiction |16+
Band 01-08 € 20,– (D) | Band 09-12 € 25,– (D)
Abgeschlossen

GANTZ:E
von Hiroya Oku & Jin Kagetsu
☐ Band 01 ISBN: 978-3-96433-476-3
☐ Band 02 ISBN: 978-3-96433-568-5
☐ Band 03 ISBN: 978-3-96433-569-2
☐ Band 04 ISBN: 978-3-96433-969-0
☐ Band 05 ISBN: 978-3-7573-0283-2
14x21 | SC | Science-Fiction | 16+
€ 10,– (D)

GANTZ:G – 3in1 Perfect Edition
von Hiroya Oku & Keita Iijika
☐ Einzelband ISBN: 978-3-96433-571-5
14x21 | SC | Science-Fiction
16+ | € 25,– (D) | **Abgeschlossen**

GIRLS' LAST TOUR **NEU**
von Tsukumizu
☐ Band 01 ISBN: 978-3-7573-0324-2
September 2024
14x21 | SC | Science-Fiction | 13+
€ 10,– (D)

DEMON SLAYER –
Kimetsu no Yaiba:
Wasser und Flammen
von Ryoji Hirano & Koyoharu Gotouge
☐ Einzelband ISBN: 978-3-96433-968-3
14x21 | SC | Action | 13+
€ 10,– (D) | **Abgeschlossen**

DIE BLUMEN DES BÖSEN – Aku no Hana
2in1 Edition
von Shuzo Oshimi
☐ Band 01-05
14x21 | SC | Drama | 15+
Band 01 € 20,– (D) | Band 02-05 € 15,– (D)
Abgeschlossen

DIE CHRONIKEN DES KÖNIGREICHS
von Asumiko Nakamura
☐ Band 01 ISBN: 978-3-96433-877-8
☐ Band 02 ISBN: 978-3-96433-878-5
☐ Band 03 ISBN: 978-3-96433-879-2
☐ Band 04 ISBN: 978-3-96433-880-8
September 2024
14x21 | SC | Fantasy | 16+
€ 12,– (D)

DIE DREI MUSKETIERE
von Cédric Tchao & Néjib
☐ Band 01 ISBN: 978-3-96433-976-8
☐ Band 02 ISBN: 978-3-7573-0277-1
14x21 | SC | Action | Abenteuer | 16+
€ 10,– (D) | **Abgeschlossen**

DIE TAGEBÜCHER DER APOTHEKERIN –
Geheimnisse am Kaiserhof
von Natsu Hyuuga & Itsuki Nanao
& Nekokurage & Touco Shino
☐ Band 01-10
☐ Band 10 ISBN: 978-3-96433-960-7
+ Schuber € 18,– (D)
☐ Band 11 ISBN: 978-3-96433-824-2
☐ Band 12 ISBN: 978-3-96433-825-9
Juni 2024
14x21 | SC | Mystery | 15+
€ 10,– (D)

DOROHEDORO
2in1 Edition
von Q-Hayashida
☐ Band 01-11
14x21 | SC | Fantasy | 16+ | Band 01-07 € 15,– (D)
Band 08-09 € 18,– (D) | Band 10-11 € 20,– (D)
Abgeschlossen

DOU KYU SEI –
Verliebt in meinen Mitschüler
von Asumiko Nakamura
☐ Einzelband ISBN: 978-3-96433-206-6
14x21 | SC | Boys Love | 15+
€ 10,– (D) | **Abgeschlossen**

DOU SOU SEI –
Was danach geschah
von Asumiko Nakamura
☐ Band 01 ISBN: 978-3-96433-974-4
☐ Band 02 ISBN: 978-3-96433-975-1
Juni 2024
14x21 | SC | Boys Love | 15+
€ 12,– (D)

DEMON SLAYER –
Kimetsu no Yaiba
von Koyoharu Gotouge
☐ Band 01-23
☐ Band 08 ISBN: 978-3-96433-462-6
+ Schuber € 15,– (D)
☐ Band 01-08 ISBN: 978-3-96433-701-6
+ Schuber € 75,– (D)
☐ Band 16 ISBN: 978-3-96433-699-6
+ Schuber € 18,– (D)
☐ Band 09-16 ISBN: 978-3-96433-702-3
+ Schuber € 80,– (D)
☐ Band 20 ISBN: 978-3-96433-881-5
LE + Postkartenset | € 15,– (D)
☐ Band 23 ISBN: 978-3-96433-700-9
+ Schuber € 20,– (D)
☐ Band 17-23 ISBN: 978-3-96433-703-0
+ Schuber € 75,– (D)
14x21 | SC | Action | 13+
Band 01-22 € 10,– (D) | Band 23 € 12,– (D)
Abgeschlossen

DEMON SLAYER –
Kimetsu no Yaiba: Blume des Glücks
Light Novel
von Koyoharu Gotouge & Aya Yajima
☐ Einzelband ISBN: 978-3-96433-771-9
14x21 | SC mit Ausklappposter | Action | 13+
€ 14,– (D) | **Abgeschlossen**

DEMON SLAYER –
Kimetsu no Yaiba:
Der Wind weist den Weg
Light Novel
von Koyoharu Gotouge & Aya Yajima
☐ Einzelband ISBN: 978-3-96433-889-1
14x21 | SC mit Ausklappposter | Action | 13+
€ 14,– (D) | **Abgeschlossen**

DEMON SLAYER –
Kimetsu no Yaiba:
Einflügeliger Schmetterling
Light Novel
von Koyoharu Gotouge & Aya Yajima
☐ Einzelband ISBN: 978-3-96433-887-7
14x21 | SC mit Ausklappposter | Action | 13+
€ 14,– (D) | **Abgeschlossen**

DEMON SLAYER – **NEU**
Kimetsu no Yaiba: Im Laufe der
Jahre – Gesammelte Illustrationen
von Koyoharu Gotouge
von Koyoharu Gotouge
☐ Einzelband ISBN: 978-3-96433-967-6
TBA
DIN A4 | HC | Farbe | Action | 13+
€ 30,– (D)

DEMON SLAYER – **NEU**
Kimetsu no Yaiba: School Days!
von Natsuki Hokami & Koyoharu Gotouge
☐ Band 01 ISBN: 978-3-7573-0369-3
Juni 2024
☐ Band 02 ISBN: 978-3-7573-0370-9
August 2024
14x21 | SC | Comedy | 13+
€ 8,99 (D)

MANGA CULT Checkliste

JOJO'S BIZARRE ADVENTURE – Part 3: Stardust Crusaders
von Hirohiko Araki
☐ Band 01-05
☐ Band 06 ISBN: 978-3-96433-518-0
☐ Band 07 ISBN: 978-3-96433-519-7
☐ Band 08 ISBN: 978-3-96433-520-3
☐ Band 09 ISBN: 978-3-96433-521-0
☐ Band 10 ISBN: 978-3-96433-522-7
14x21 | SC | Action | 16+
€ 14,– (D) | **Abgeschlossen**

JOJO'S BIZARRE ADVENTURE – Part 4: Diamond is Unbreakable NEU
von Hirohiko Araki
☐ Band 01 ISBN: 978-3-7573-0287-0
Juni 2024
☐ Band 02 ISBN: 978-3-7573-0293-1
August 2024
14x21 | SC | Action | 16+
€ 14,– (D)

KAINA OF THE GREAT SNOW SEA NEU
von Tsutomu Nihei & Itoe Takemoto
☐ Band 01 ISBN: 978-3-7573-0302-0
Juli 2024
☐ Band 02 ISBN: 978-3-7573-0303-7
September 2024
14x21 | SC | Science-Fiction | 15+
€ 10,– (D)

KANOJO MO KANOJO – Gelegenheit macht Liebe
von Hiroyuki
☐ Band 01-10
☐ Band 11 ISBN: 978-3-96433-594-4
☐ Band 12 ISBN: 978-3-96433-595-1
☐ Band 13 ISBN: 978-3-96433-596-8
☐ Band 14 ISBN: 978-3-96433-597-5
☐ Band 15 ISBN: 978-3-96433-980-5
☐ Band 16 ISBN: 978-3-96433-981-2
Juni 2024 | € 8,99 (D)
14x21 | SC | Comedy | Romance | 13+
Band 01-08 € 7,99 (D) | Band 09-16 € 8,99 (D)

KNIGHTS OF SIDONIA Master Edition
von Tsutomu Nihei
☐ Band 01-07
16x24 | HC | Science-Fiction | 16+
€ 28,– (D) | **Abgeschlossen**

KUHIME
von Hideo Takenaka
☐ Band 01-04
14x21 | SC mit Klappen | Horror | 16+
€ 10,– (D) | **Abgeschlossen**

LAID-BACK CAMP
von afro
☐ Band 01-10
☐ Band 11 ISBN: 978-3-96433-537-1
☐ Band 12 ISBN: 978-3-96433-577-7
☐ Band 13 ISBN: 978-3-96433-578-4
☐ Band 14 ISBN: 978-3-7573-0288-7
Juni 2024
14x21 | SC | Slice of Life | 13+
€ 10,– (D)

I'M IN LOVE WITH THE VILLAINESS
von Aonoshimo & Inori. & Hanagata
☐ Band 01 ISBN: 978-3-96433-739-9
☐ Band 02 ISBN: 978-3-96433-740-5
☐ Band 03 ISBN: 978-3-96433-741-2
☐ Band 04 ISBN: 978-3-96433-742-9
☐ Band 05 ISBN: 978-3-96433-971-3
☐ Band 06 ISBN: 978-3-7573-0297-9
September 2024
14x21 | SC | Girls Love | 15+
€ 10,– (D)

I'M STANDING ON A MILLION LIVES
von Naoki Yamakawa & Akinari Nao
☐ Band 01-15
☐ Band 16 ISBN: 978-3-96433-884-6
☐ Band 17 ISBN: 978-3-96433-885-3
Juli 2024 | € 12,– (D)
14x21 | SC | Fantasy | 13+
Band 01-14 € 10,– (D) | Band 15-17 € 12,– (D)

ICH BIN EINE SPINNE, NA UND?
von Okina Baba & Asahiro Kakashi
☐ Band 01-10
☐ Band 11 ISBN: 978-3-96433-674-3
☐ Band 12 ISBN: 978-3-96433-675-0
☐ Band 13 ISBN: 978-3-96433-676-7
14x21 | SC | Fantasy | Action | 13+
€ 10,– (D)

ICH BIN EINE SPINNE, NA UND? Die vier Schwestern
von Gratinbird & Okina Baba & Tsukasa Kiryu & Asahiro Kakashi
☐ Band 01-05
☐ Band 06 ISBN: 978-3-96433-673-6
14x21 | SC | Fantasy | Comedy | 13+
€ 10,– (D) | **Abgeschlossen**

ICH KANN DICH NICHT ERREICHEN
von Mika
☐ Band 01-05
☐ Band 06 ISBN: 978-3-96433-972-0
☐ Band 07 ISBN: 978-3-7573-0290-0
Juni 2024 | € 8,99 (D)
14x21 | SC | Boys Love | 15+
Band 01-05 € 7,99 (D) | Band 06-07 € 8,99 (D)

INSIDE MARI NEU
von Shuzo Oshimi
☐ Band 01 ISBN: 978-3-7573-0360-0
August 2024
14x21 | SC | Drama | 16+
€ 10,– (D)

IT'S MY LIFE
von Imomushi Narita
☐ Band 01-11
14x21 | SC | Fantasy | 13+
€ 10,– (D) | **Abgeschlossen**

JOJO'S BIZARRE ADVENTURE – Part 1: Phantom Blood
von Hirohiko Araki
☐ Band 01-03
14x21 | SC | Action | 16+
€ 12,– (D) | **Abgeschlossen**

JOJO'S BIZARRE ADVENTURE – Part 2: Battle Tendency
von Hirohiko Araki
☐ Band 01-04
14x21 | SC | Action | 16+
€ 14,– (D) | **Abgeschlossen**

GOLDEN KAMUY
von Satoru Noda
☐ Band 01-25
☐ Band 26 ISBN: 978-3-96433-827-3
☐ Band 27 ISBN: 978-3-96433-828-0
☐ Band 28 ISBN: 978-3-96433-829-7
☐ Band 29 ISBN: 978-3-96433-830-3
Juli 2024 | € 12,– (D)
☐ Band 30 ISBN: 978-3-96433-831-0
September 2024 | € 12,– (D)
14x21 | SC | Action | History | 16+
Band 01-20 € 10,– (D) | Band 21-30 € 12,– (D)

GREEN WORLDZ
von Yusuke Osawa
☐ Band 01-08
14x21 | SC mit Klappen | Survival Horror
16+ | € 10,– (D) | **Abgeschlossen**

GTO – Great Teacher Onizuka
von Tōru Fujisawa
☐ Band 01 ISBN: 978-3-7573-0330-3
☐ Band 02 ISBN: 978-3-7573-0331-0
Juli 2024
☐ Band 03 ISBN: 978-3-7573-0332-7
September 2024
14x21 | SC | Comedy | 15+
€ 18,– (D)

HAPPINESS 2in1 Edition
von Shuzo Oshimi
☐ Band 01 ISBN: 978-3-96433-743-6
☐ Band 02 ISBN: 978-3-96433-744-3
☐ Band 03 ISBN: 978-3-96433-745-0
☐ Band 04 ISBN: 978-3-96433-746-7
☐ Band 05 ISBN: 978-3-96433-747-4
Juni 2024
14x21 | SC | Mystery | 16+
€ 15,– (D)

HEAVENLY DELUSION – Das verlorene Paradies
von Masakazu Ishiguro
☐ Band 01-05
☐ Band 06 ISBN: 978-3-96433-610-1
☐ Band 07 ISBN: 978-3-96433-767-2
☐ Band 08 ISBN: 978-3-96433-768-9
☐ Band 09 ISBN: 978-3-96433-769-6
September 2024
14x21 | SC | Science-Fiction | 15+
€ 10,– (D)

HI SCORE GIRL
von Rensuke Oshikiri
☐ Band 01-10
14x21 | SC | Slice of Life | 13+
€ 10,– (D) | **Abgeschlossen**

HITORIJIME MY HERO
von Memeco Arii
☐ Band 01-10
☐ Band 06 ISBN: 978-3-96433-886-0
+ Schuber | € 18,– (D)
☐ Band 11 ISBN: 978-3-96433-636-1
☐ Band 12 ISBN: 978-3-96433-637-8
☐ Band 12 ISBN: 978-3-7573-0284-9
+ Schuber € 18,– (D)
☐ Band 13 ISBN: 978-3-96433-638-5
Juli 2024
☐ Band 14 ISBN: 978-3-7573-0296-2
September 2024
14x21 | SC | Boys Love | 15+
€ 10,– (D)

Änderungen und Irrtümer vorbehalten. Stand 03/2024

☐ Band 08 ISBN: 978-3-96433-841-9
☐ Band 09 ISBN: 978-3-96433-842-6
Juni 2024
14x21 | SC | Fantasy | 15+
€ 10,– (D)

QUIN ZAZA –
Die letzten Drachenfänger
von Taku Kuwabara
☐ Band 01-10
☐ Band 11 ISBN: 978-3-96433-639-2
☐ Band 12 ISBN: 978-3-96433-695-8
☐ Band 13 ISBN: 978-3-96433-844-0
☐ Band 14 ISBN: 978-3-96433-845-7
☐ Band 15 ISBN: 978-3-96433-846-4
September 2024 | € 12,– (D)
14x21 | SC mit Klappen | Fantasy | 15+
Band 01-13 € 10,– (D) | Band 14-15 € 12,– (D)

RG VEDA
Master Edition
von CLAMP
☐ Band 01-05
16x24 | HC | Fantasy | 12+
€ 28,– (D) | **Abgeschlossen**

SHADOWS HOUSE
von so-ma-to
☐ Band 01 ISBN: 978-3-96433-851-8
☐ Band 02 ISBN: 978-3-96433-852-5
☐ Band 03 ISBN: 978-3-96433-853-2
☐ Band 04 ISBN: 978-3-96433-854-9
☐ Band 05 ISBN: 978-3-96433-855-6
☐ Band 06 ISBN: 978-3-96433-856-3
Juni 2024
☐ Band 07 ISBN: 978-3-96433-857-0
August 2024
14x21 | SC | Mystery | 13+
€ 8,99 (D)

SHIKIMORI'S NOT JUST A CUTIE
von Keigo Maki
☐ Band 01 ISBN: 978-3-96433-784-9
☐ Band 02 ISBN: 978-3-96433-785-6
☐ Band 03 ISBN: 978-3-96433-786-3
☐ Band 04 ISBN: 978-3-96433-787-0
☐ Band 05 ISBN: 978-3-96433-788-7
☐ Band 06 ISBN: 978-3-96433-789-4
☐ Band 07 ISBN: 978-3-96433-790-0
Juli 2024
☐ Band 08 ISBN: 978-3-96433-791-7
September 2024
14x21 | SC | Romance | 13+
€ 8,99 (D)

SHOJO-MANGAKA NOZAKI-KUN
von Izumi Tsubaki
☐ Band 01-10
☐ Band 11 ISBN: 978-3-96433-448-0
☐ Band 12 ISBN: 978-3-96433-543-2
☐ Band 13 ISBN: 978-3-96433-654-5
☐ Band 14 ISBN: 978-3-96433-970-6
Juli 2024
14x21 | SC | Comedy | 13+
Band 01-13 € 7,99 (D) | Band 14 € 8,99 (D)

SOLOIST IN A CAGE
von Shiro Moriya
☐ Band 01-03
14x21 | SC | Mystery | 16+
€ 14,– (D) | **Abgeschlossen**

MIDNIGHT MONOLOGUE
von Jyanome
☐ Einzelband ISBN: 978-3-96433-804-4
☐ Einzelband ISBN: 978-3-96433-805-1
LE + Booklet | € 14,– (D)
14x21 | SC | Boys Love | 16+
€ 10,– (D) | **Abgeschlossen**

MIERUKO-CHAN –
Die Geister, die mich riefen
von Tomoki Izumi
☐ Band 01-05
☐ Band 06 ISBN: 978-3-96433-625-5
☐ Band 07 ISBN: 978-3-96433-837-2
☐ Band 08 ISBN: 978-3-96433-838-9
☐ Band 09 ISBN: 978-3-96433-839-6
14x21 | SC | Mystery | 15+
Band 01-07 € 7,99 (D) | Band 08-09 € 8,99 (D)

MONONOGATARI –
Die Wächter der Artefaktgeister
von Onigunsou
☐ Band 01 ISBN: 978-3-96433-862-4
☐ Band 02 ISBN: 978-3-96433-863-1
☐ Band 03 ISBN: 978-3-96433-864-8
☐ Band 04 ISBN: 978-3-96433-865-5
☐ Band 05 ISBN: 978-3-96433-866-2
☐ Band 06 ISBN: 978-3-96433-867-9
☐ Band 07 ISBN: 978-3-96433-868-6
Juli 2024
☐ Band 08 ISBN: 978-3-96433-869-3
September 2024
14x21 | SC | Fantasy | 13+
€ 10,– (D)

MUSHISHI
Perfect Edition
von Yuki Urushibara
☐ Band 01-10
14x21 | SC | Fantasy | 15+
€ 15,– (D) | **Abgeschlossen**

MY BOY
von Hitomi Takano
☐ Band 01-05
☐ Band 06 ISBN: 978-3-96433-730-6
☐ Band 07 ISBN: 978-3-96433-731-3
☐ Band 08 ISBN: 978-3-96433-732-0
☐ Band 09 ISBN: 978-3-96433-733-7
14x21 | SC | Drama | 15+
€ 10,– (D) | **Abgeschlossen**

MY HOME HERO
von Naoki Yamakawa & Masashi Asaki
☐ Band 01-10
☐ Band 11 ISBN: 978-3-96433-662-0
☐ Band 12 ISBN: 978-3-96433-663-7
☐ Band 13 ISBN: 978-3-96433-664-4
Juni 2024
☐ Band 14 ISBN: 978-3-96433-665-1
August 2024
14x21 | SC | Thriller | 16+
€ 10,– (D)

MY NEXT LIFE AS A VILLAINESS:
Wie überlebe ich
in einem DATING-GAME?
von Satoru Yamaguchi & Nami Hidaka
☐ Band 01-05
☐ Band 06 ISBN: 978-3-96433-556-2
☐ Band 07 ISBN: 978-3-96433-600-2

LAYLA UND DAS BIEST,
DAS STERBEN MÖCHTE
von Asato Konami & Eziwa Saita
☐ Band 01-04
14x21 | SC mit Klappen | Abenteuer | 12+
€ 10,– (D) | **Abgeschlossen**

LIFE LESSONS WITH URAMICHI
von Gaku Kuze
☐ Band 01-05
☐ Band 06 ISBN: 978-3-96433-555-5
☐ Band 07 ISBN: 978-3-96433-704-7
☐ Band 08 ISBN: 978-3-7573-0285-6
14x21 | SC | Comedy | 15+
€ 7,99 (D)

LOVE OF KILL
von Fe
☐ Band 01-10
☐ Band 11 ISBN: 978-3-96433-833-4
☐ Band 12 ISBN: 978-3-96433-834-1
☐ Band 13 ISBN: 978-3-96433-835-8
14x21 | SC | Action | 16+
Band 01-09 € 7,99 (D) | Band 10-13 € 8,99 (D)

LOVELOCK OF MAJESTIC WAR
von Tatsuya Shihira
☐ Band 01-04
14x21 | SC | Action | 16+
€ 10,– (D) | **Abgeschlossen**

MEIN GELIEBTER GAMING-FREUND IST
MEIN FIESER BOSS?! Σ(•□•)
von Nmura
☐ Band 01 ISBN: 978-3-96433-612-5
☐ Band 02 ISBN: 978-3-96433-836-5
☐ Band 03 ISBN: 978-3-7573-0300-6
Juli 2024 | € 10,– (D)
14x21 | SC | Boys Love | 15+
Band 01 € 14,– (D) | Band 02-03 € 10,– (D)

MEIN SCHULGEIST HANAKO
von AidaIro
☐ Band 00-15
☐ Band 16 ISBN: 978-3-96433-619-4
☐ Band 17 ISBN: 978-3-96433-620-0
☐ Band 18 ISBN: 978-3-96433-986-7
☐ Band 19 ISBN: 978-3-96433-987-4
☐ Band 20 ISBN: 978-3-96433-988-1
August 2024
☐ Band 20 ISBN: 978-3-7573-0377-8
LE + Booklet | August 2024 | € 12,– (D)
14x21 | SC | Fantasy | Mystery | 13+
Band 00-17 € 7,99 (D) | Band 18-20 € 8,99 (D)

MEIN SCHULGEIST HANAKO –
After School
von AidaIro
☐ Einzelband ISBN: 978-3-96433-613-2
14x21 | SC | Fantasy | Mystery | 13+
€ 7,99 (D) | **Abgeschlossen**

MEIN SCHULGEIST HANAKO ARTBOOK
von AidaIro
☐ Band 01 ISBN: 978-3-96433-588-3
☐ Band 02 ISBN: 978-3-96433-766-5
DIN A4 | HC | Farbe | Fantasy | Mystery | 13+
€ 30,– (D)

MANGA CULT Checkliste ☑

ZETMAN
2in1 Edition
von Masakazu Katsura
☐ Band 01 ISBN: 978-3-96433-806-8
☐ Band 02 ISBN: 978-3-96433-807-5
☐ Band 03 ISBN: 978-3-96433-808-2
☐ Band 04 ISBN: 978-3-96433-809-9
☐ Band 05 ISBN: 978-3-96433-810-5
☐ Band 06 ISBN: 978-3-96433-811-2
Juni 2024
☐ Band 07 ISBN: 978-3-96433-812-9
August 2024
14x21 | SC | Science-Fiction | 16+
€ 18,– (D)

7FATES: CHAKHO mit BTS
von HYBE und WEBTOON
☐ Band 01 ISBN: 978-3-98949-016-1
14,8x21 | SC | Fantasy | 13+
€ 18,– (D)

DARK MOON:
THE BLOOD ALTAR mit ENHYPEN **NEU**
von HYBE und WEBTOON
☐ Band 01 ISBN: 978-3-98949-028-4
Juni 2024
14,8x21 | SC | Fantasy | 13+
€ 18,– (D)

JULY FOUND BY CHANCE **NEU**
von Muryu
☐ Band 01 ISBN: 978-3-98949-000-0
Juli 2024
☐ Band 02 ISBN: 978-3-98949-001-7
September 2024
14,8x21 | SC | Drama | 15+
€ 16,– (D)

THE STAR SEEKERS
mit TOMORROW X TOGETHER
von HYBE und WEBTOON
☐ Band 01 ISBN: 978-3-98949-023-9
14,8x21 | SC | Fantasy | 13+
€ 18,– (D)

UNINTENTIONAL LOVE STORY **NEU**
von PIBI
☐ Band 01 ISBN: 978-3-98949-010-9
August 2024
14x21 | SC | Boys Love | 16+
€ 12,– (D)

TWITTERING BIRDS NEVER FLY
von Kou Yoneda
☐ Band 01-05
☐ Band 06 ISBN: 978-3-96433-422-0
☐ Band 07 ISBN: 978-3-96433-423-7
☐ Band 08 ISBN: 978-3-96433-424-4
August 2024 | € 12,– (D)
14x21 | SC | Boys Love | 16+
Band 01 € 10,– (D) | Band 02-08 € 12,– (D)

VERSUS
von ONE & Kyoutarou Azuma & bose
☐ Band 01 ISBN: 978-3-7573-0301-3
14x21 | SC | Action | 15+
€ 10,– (D)

WANDANCE
von Coffee
☐ Band 01-05
☐ Band 06 ISBN: 978-3-96433-723-8
☐ Band 07 ISBN: 978-3-96433-724-5
☐ Band 08 ISBN: 978-3-96433-993-5
☐ Band 09 ISBN: 978-3-96433-994-2
☐ Band 10 ISBN: 978-3-96433-995-9
☐ Band 11 ISBN: 978-3-7573-0294-8
August 2024
14x21 | SC | Special | 13+
€ 10,– (D)

WELCOME BACK, ALICE
von Shuzo Oshimi
☐ Band 01-05
☐ Band 06 ISBN: 978-3-96433-996-6
☐ Band 07 ISBN: 978-3-7573-0289-4
Juni 2024
14x21 | SC | Drama | 16+
€ 10,– (D)

YAKUZA FIANCÉ –
Verliebt, verlobt, verpiss dich
von Asuka Konishi
☐ Band 01 ISBN: 978-3-7573-0346-4
☐ Band 02 ISBN: 978-3-7573-0347-1
Juni 2024
☐ Band 03 ISBN: 978-3-7573-0348-8
August 2024
14x21 | SC | Romance | 16+
€ 10,– (D)

YAKUZA REINCARNATION
von Hiroki Miyashita & Takeshi Natsuhara
☐ Band 01-05
☐ Band 06 ISBN: 978-3-96433-710-8
☐ Band 07 ISBN: 978-3-96433-711-5
☐ Band 08 ISBN: 978-3-96433-712-2
☐ Band 09 ISBN: 978-3-7573-0291-7
Juli 2024
☐ Band 10 ISBN: 978-3-7573-0299-3
September 2024
14x21 | SC | Action | 15+
€ 10,– (D)

YU YU HAKUSHO **NEU**
von Yoshihiro Togashi
☐ Band 01 ISBN: 978-3-7573-0304-4
Juli 2024
☐ Band 02 ISBN: 978-3-7573-0305-1
September 2024
14x21 | SC | Action | 13+
€ 15,– (D)

SOMALI UND DER GOTT
DES WALDES
von Yako Gureishi
☐ Band 01-05
☐ Band 06 ISBN: 978-3-96433-321-6
14x21 | SC | Fantasy | 12+
€ 10,– (D)

SORA & HARA
von Asumiko Nakamura
☐ Einzelband ISBN: 978-3-96433-973-7
14x21 | SC | Boys Love | 15+
€ 14,– (D) | **Abgeschlossen**

SOTSU GYO SEI –
Verliebt in meinen Mitschüler
von Asumiko Nakamura
☐ Band 01-02
14x21 | SC | Boys Love | 15+
€ 10,– (D) | **Abgeschlossen**

SURVIVING WONDERLAND
von Tabasa Iori
☐ Band 01-03
14x21 | SC | Horror | Mystery | 16+
€ 10,– (D) | **Abgeschlossen**

THE HOLY GRAIL OF ERIS
von Kujira Tokiwa & Hinase Momoyama & Yu-nagi
☐ Band 01-05
☐ Band 06 ISBN: 978-3-96433-599-9
☐ Band 07 ISBN: 978-3-96433-847-1
☐ Band 08 ISBN: 978-3-96433-848-8
☐ Band 09 ISBN: 978-3-96433-849-5
Juli 2024 | € 8,99 (D)
14x21 | SC | Mystery | 15+
Band 01-05 € 7,99 (D) | Band 06-09 € 8,99 (D)

TONIKAWA – Fly me to the Moon
von Kenjiro Hata
☐ Band 01-15
☐ Band 16 ISBN: 978-3-96433-650-7
☐ Band 17 ISBN: 978-3-96433-651-4
☐ Band 18 ISBN: 978-3-96433-652-1
☐ Band 19 ISBN: 978-3-96433-653-8
Juli 2024 | € 8,99 (D)
☐ Band 20 ISBN: 978-3-7573-0298-6
September 2024 | € 8,99 (D)
14x21 | SC | Romance | 13+
Band 01-10 € 7,99 (D) | Band 11-20 € 8,99 (D)

TRICKS DEDICATED TO WITCHES
von Shizumu Watanabe
☐ Band 01-04
14x21 | SC | Action | 15+
€ 10,– (D) | **Abgeschlossen**

TWILIGHT OUTFOCUS
von Jyanome
☐ Band 01-02
14x21 | SC | Boys Love | 16+
€ 10,– (D) | **Abgeschlossen**

TWILIGHT OUTFOCUS LONG TAKE **NEU**
von Jyanome
☐ Band 01 ISBN: 978-3-7573-0375-4
Juli 2024
☐ Band 01 ISBN: 978-3-7573-0376-1
LE+ Booklet | Juli 2024 | € 14,– (D)
14x21 | SC | Boys Love | 16+
€ 10,– (D)

Änderungen und Irrtümer vorbehalten. Stand 03/2024

STOPP! DIES IST DIE LETZTE SEITE!

DOU SOU SEI ist ein Manga, und einen japanischen Comic liest man von hinten nach vorne. Auch die Lesereihenfolge der Bilder und Sprechblasen auf den Seiten ist anders als gewohnt: von rechts oben nach links unten.

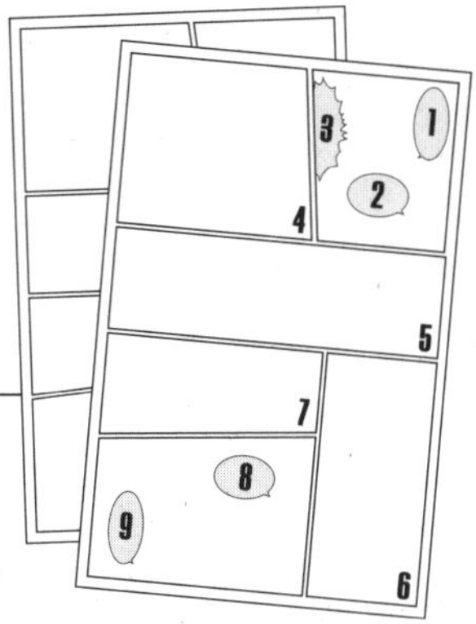

DOU SOU SEI

WAS DANACH GESCHAH 1

von
Asumiko Nakamura

1. Auflage, 2024
Deutsche Ausgabe/German Edition

Verlagsleitung: Andreas Mergenthaler & Luciana Bawidamann

Aus dem Japanischen von Jan Lukas Kuhn

First published in Japan in 2014 by AKANESHINSHA Co., Ltd., Tokyo.
German translation rights arranged with COMIC HOUSE Co., Ltd. through Tuttle-Mori Agency, Inc, Tokyo.
Original Cover Design: Uchikawa Takuya (Uchikawa Design)

Programmleitung: Alexandra Grimsehl
Redaktion & Lektorat: Natalia Pankeew
Korrektorat: Mareike Pieczarek
Grafik/Produktionsleitung: Elke Epple
Layout und Lettering: Manga Cult, Datagrafix GSP GmbH, Berlin
Druck: GGP Media GmbH, Pößneck

Print-ISBN: 978-3-96433-974-4

www.manga-cult.de | Mai 2024